BLUE BOOK

智 库 成 果 出 版 与 传 播 平 台

法治蓝皮书
BLUE BOOK OF RULE OF LAW

珠海法治发展报告 *No.5*（2023）

ANNUAL REPORT ON RULE OF LAW IN ZHUHAI No.5 (2023)

主　　编／吴　轼　陈　甦　田　禾
执行主编／吕艳滨
副 主 编／王祎茗

社会科学文献出版社
SOCIAL SCIENCES ACADEMIC PRESS（CHINA）

图书在版编目（CIP）数据

珠海法治发展报告 . No.5，2023 / 吴轼，陈甦，田
禾主编；吕艳滨执行主编；王祎茗副主编 . --北京：
社会科学文献出版社，2023.5
（法治蓝皮书）
ISBN 978-7-5228-1682-1

Ⅰ.①珠⋯ Ⅱ.①吴⋯ ②陈⋯ ③田⋯ ④吕⋯ ⑤王
⋯ Ⅲ.①社会主义法制-研究报告-珠海-2023 Ⅳ.
①D927.653

中国国家版本馆 CIP 数据核字（2023）第 060647 号

法治蓝皮书
珠海法治发展报告 No.5（2023）

主　　编 / 吴　轼　陈　甦　田　禾
执行主编 / 吕艳滨
副 主 编 / 王祎茗

出 版 人 / 王利民
组稿编辑 / 曹长香
责任编辑 / 郑凤云　单远举
责任印制 / 王京美

出　　版 / 社会科学文献出版社　（010）59367162
　　　　　　地址：北京市北三环中路甲 29 号院华龙大厦　邮编：100029
　　　　　　网址：www.ssap.com.cn
发　　行 / 社会科学文献出版社　（010）59367028
印　　装 / 天津千鹤文化传播有限公司

规　　格 / 开　本：787mm×1092mm　1/16
　　　　　　印　张：21.5　字　数：320 千字
版　　次 / 2023 年 5 月第 1 版　2023 年 5 月第 1 次印刷
书　　号 / ISBN 978-7-5228-1682-1
定　　价 / 139.00 元

读者服务电话：4008918866

法治蓝皮书·珠海法治
编 委 会

撰 稿 人（按姓氏笔画排序）

丁莹莹　刁　梅　刁志煌　马小景　马丽娜
王　丹　王伟娜　王海文　王智斌　王靖豪
石　柱　叶　峰　申春莹　田　禾　冯　朗
成文锋　吕宪慧　朱文杰　刘　泉　刘　姝
刘　航　刘　敏　刘文涵　刘东升　刘经钊
刘雪峰　刘鹏鹏　安　静　许蓓珣　苏莉莉
巫文辉　李　北　李　军　李　惠　李　锐
李向阳　李宇欣　李红平　李素芳　李敏利
杨兆林　肖钰娟　吴　振　吴胜颖　何素雅
张　玲　张冰岚　张宇玺　张良广　张景淞
陆文杰　陈　伟　陈　晖　陈佩瑜　陈燕玲
林达庭　欧柯邑　卓　波　罗　艺　罗　成
罗　嵩　罗伊淋　周红璘　周君锐　郑　戈
郑伟民　郑潭鹏　练中青　胡应坤　胡怀军
钟毅瑜　姚健伟　莫耀林　徐　超　徐素平
徐锁成　郭观婵　郭志云　唐　文　涂远国
容海春　陶　黎　黄　尹　黄莎莎　黄键生
黄睿知　黄耀佳　崔少俊　韩蕾蕾　焦维凤
游永威　蓝裕婷　赖　虹　雷　涛　雷　晨
谭炜杰　滕绪建

官 方 微 博　@法治蓝皮书（新浪）

官方微信　法治蓝皮书（lawbluebook）　法治指数（lawindex）

官方小程序　法治指数（lawindex）

主要编撰者简介

主　编

吴　轼　中共珠海市委常委、秘书长、政法委书记，市委全面依法治市委员会办公室主任，珠海市法学会会长。

陈　甦　中国社会科学院学部委员、法学研究所原所长、研究员，中国社会科学院大学法学院特聘教授。
主要研究领域：民商法、经济法。

田　禾　中国社会科学院国家法治指数研究中心主任，法学研究所研究员，中国社会科学院大学法学院特聘教授。
主要研究领域：刑法学、司法制度。

执行主编

吕艳滨　中国社会科学院法学研究所法治国情调研室主任、研究员，中国社会科学院大学法学院宪法与行政法教研室主任、教授。
主要研究领域：行政法、信息法、司法制度。

副主编

王祎茗　中国社会科学院法学研究所法治国情调研室助理研究员。
主要研究领域：法律文化、司法制度。

摘　要

2022 年，珠海面临"四区叠加"的战略机遇，全力开启高质量建设新时代中国特色社会主义现代化国际化经济特区。在习近平新时代中国特色社会主义思想指导下，珠海围绕"产业第一""民生为要"重大决策部署，从产业保障、在线政务、智慧监管、金融创新、民生保障等方面赋能城市高质量发展，推动横琴粤澳深度合作区公共服务体系与澳门有序衔接；以高质量司法服务保驾护航生态环境和自然资源，维护经济领域公共利益，打造涉澳民商事审判品牌，提升司法协作效率；在跨境多元解纷、优质法律服务供给、大调解工作格局等方面助推粤澳跨境民商事规则对接和机制衔接，并在社会治理体系、基层公共服务建设和矛盾纠纷综合预防化解等方面，努力打造具有大湾区特色的社区治理共同体。

《珠海法治发展报告 No. 5（2023）》全面梳理总结了 2022 年珠海法治实践的总体情况。珠海将进一步聚焦珠澳深度合作，为实现高质量发展加强法规制度供给，构建现代产业体系，加强高水平科技创新，建设联动港澳的金融开放体系，在数字法治政府建设、营商环境优化、多元公共法律服务等方面促进港澳人才、资本、信息、技术等要素在大湾区便捷流动；以高质量司法服务保障更高水平的对外开放，以更加完善的社会治理体系、丰富多样的法治宣传教育，深化民生领域合作，加快实现与澳门一体化发展，在坚持和完善"一国两制"上展现新担当、作出新贡献。

关键词：　珠海法治　产业第一　珠澳融合　横琴粤澳深度合作区

目 录 ↖

I　总报告

B.1　2022年珠海法治发展与2023年展望 ………… 法治珠海课题组 / 001

一　用足用好特区立法权，为改革创新实践提供制度支撑

………………………………………………………………… / 003

二　深化"数字政府2.0"建设，"智治"赋能城市发展

………………………………………………………………… / 007

三　加强公正司法，高质量司法服务保障经济社会发展 …… / 014

四　加大优质法律服务供给，开创涉外法律服务新格局

………………………………………………………………… / 020

五　坚持共建共治共享，推进市域社会治理现代化 ………… / 026

六　2023年展望：推进珠澳法治融合发展向高水平迈进 …… / 029

II　立法探索

B.2　珠海涉企政府立法基层联系点机制研究

………………………………………………… 珠海市司法局课题组 / 038

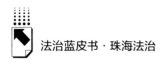

B.3 珠海无障碍城市建设的思路与实践

———以《珠海经济特区无障碍城市建设条例》为例

⋯⋯⋯⋯⋯⋯⋯⋯⋯⋯⋯⋯⋯⋯ 珠海市残疾人联合会课题组 / 051

Ⅲ　法治政府

B.4 新时代提升公安执法质效的路径探析

⋯⋯⋯⋯⋯⋯⋯⋯⋯⋯⋯⋯ 珠海市公安局金湾分局课题组 / 063

B.5 加强行政程序司法审查调研报告

⋯⋯⋯⋯⋯⋯⋯⋯ 珠海市中级人民法院行政审判庭课题组 / 072

B.6 创新举措强化基金监管工作的实践探索

⋯⋯⋯⋯⋯⋯⋯⋯⋯⋯⋯⋯ 珠海市医疗保障局课题组 / 084

B.7 平沙镇法治政府建设实践与展望

⋯⋯⋯⋯⋯⋯⋯⋯⋯⋯⋯⋯ 珠海市金湾区司法局课题组 / 101

Ⅳ　司法建设

B.8 珠海法院推进环境资源审判改革调研报告

⋯⋯⋯⋯⋯⋯⋯⋯⋯⋯⋯⋯ 珠海市中级人民法院课题组 / 110

B.9 香洲法院涉银行金融商事审判的实践探索

⋯⋯⋯⋯⋯⋯⋯⋯⋯⋯ 珠海市香洲区人民法院课题组 / 124

B.10 检察公益诉讼助力"无废城市"建设的实践与思考

⋯⋯⋯⋯⋯⋯⋯⋯⋯⋯ 珠海市金湾区人民检察院课题组 / 141

B.11 个人信息保护检察公益诉讼的珠海实践

⋯⋯⋯⋯⋯⋯⋯⋯⋯ 珠海市人民检察院公益诉讼课题组 / 154

B.12 斗门区检察机关刑事直诉案件监督工作实践与创新路径探索

⋯⋯⋯⋯⋯⋯⋯⋯⋯⋯ 珠海市斗门区人民检察院课题组 / 163

B.13 横琴粤澳深度合作区检察机关法律监督质效提升研究

　………… 广东省横琴粤澳深度合作区人民检察院课题组 / 178

V 跨境法治

B.14 拱北海关推动珠海高质量实施《区域全面经济伙伴关系协定》的

实践与探索 ……………………………… 拱北海关课题组 / 188

B.15 横琴粤澳深度合作区出入境检查规则衔接研究

　………………………… 珠海出入境边防检查总站课题组 / 201

B.16 横琴粤澳深度合作区建设背景下珠海（横琴）和澳门调解

规则衔接研究 ……………………… 珠海市司法局课题组 / 211

B.17 珠海市涉澳家庭家事调解服务研究报告

　………………………… 珠海市妇女联合会课题组 / 226

VI 社会治理

B.18 珠海市工程建设农民工普法实践与探索

——珠海交通集团工程建设项目农民工普法案例样本研究

　………………………………………… 刘 姝 李 北 / 238

B.19 人民法庭参与"无讼村居"诉源治理建设的斗门实践与探索

　………………………… 珠海市斗门区人民法院课题组 / 252

B.20 社会治理现代化视野下检察建议优质发展的路径

——以香洲区人民检察院检察建议工作为视角

　………………………… 珠海市香洲区人民检察院课题组 / 265

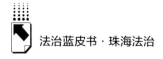

法治蓝皮书·珠海法治

附　录　2022年珠海法治大事记 …………………………………… / 278

Abstract ……………………………………………………………… / 304

Contents ……………………………………………………………… / 306

皮书数据库阅读**使用指南**

总 报 告

General Report

B.1

2022年珠海法治发展与2023年展望

法治珠海课题组[*]

摘　要： 2022 年，在习近平新时代中国特色社会主义思想指导下，珠海
围绕"产业第一""民生为要"重大决策部署，从产业保障、
在线政务、智慧监管、金融创新、民生保障等方面赋能城市高
质量发展，推动横琴粤澳深度合作区公共服务体系与澳门有序
衔接；以高质量司法服务保驾护航生态环境和自然资源，维护
经济领域公共利益，打造涉澳民商事审判品牌，提升司法协作
效率；在跨境多元解纷、优质法律服务供给、大调解工作格局
等方面助推粤澳跨境民商事规则对接和机制衔接，并在社会治

[*] 课题组负责人：吴轶，中共珠海市委常委、秘书长、政法委书记，市委全面依法治市委员
会办公室主任，珠海市法学会会长；田禾，中国社会科学院国家法治指数研究中心主任、
研究员。课题组成员：王丽、王小梅、王祎茗、吕艳滨、刘雁鹏、李元、李小燕、邱志
光、陈晖、郝湘军、胡昌明、饶宏忠、栗燕杰（按姓氏笔画排序）。执笔人：王祎茗，中
国社会科学院法学研究所助理研究员；李元，珠海市司法局立法一科副科长；陈晖，法学
博士、副教授，暨南大学人文学院副院长，暨南大学"一带一路"与粤港澳大湾区研究
院研究员。

理体系、基层公共服务建设和矛盾纠纷综合预防化解等方面努力打造具有大湾区特色的社区治理共同体。未来，珠海将进一步聚焦珠澳深度合作，在数字法治政府建设、营商环境优化、多元公共法律服务等方面，以高质量司法服务保障更高水平的对外开放。

关键词： 珠海法治　产业第一　珠澳融合　数字法治政府

2022 年是党和国家历史上具有里程碑意义的一年，党的二十大胜利召开，也是珠海高质量建设新时代中国特色社会主义现代化国际化经济特区的重要一年。随着横琴粤澳深度合作区（以下简称"横琴合作区"）的加速推进，珠海面临经济特区、粤港澳大湾区、横琴合作区、自贸区横琴片区"四区叠加"的战略机遇，以习近平新时代中国特色社会主义思想为指导，深入贯彻落实习近平总书记对广东、珠海系列重要讲话和重要指示批示精神，落实新发展理念和以人民为中心的发展思想，在丰富"一国两制"伟大实践、推动横琴合作区建设中担起珠海责任、展现珠海作为。全面加强顶层设计和前瞻部署，统筹推进"十四五"时期珠海法治建设的重要安排，出台《法治珠海建设规划（2021~2025 年）》《珠海市法治社会建设实施意见（2021~2025 年）》《珠海市法治政府建设实施方案》，形成了新发展阶段珠海法治建设的路线图和任务书，积极探索高质量建设新时代中国特色社会主义现代化国际化经济特区的法治路径和创新举措，全力支持服务横琴合作区建设，为加快建设粤港澳大湾区澳珠极点提供有力的法治保障。

2022 年，珠海围绕"产业第一""民生为要"重大决策部署，健全完善立法工作机制，用足用好特区立法权，在拓展产业发展空间、优化营商环境、民生领域保障等攻坚行动中，以改革实践带动立法创新，在支持服务横琴合作区建设中谋求更大突破。持续探索法治政府建设的新思路、新做法，系统规划、整体布局，从产业保障到数据治理，从在线政务到智慧监管，从专利科技到金融创新，推动数字政府智治建设创新实践，赋能城市高质量发展。推动横琴合作区公共服务体系与澳门有序衔接，围绕优化营商环境的目标，开展信用审批审慎监管，商事登记跨境通办，公共资源交易高效透明，对推动（横）琴澳（门）双方社会经济管理制度对接产生示范性作用，有效推动两地制度衔接与融合，促进粤澳双方更紧密地合作。

2022年，珠海以高质量司法服务保障经济社会高质量发展，促进行政争议实质化解，助推行政法治建设；创新环境资源审判，为生态环境和自然资源保驾护航；加强检察监督，积极实施公益诉讼，维护经济领域公共利益；打造涉澳民商事审判品牌，主动查明和适用域外法，上线珠海与澳门司法协助案件办理平台，司法协作效率稳步提升。跨境多元解纷、优质法律服务供给、大调解工作格局不断助推粤澳跨境民商事规则对接和机制衔接。珠海不断完善社会治理体系，提升基层公共服务能力，综合预防化解基层矛盾纠纷，挖掘社会治理特色亮点，凝心聚力，为打造具有大湾区特色的社区治理共同体提供实践样本。

一　用足用好特区立法权，为改革创新实践提供制度支撑

2022年，珠海立法工作围绕"产业第一""民生为要"，用足用好特区立法权，大力推动粤港澳大湾区规则制度衔接，支持配合服务横琴合作区建设，拓展产业发展空间，保障民营经济发展权益，优化市场主体登记管理，织牢产业发展的安全堡垒。以改革实践带动立法创新，聚焦民生回应社会关切，提高立法质量，夯实民意基础，生动践行全过程人民民主，设立20个政府立法基层联系点，覆盖不同领域和行业，让基层诉求第一时间直达立法工作部门；召开立法座谈会和听证会36次，畅通公民有序参与立法途径和方式，让立法与民意同频共振，展现特区使命与担当。

（一）围绕横琴合作区建设，强化法治服务保障

1. 为横琴合作区设立"立法直通车"机制

为全力支持服务横琴合作区改革创新，珠海把加强横琴合作区重大国家战略法治保障作为重中之重，认真研究《横琴粤澳深度合作区建设总体方案》的立法要求和立法空间，设立了横琴合作区法规"立法直通车"机制，涉及横琴合作区建设的立法项目随报随审，对原横琴新区的9部专门法规、规章以及其他法规、规章中涉及横琴的条款，根据横琴合作区的需求适时修改或者废止。与横琴合作区建立立法协同机制，组建横琴合作区立法工作专班，积极开展立法咨询和立法项目研究，为横琴合作区建设提供纲领性、总体性制度支持。与澳门立法会、法务局进行常态化沟通协调，全程参与横琴合作区发展促进条例起草工作，推动在省级层面及时出台横琴合作区综合性基础性法规。积极推动《澳门特别行政区医疗人员在横琴粤澳深度合作区执业管理规定》《澳门特别行政区医药学技术人员在横琴粤澳深度合作区药品零售单位执业备案管理规定》两部法规起草工作，在专业人士资格等事项上运用"小切口"再次实现立法破题，推动珠澳两地规则衔接、机制对接。

2. 与横琴合作区建立规范性文件"五大机制"

珠海秉持"主动服务、靠前服务"理念，制订法治保障大湾区和横琴合作区建设十项举措，组建6个业务工作对接组，建立规范性文件常态化沟通"五大机制"，在推动横琴合作区建设上展现担当作为。建立沟通对接机制，在规范性文件起草阶段，凡涉及横琴合作区可能需要转化或参照适用的，各部门深入了解制度建设需求；建立重点审查机制，在合法性审查阶段，将起草单位征求横琴合作区意见情况纳入制定程序重点审查事项；建立信息推送机制，在规范性文件正式印发或公布后，及时告知横琴合作区对口工作机构，增进对文件出台的知晓度；建立靠前服务机制，协助推进市政府及部门规范性文件有关制度措施在横琴合作区转化或参照实施；建立业务交流机制，开展两地立法调研交流，以及规范性文件制定程序、审查标准、管

理机制等方面的沟通交流，推动双方工作信息共享，通过粤港澳联营律师事务所设置的立法联系点，主动听取澳门律师、澳籍法律顾问的意见。珠海市司法局在第一批澳门法律制度汇编的基础上，编写第二批澳门法律制度汇编，共形成 9 本约 250 万字的制度汇编，为研究粤澳两地制度差异、推动规则衔接提供参考。

（二）以法治力量为"产业第一"发展保驾护航

珠海围绕"产业第一"重大决策部署，积极拓展产业发展空间，保障民营经济发展权益，优化市场主体登记管理，筑牢产业发展的安全堡垒，以改革实践创新带动立法创新。

保障产业发展空间和环境。土地资源是推动城市产业发展的一种基础性要素配置，2022 年 4 月 29 日，珠海首次通过经济特区立法出台全国首部专门对工业用地控制线进行保护的地方性法规《珠海经济特区工业用地控制线管理规定》。该法规明确工业用地控制线管理应当遵循总量控制、严守底线、分类定策、提质增效四项原则，为稳定工业发展预期，创新性提出将规划和权属相结合划定工业控制线范围，并精准落实到具体地块，进行分级分类管控，控制工业用地流失，稳定工业用地总规模，最大限度保障实体经济发展空间。立法为下一步珠江口东岸的资源转移到西岸，以及横琴合作区产业外溢到珠海，进行制度上的准备。

保护民营经济权益。民营经济是珠海挺起工业脊梁的"助推器"。2022年 3 月，珠海制定并通过了《珠海经济特区民营企业权益保护规定》，将民营企业发展纳入国民经济和社会发展中长期规划，聚焦民营企业权益保护工作中的痛点和难点，构建畅通的民营企业意见诉求表达渠道，建立防止违约失信长效机制，破除招投标中的隐性壁垒，保障民营企业公平参与市场竞争；为民营企业提供权益保护、政策咨询、合规经营等公益性服务，多层面维护民营企业合法权益，优化民营经济发展环境。

优化市场主体登记管理。珠海以废旧立新的方式废止了 2012 年制定的全国首部商事登记改革地方性法规《珠海经济特区商事登记条例》，制定了

《珠海经济特区市场主体登记管理条例》，该条例以"登记确认制"为核心，最大限度将经营自主权交还市场主体，放宽登记条件，降低市场主体开办运营成本，充分运用电子信息技术优化服务方式，提速升级市场主体的登记准入流程，促进形成诚信、公平的市场秩序。条例还以数字技术加速大湾区融合发展，放宽港澳企业在珠海从业范围，促进要素跨境流动更加便捷高效，提升市场一体化水平。

为进一步促进建设工程管理规范化、保障建设工程质量和安全生产，珠海出台全国首部专门为政府投资建设工程发包与承包行为提供制度保障的地方性法规《珠海经济特区规范政府投资建设工程发包与承包行为若干规定》。该立法设计坚持"严监管、重处罚"原则，完善招标、投标制度，落实建设工程各方的主体责任，并针对建筑领域"三包一挂"违法行为予以严厉处罚，体现了珠海整顿建筑业市场秩序的决心，保障建筑业健康发展。为加强安全生产工作、保障人民群众生命财产安全，珠海全面修订《珠海经济特区安全生产条例》，全面压实生产经营单位的主体责任和政府部门的监管责任，补强安全生产薄弱环节，完善公共安全体系，建立大安全大应急框架，推动公共安全治理模式向事前预防转型，以社会共治构筑城市安全生产防护网。

（三）创新民生领域立法，打造民生幸福样板城市

珠海聚焦民生领域社会关注和群众最关心、最现实的法治热点难点，回应市民的立法诉求和期待。出台全国第二部无障碍城市建设地方性法规《珠海经济特区无障碍城市建设条例》，将无障碍理念全面融入城市发展，通过无障碍文化、制度规则、设施环境等多个维度，推进城市规划、建设、改造和管理，并推动粤港澳大湾区无障碍城市建设协同发展，保障残疾人及其他有需求者平等参与社会公共生活，共享经济发展成果，体现珠海人文关怀和城市文明程度。《珠海经济特区居家养老服务促进条例》将居家养老、社区养老、养老机构延伸服务有机结合，加强完善社区养老设施配置，明确普惠性、兜底性居家养老保障，以互联网新兴技术探索和开展居家互助养

老，构建养老、医疗、照护、康复、安宁疗护等医疗养老相结合的一体化服务模式，并探索港澳居民跨境养老。这是全省首部专门规范以居家养老服务为主旨的地方性法规，也是珠海市首次在养老领域进行立法，为居家养老服务事业高质量发展提供法治支撑，对于促进社会融合和人的全面发展具有重要意义。此外，珠海还出台关于厘清机动车违规停放执法边界、加强机动车停放的管理法规，为有效治理机动车乱停乱放问题提供法治保障；修订《珠海经济特区养犬管理条例》《珠海经济特区电力设施保护规定》，提升城市精细化管理水平。

二　深化"数字政府2.0"建设，"智治"赋能城市发展

珠海持续探索法治政府建设的新思路、新做法，巩固"全国法治政府建设示范市"效应，建立首个法治政府建设创新实践案例库，包括政府机构职能、营商环境、行政执法、依法疫情防控等35个案例，并从中评选十大创新实践案例，以点带面，发挥先进典型示范引领作用。珠海行政复议全方位综合改革的率先实践也在全省388个申报地区和项目中脱颖而出，成为"第一批广东省法治政府建设示范项目"，行政复议"全城通办"获评司法部"复议为民促和谐"专项行动表现突出单位，珠海法治政府建设创新发展迈向新台阶。

（一）规划总揽与创新应用，数字政府智治建设再上新台阶

为加快构建数字政府新发展格局，珠海以数据要素市场化配置改革为牵引，出台《珠海市数字政府改革建设"十四五"规划》，对政府组织机构、治理方式、运行机制和决策模式进行数字化改革，为珠海创新打造惠民利企"智治"城市提供规划保障。规划提出珠海数字政府建设"2+4+N"架构，"2"代表"两大支撑"，即强化数据要素市场化配置改革和数字化基础设施

建设;"4"是指构建以政府服务"一网通办"、市域治理"一网统管"、政府运行"一网协同"、珠澳发展"一网联通"为核心的业务架构;N类创新应用则赋能各领域业务创新开展的共建共治共享机制,推动行政审批、行政执法、公共资源交易的全流程数字化运行、管理和监督,实现整体协同、智慧高效、开放公平的数字政府治理体系,实现数据治理、精准治理和智能治理。为进一步创新数据共享和开发利用模式,提高数据治理和数据运营能力,珠海在数字政府"管运分离"模式下,探索构建首席数据官制度体系,统筹管理本级政府或本部门公共数据规划、建设、治理、共享开放和开发利用,在本级政府或本部门信息化项目论证过程中,首席数据官对项目建设是否符合数据资源治理和共享要求拥有"一票否决权",有效提升了社会治理效能,助力数字政府建设和数字经济发展。自开展首席数据官制度试点以来,截至2022年12月市直部门已累计登记327个系统,梳理形成2652个数据资源①。

(二)一网联通与跨境通办,珠澳政务协同服务发展新格局

珠海坚持试点创新在数字政府改革建设中的引领作用,全面助推粤澳深度融合发展,进一步衔接澳门的公共服务、营商环境和数据要素市场,助推两地数据信息流动"一网联通"。横琴合作区商事服务局与澳门贸易投资促进局签署商事登记跨境通办合作纪要,在澳门特别行政区、横琴合作区分别设置服务联系点,为当地投资者提供商事(业)登记办理服务,确保澳门和内地投资者足不出境(澳)完成商事(业)登记,申办成功后便可在办事处现场打印领取营业执照,实现投资兴业"一地两注、跨境通办",扩展了澳门、内地投资者跨境开办企业的渠道,有效服务澳门经济适度多元发展。截至2022年10月,双方已成功服务澳门投资者往横琴合作区办理企业设立8户,服务内地投资者往澳门办理商业登记4户②。工商银行开通"琴

---

① 数据来源于珠海市政务服务数据管理局。
② 资料来源:https://baijiahao.baidu.com/s?id=1746303327571084428&wfr=spider&for=pc。

澳资信通"服务,实现了澳门居民资信的跨境验证,澳门居民在工商银行横琴分行申请信贷业务时,使用手机银行便可获取个人的工商银行澳门资产信息,粤澳跨境数据验证平台可以自行上传资料,既提升了业务受理时效,也拓宽了资料审核途径,跨境金融服务再度升级。珠海已在全国首创开通不动产抵押登记"跨境办"服务,2022年9月,市不动产登记中心与中国银行澳门分行签订合作协议,合力推动一手房和二手房的转移登记等更多高频不动产登记服务事项,并将"五合一"业务模式纳入"跨境办""不出关办理"业务合作范围,珠澳融合特色应用创新与推广得到全面增强。

(三)政务集成与服务惠企,营商环境升级优化

珠海聚焦政务服务持续优化,创新打造"产业第一、明珠惠企"1+4政务服务体系。搭建全市政务服务一网通办和实体大厅深度融合的市区镇(街)"一体化"政务服务集成平台,全市47个市级部门、120个区级部门、25个镇(街)、325个村(社区)全部进驻广东省政务服务网,市、区两级各部门依申请六类和公共服务类政务服务事项共6501项①,探索全流程智慧办的政务服务集成新模式。网上办事服务进一步优化,通过政务服务"四免"应用,使用统一电子签名和统一电子印章,完成表单在线填报和审批,推动政务服务全流程网上办理。截至2022年12月31日,全市政务服务事项网上可办率达96.79%,实现238项秒批办、3319项免证办、6302项容缺办,"粤省事"本地可办事项1310项,"粤商通"本地可办事项1111项②,政务服务覆盖线上线下全渠道、事项办理全流程,切实提升企业群众办事体验。

为提高办事效率,珠海通过"四项举措"推动政务流程攻坚再造,服务优质产业更快更好落地。"企达通"沟通平台是跨部门数字化政企沟通服

---

① 以上数据由珠海市政务服务数据管理局统计至2023年1月31日。
② 数据来源于珠海市政务服务数据管理局。

务平台,也是广东省首个打通政府端"粤政易"与企业端"粤商通"的平台,在政府与企业之间通过网状联系开展实时沟通与信息交流,保障企业经营信息安全,提升企业办事便利度;"阳光代办"服务目标是加快重大项目审批,专为工程建设领域重大项目设置,通过专业团队,为产业项目、政府投资及重点工程项目提供咨询、指导、协调和代办等免费服务。截至 2022 年 12 月,市、区帮办代办中心已签约代办项目 26 宗①。珠海深入推进窗口作风建设和效能建设,在市、区政务服务中心和各办事大厅推行"窗口无否决权"服务,明确首位接待的工作人员作为"窗口无否决权"首问责任人,随时为申请人提供合理的解释和引导,防止办事过程中的拒绝、推诿;设立"办不成事"反映窗口,集中受理企业和群众遇到的"没人办""不能办"事项,专人专窗解决政务服务事项办理中的疑难和复杂问题,有效提升了全市政务整体式、集成式办事服务效率,满足企业多样化办事需求②。

(四)信用审批与审慎监管,经济社会运行环境持续改善

为促进行政权力规范透明运行,珠海充分发挥信用在政务服务中的"基础桩"作用,用数字珠海公共服务支撑平台构建信用体系基本框架和运行机制,提高全社会诚信意识和信用水平,轻事前准入,重事后监管,以"守信得益、失信受惩"机制为核心,打造"政府定标准、企业作承诺、过程强监管、失信有惩戒"的新型管理模式,开展告知承诺、容缺审批等相关业务,通过"制度+技术"组合拳,将监管与信用风险分类管理深度融合,全面建设信用珠海。截至 2023 年 2 月,全市应用信用信息开展容缺审批事项 6305 项、告知承诺制证明事项 1403 项,已办理普通审批业务 32889 件、容缺受理 713 件,累计应用企业信用报告、联合奖惩等信用信息 22072 次③。"承诺办、信用查、容缺审、协查验"审批等 4 个案例的实践创新与

①　数据来源于珠海市政务服务数据管理局。
②　数据来源于珠海市政务服务数据管理局。
③　数据来源于珠海市政务服务数据管理局。

推广价值成效突出，获评中央党校电子政务研究中心公布的"党政信息化最佳实践案例"①。珠海更是利用12345政务服务便民热线，打造社情民意洞察平台，并与110、119、120形成对接联动，对紧急事故、突发事件进行协同联动、快速响应和有效处置。截至2022年12月，珠海政务服务"好差评"综合评分累计27个月全省第一②。

珠海不断优化产业发展执法环境，全面推广应用珠海市行政执法信息平台，实现市区镇（街）三级行政执法主体使用平台在线移动办案，进一步规范执法行为。推动市级各行政执法主体探索实施包容审慎监管，依法制订、严格实施行政执法减免责清单，对清单内非主观故意、首次违法且危害后果轻微并及时改正的违法行为免予行政处罚，让行政执法更有"温度"。推行涉企"综合查一次"制度，避免重复检查，减少对企业正常经营活动的干扰。开展违法执法和乱罚款问题专项整治，着力推动解决损害营商环境的执法突出问题。设置企业申请行政复议绿色通道，落实涉企行政复议案件"全城通办""首问负责""一案一函"纠错机制等，推动涉企争议实质化解，为企业发展打造包容有序、充满活力和有温度的法治化营商环境。

（五）联审联批与区块链运用，公共资源交易协同高效

为推动工程建设项目联审联批，珠海在全省率先出台《珠海市深化工程建设项目审批分类改革实施方案》和《关于进一步推进工程建设项目审批提速增效的若干措施》，对政府投资项目、一般产业类项目等进行审批流程再造，将产业项目全流程审批时限压缩至13个工作日以内，带方案出让产业项目最快2个工作日开工，全省用时最短，跑出珠海加速度。市、区政务服务大厅全部设立综合服务窗口，通过"一窗受理"实现企业开办6个事项和涉企审批40个高频事项一次申请、并联审批、限时办结，451个

---

① http：//www.zhuhai.gov.cn/zwfwglj/gkmlpt/content/3/3460/post_ 3460206.html#1678.
② 数据来源于珠海市政务服务数据管理局。

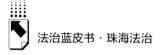

集成服务实现"一件事一次办",为落地项目和企业提供证照同步申请、一码展示,准入准营环境更加宽松便捷高效。为解决跨区跨部门协调事项,珠海建立涉企快速服务网络,优化领导挂点服务重点企业工作机制,建立企业服务综合专班,全市项目并联审批、竣工联合验收等各项数据指标稳步提升。

珠海持续打造高效协同的公共资源交易一体化平台,促进数据有序流通和落地应用。珠海市公共资源交易中心强化"一网揽、链共享、数预警、电子化"四位一体的交易服务模式,将交易种类由政府采购、国有或政府投资建设工程、土地房产矿业权及国有资产产权交易传统四大类扩展到4+N类的60个类型,其中排污权、知识产权及农村集体合作开发、三旧改造等新领域项目皆有进场交易,促进交易项目"一网揽"。在全国率先开展公共资源交易区块链创新应用,联合北京、广州打造国内首个公共资源交易区域链共享平台,落地"易链签""易链保""链资信"等一批区块链应用,在公共资源交易领域实现珠海与广州、海口等二十多个城市的数字证书互通、跨区域金融服务共享,公共资源交易、投资、信用信息平台实现互联互信,打通交易"最后一米"。广东政府采购智慧云平台项目采购电子交易系统全面上线,市区两级国有企业100万元以上的货物服务采购全部可在线完成。打造"市政府投资工程项目预警指数(PRAI)体系",开发上线"珠海云监管"小程序,对政府集中采购项目进行开标活动实况直播,建设公共资源交易"数预警"平台,通过数据模型适时分析交易信息,洞察招投标过程的违规风险,预警违法行为,使政府投资监管更加智慧透明,实现公共资源交易"云上"监管预警,促进交易市场良性健康发展。

(六)专利服务与金融创新,知识产权事业实现新跨越

科技创新发展离不开知识产权保护和金融服务支持。珠海扎实推动知识产权与企业、产业和市场的深度融合,搭建集国家级知识产权保护中心、国家级知识产权公共服务运营平台(横琴国际知识产权交易中心)、国家级专

利导航服务支撑机构以及 15 个知识产权服务工作站和 7 个商标品牌培育指导站为一体的系统化、全链条公共服务网络，积极探索知识产权海外保护，深化知识产权海外纠纷应对及维权援助合作。2022 年 6 月和 8 月，珠海成功获批首批国家知识产权纠纷快速处理试点城市和国家知识产权强市建设试点示范城市，为产业高质量发展提供强有力支撑。

珠海不断优化知识产权发展环境，提升创造质量，成立中国空调产业、生物医药产业等 8 个知识产权联盟，组建国内首个空调领域技术专利池，开展战略性新兴产业集群专利导航，布局企业高价值专利培育，建设集成电路产业专利专题数据库供企业免费使用，共收录中、美、日、韩、欧洲等主要国家和地区的超 600 万条集成电路产业专利数据，满足创新主体的多种检索需求。珠海市重点产业专利信息公共服务平台正式启动，集成电路产业专利导航和数据库也在平台上线，为珠海市产业链完善、资源要素整合、产业竞争力提升提供了有力支撑。珠海市"知识产权信息公共服务助力珠海市打造千亿级产业集群"案例从全国近 200 个案例中脱颖而出，入选 2022 年全国知识产权信息服务优秀案例。横琴国际知识产权交易中心继 2021 年获批世界知识产权组织评选的"科技与技术创新中心"（TISC），2022 年 8 月 31 日又被评为国家级专利导航工程支撑服务机构建设单位。

为进一步提高创新主体知识产权创造、运营意识，实现知识产权市场价值，扩大科技型中小企业知识产权质押融资规模，珠海推动知识产权质押融资风险补偿基金池运作，优化风险补偿基金管理模式，促进知识资产与金融资本有效融合。2022 年，完成知识产权质押融资项目 44 个，同比增长 528.57%；融资金额 31.91 亿元，同比增长 252.20%①。推进知识产权金融创新，实现珠海首单知识产权证券化产品——"横琴金投租赁知识产权一期资产支持专项计划"在深交所正式发行。探索珠澳高校科技成果转化途径，依托国家知识产权运营公共服务平台金融创新（横琴）试点平台完成

---

① 数据来源于珠海市市场监督管理局。

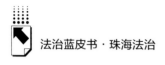

澳门大学首单专利价值评价，让知识产权"智产"变为助推科技型企业创新发展的"资产"。

三　加强公正司法，高质量司法服务保障经济社会发展

（一）行政争议实质化解，助推行政法治建设

1. 加强"府院联动"，精准化解行政纠纷

化解行政争议是建设法治政府的重要内容，也是维护人民群众合法权益的重要途径。珠海加强政府与法院的协作联动，加强对行政诉讼案件高发和矛盾问题突出领域的研判分析，法院与公安、交通运输、人社、住建、卫健、环境、市场监管等部门形成信息互通、优势互补、协作配合的纠纷解决良性互动机制，开展复议诉讼联席会议，进行信息共享、季度报告、败诉案件研究，打通法律共同体沟通交流渠道。珠海市中级人民法院（以下简称"珠海中院"）与珠海市人民政府组建行政诉讼、企业破产、企业欠薪、问题楼盘、保供楼、低效用地、违法项目、金融安全等八个专项团队，市政府秘书长为总协调人，珠海中院分管院领导和各政府职能部门分管局领导为责任领导，主要业务部门为责任部门，指定专人为联络人，对市政府建议研判事项提出建议方案或法律意见，有效协调化解发展中的重大风险和突出矛盾。珠海中院还在全国首创行政法治圆桌会议制度，就行政法治问题开展研讨、对话，凝聚共识，形成会议纪要，为党委科学决策、政府依法行政、行政审判提升质效等提供参考。

2. 提升行政审判成效，服务法治政府建设

珠海中院成立珠海市行政争议协调化解中心，搭建由法院主导，涵盖行政复议机关、行政诉讼被告、行政相对人多方主体参与的法治化、专业化纠纷化解平台，通过引导诉前和（调）解，"联动协调"，推动更多的法治力量向矛盾引导和疏导端用力，将"官""民"矛盾快速有效地化解在萌芽状态和诉讼之前，促进行政争议源头化解、多元化解。珠海也将行政应诉作为

推进法治政府建设的重要抓手，市政府常务会议每季度要听取败诉行政案件情况汇报，印发新的《珠海市行政机关行政应诉工作规则》，压实行政机关负责人出庭责任，持续开展不履行行政应诉职责专项整治，确保"应出尽出"，出现首次由副市长作为市政府负责人出庭应诉的行政诉讼案件。2022年，全市行政机关负责人出庭应诉率达91.84%，远高于珠海历年水平和2021年全省平均水平。在行政诉讼中，珠海中院加强对行政程序违法的分析，明确行政程序违法类型、表现及相应的司法裁判标准和裁判方式，逐步强化行政程序司法审查的规范性与精准性，并以司法建议方式促进行政机关重视行政程序，推进行政机关严格规范公正文明执法。基于行政审判成果，发布《珠海市中级人民法院行政程序司法审查白皮书》及"珠海中院十大行政程序司法审查典型案例"，扩大珠海行政审判影响力，打造珠海法治建设的新亮点。

3. 借助两法衔接，助推法律监督质效提升

为加强对行政执法的检察监督，珠海市检察机关充分运用科技赋能提升"两法衔接"信息共享平台监督质效，实现对全市包括国地税、食药监、检验检疫、环保在内的30多家行政执法机关所有行政处罚案件的动态监督。2022年，建议行政执法机关移送刑事案件21件，监督公安机关立案11件，监督公安机关撤案3件，助力行政机关负责人提升运用法治思维和法治方式推动社会经济发展的能力，得到最高人民检察院和省委政法委、省检察院的高度肯定，评价珠海"两法衔接"工作经验开全国之先河。横琴合作区检察机关加强行政违法行为监督问题研究，突出"共商"和"共享"，树立"积极作为、柔性监督、共享信息、磋商沟通"行政检察监督理念，以"磋商+公开听证+诉前检察建议"方式，督促行政机关依法履职和完善监管机制，切实推动形成横琴合作区公益保护合力。积极探索与澳门行政法律规则衔接、检察监督机制对接，与横琴合作区执委会下属相关局办建立行政执法与行政检察衔接工作机制，共同解决行政检察工作过程中发现的问题。聚焦农民工拖欠薪、问题楼盘等社会治理、执法司法难点堵点问题，办理了一批行政违法行为检察监督类案，积极发挥诉前磋商在问题整改中的作用，借助

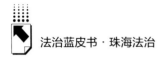

专家意见，与行政机关共谋整改思路，共商落实方案，共促问题整改，有效助推横琴合作区治理体系和治理能力现代化。

（二）积极传递民生司法温暖，深入推进诉源治理

1. 立案实行容缺受理

金湾区人民法院（以下简称"金湾法院"）推出便民利民的"微改革"措施，联动多部门破解立案信息欠缺难题，创设启用常态化容缺受理机制，为起诉人提供"递进式"的容缺受理诉讼服务。在案件尚未受理时，起诉人凭法院开具的"拟立案通知书"或"律师调查令"，可在公安机关、银行、通信运营商等机构查询被诉方身份信息或居住地址，并据此立案，有效破解了立案工作中因被告信息或管辖依据不详导致的"立案难"问题，不仅提高了立案效率，也让当事人感受到司法为民的温度。2022年，金湾法院共发出"拟立案通知书"和"律师调查令"246份，收到有效回复134份，成功率达54.5%，充分保障了当事人的诉讼权利①。

2. 诉讼服务延伸到基层

法院积极将诉讼服务触角延伸到镇街，香洲区人民法院在狮山街道设立全市法院首个"诉源治理工作站"，斗门区人民法院（以下简称"斗门法院"）通过基层司法所搭建了首批诉讼服务站，开展前置诉讼服务、诉调对接、司法确认、法律咨询等工作，通过端口前移、内外联动源头预防和化解基层矛盾纠纷，降低解纷成本，从源头上减少诉讼增量，真正实现便民、普法、解纷"三合一"。为推动无讼村居建设，斗门法院还打破审判地点和审判形式的限制，将法庭"搬"到田间地头或者社区街巷，开展巡回审判，或者在司法所内开设固定巡回审判点，方便群众在家门口就近参与诉讼，也让旁听群众接受法治教育，取得"审理一案、教育一片"的良好效果。2022年以来，斗门司法所设立的首个固定巡回审判点，已公开

---

① 数据来源于珠海市金湾区人民法院。

开庭审理 7 宗案件①。"剧场化"巡回审判项目入选广东法院"抓示范促改革惠民生"改革培育计划，取得较好法律效果与社会效果。斗门法院建立"法庭+司法所+社区"联合调解工作室，以及以 1 名法官、2 名司法所调解员和 N 个分布在矛盾纠纷所在村居的乡贤、村干部等基层一线解纷潜在力量为基础的"1+2+N"乡贤调解工作联动新机制，以案释法明理，开启乡贤参与诉源治理的新实践，通过司法惠民最优解不断满足人民群众对公平正义的向往。

3. 建立破产企业前端服务机制

2022 年 7 月，珠海中院与珠海市破产管理人协会整合资源，联合设立了全国首个企业破产前端服务中心，法院根据需要依职权或应当事人申请将案件委托给专业指导人开展专业性、个性化的破产前端服务工作，也是充分发挥破产处置府院协调联动机制作用，实现引导分流、指导企业自救等价值功能。破产管理人协会通过摇珠方式确定接受具体案件的专业指导人，首批14 名专业指导人由珠海中院从珠海辖区机构管理人推荐名单中选聘。前端服务依法化解困境企业纠纷，有序指导推动企业庭外重组，与破产审判程序高效对接，提升破产审判质效，也推动危困企业焕发生机，为人民法院在破产审判领域推进诉源治理工作、探索建立破产解决多元化机制提供了珠海样本。

（三）筑牢生态保护司法屏障，提升生态环境治理法治化水平

1. 检察公益诉讼助力"无废城市建设"

珠海检察机关充分发挥公益诉讼的预防功能和治理效能，积极稳妥探索公益诉讼新领域，主动与行政机关开展协同治理。金湾区人民检察院主动融入固体废物治理制度体系，充分整合内外部资源，重点关注生态环境领域行政执法信息，提高对固体废物非法处置污染环境线索的研判能力，在专项督察中挖掘线索，在案件质量评查中发现线索，积极主动跟进，展

---

① 数据来源于珠海市斗门区人民法院。

开调查固定证据，通过行政公益诉讼手段，协同生态环境、自然资源等部门衔接配合并开展环境整改，采取"书面+实地"的审查方式评估整改效果，并在结案后不定期开展"回头看"工作，针对固体废物处置问题办理了一系列代表性案件，有效推动固体废物污染环境问题彻底解决。为弥补行政监管手段的不足，检察机关充分发挥民事公益诉讼功能，通过"刑事与公益一案双查"机制，同步推进刑事追责与生态修复。利用检察一体化办案优势，促进区域或者行业内自上而下进行环境问题系统性整改，实现溯源治理，并结合案件办理查找社会治理漏洞，以诉前检察建议方式督促行政机关建立健全日常监管机制，指导相关企业完善环境治理台账，推动实现系统治理、长效治理。

2. 协同治理跨区域生态难题

珠海检察机关深入践行绿水青山就是金山银山理念，牢牢把握公益诉讼核心，秉持双赢多赢共赢理念，积极服务环境污染防治、生态系统保护和修复。2022年5月24日，珠海市人民检察院与江门市人民检察院共同签订《守护虎跳门、崖门水道生态环境检察公益诉讼协作机制》，通过案件管辖、线索移送、办案协作、信息共享、联席会议、业务交流、新闻宣传等七项跨区域检察公益诉讼协作，协同治理，推动解决"上下游不同步、左右岸不同行"的跨区域生态治理难题。检察机关推进和深化诉源治理、从源头减少矛盾，提高运用司法手段推动解决群众急难愁盼问题的能力，以个案办理促进类案监督，助力实现生态环境系统治理、源头治理。同时，加大环境公共利益和环境权益保护力度，实现惩治犯罪与修复生态、纠正违法与维护公益和促进发展相统一，为粤港澳大湾区生态环境系统治理提供强有力的司法保障。

3. 推动环境资源审判专业化改革

珠海法院积极回应人民群众对环境司法的新期待新要求，自2022年初全面推进环境资源审判改革，加强环境资源审判专业化建设。分别于2022年6月、9月成立珠海中院环境资源审判庭和斗门法院环境资源审判合议庭。为整合司法资源、统一裁判尺度，环境资源案件不仅实行集中管辖，而且审判组织均实行环境资源民事、刑事和行政案件"三合一"归口审理，坚持保护性、恢复性和预防性司法理念，坚持打击和治理相结合，不仅注重个案裁判、事后化解，而且向前端治理、源头预防精准发力，进一步拓展生态环境司法审判的教育、引导功能，宣传可持续发展理念。珠海中院成功审理全国首宗网售电蚯蚓机生态环境侵权案，以"小切口"方式实现土壤生态保护、生物多样性保护的"大作为"，为全国生态环境保护工作积累了有益的法治经验，以专业化审判服务打赢污染防治攻坚战，为保持优美宜居的生活空间、山清水秀的生态空间提供坚实的司法保障。

（四）探索涉外审判机制，助推琴澳司法协作

1. 主动查明和适用域外法

珠海法院着力支持粤港澳大湾区、横琴粤澳深度合作区建设，创新"跨境诉讼服务"工作机制，积极探索民商事规则衔接澳门、接轨国际，建立域外法查明机制，在一起跨境离婚财产分割案中，尊重当事人意思自治，适用两地法律解决纷争，既尊重法律的权威，又充分考虑到个案的公平与正义，让珠澳司法融合在个案中走向实质化，为港澳企业、居民在珠海创新创业提供优质司法服务。截至2022年12月，横琴粤澳深度合作区人民法院（以下简称"横琴法院"）已适用域外法审理案件24件，其中19件适用澳门特别行政区法律①，以公开透明可预期的法治环境助力大湾区加速融合发展。

2. 打造涉澳审判特色品牌

为促进珠澳妇女儿童保护事业发展，珠海中院成立全国首个涉澳妇女儿童权益保护合议庭（以下简称"涉澳合议庭"），涉澳合议庭专门配备至少一名女性法官或者女性人民陪审员，实行民事、刑事和行政案件"三审合一"审理模式，实现优先收案、优先排期、优先审理、优先执行的"四优先"，发布珠海法院涉澳妇女儿童权益司法保护十大案例。涉澳合议庭联动珠海市妇女联合会、澳门妇女联合总会等社会组织，开展家事调查、心理疏

---

① 数据来源于横琴粤澳深度合作区人民法院。

导、诉前调解等工作。将澳门家事调解协会、澳门街坊会联合总会等纳入法院特邀调解组织名册，建立澳门人民陪审员库和调解员库，吸纳澳门居民作为人民陪审员参审婚姻家庭类纠纷案件。创新"内地调解员＋港澳调解员"跨境联合调解模式，发挥港澳籍调解员熟悉当地法律规定、社会观念的优势，促进纠纷有效化解。利用涉港澳案件在线授权见证平台，打造集授权见证、在线调解审理、在线司法确认、电子送达等为一体的信息融合平台，澳门当事人可以通过线上诉讼服务参与诉讼，实现涉澳妇女儿童权益保护案件"云审判"，增强了澳门居民在珠海的司法体验感。

3. 琴澳直接对接司法协作

2022 年 2 月 1 日，最高人民法院授权横琴法院为首批直接与澳门特别行政区终审法院相互委托送达和取证的基层法院之一，实现琴澳直接对接司法协作，涉澳司法协作驶入快车道。自授权以来，琴澳两地启用司法协作网络互通平台相互委托送达取证，利用科技推动实现直接在线办理转递、审查和追踪等区际民商事司法协作全流程。截至 2022 年 12 月，横琴法院在线办理司法协作共计 73 件次，其中委托澳门法院送达 71 件次、调查取证 2 件次①。粤澳两地法院还充分利用自身条件，合力开创了"先协寻后送达"送达模式，即在委托送达时，先委托澳门法院调取当事人在澳门的确切地址再进行送达，使琴澳司法协作送达成功率提升至 66% 以上。同时，横琴法院还集中办理珠海法院的涉澳司法协作，让创新模式的效能辐射到珠海其他法院，推动涉澳司法协作示范地建设，自最高人民法院授权以来，横琴法院已代为转递 3 件次司法协作。

四　加大优质法律服务供给，开创涉外法律服务新格局

随着粤港澳大湾区、横琴合作区建设的不断推进，珠海、澳门两地交流

---

① 资料来源：https://www.163.com/dy/article/HOL2BHDT0514JA9K.html。

日益加深，珠海积极回应粤港澳大湾区和横琴合作区公共法律服务新需求，不断加大优质法律服务供给。2022 年，全市各级公共法律服务平台为群众提供线下服务 42912 宗、线上服务 17279 宗次①，珠海万人法律咨询服务热度指数位列全省各地市之首。珠海在全省率先建立涉外公共法律服务案例库，收录公证、调解、司法鉴定等领域涉外公共法律服务案例 14 个，为珠澳两地法律服务行业开展涉外法律服务提供指引。珠海市横琴公证处入选司法部、外交部海外远程视频公证试点机构，并通过远程视频方式成功办理珠海首例海外远程视频公证，为粤澳法治协同和治理创新开拓新的思路。

（一）凝聚涉外法律服务发展合力，推动跨境法治融合

1. 打造"一站式"优质涉外公共法律服务中心

珠海市涉外公共法律服务中心自 2021 年 12 月揭牌运行以来，着力打造法律服务、合作交流、法治宣传、人才培养、理论研究等五大平台。2022 年 8 月，珠海将该中心进一步升级为国内首家跨区域"一站式"登记设立事业单位性质的公共法律服务平台，同时挂牌横琴珠港澳（涉外）公共法律服务中心，以更加灵活的现代治理机制，以实体化运作方式高质量服务横琴合作区法治建设，与横琴合作区共商共建共享法律服务平台，促进跨境法治环境融合和涉外法律服务衔接。中心设置涉外公共法律服务自助终端机，与广东 12348 公共法律服务网络平台共同提供服务支撑，以实体化平台和信息化平台的资源优势，为在珠海、横琴合作区工作生活的澳门居民提供在线申请法律咨询、纠纷调解、法律援助、行政复议、公证等法律服务。截至2022 年 12 月，中心共吸引 127 名珠澳律师、262 名涉外公证员、233 名珠澳调解员成立服务团队提供专业服务②，邀请两地知识产权、跨境金融、司法鉴定、公证、调解等八大领域的专家学者，共同开展大湾区法律研究项目，搭建常态化学术交流平台；积极培育涉外法律服务品牌项目，共举办涉外法

---

① 数据来源于珠海市司法局。
② 数据来源于珠海市司法局。

律服务交流研讨、互动宣传活动 53 场次，录制"你问我答"粤澳法律直播间节目 23 期，提供线下法律服务 1281 人次，面对面解决港澳籍居民疑难复杂法律个案 31 宗①，进一步推动跨境法治环境融合和涉外法律服务衔接。

2. 建设高素质涉外律师人才队伍

珠海出台《关于鼓励涉外法律服务机构建设和涉外律师法律服务人才培养的工作意见》《关于发展涉外法律服务业的措施》，努力建立一支通晓国际规则、具有世界眼光和国际视野的高素质涉外法律服务队伍，建设一批规模大、实力强、服务水平高的涉外法律服务机构。2022 年，全市共有港澳台居民律师 13 人、联营所派驻律师 30 人、粤港澳大湾区律师 29 名，设立了 17 家涉外律师事务所，中银—力图—方氏（横琴）联营律师事务所、人和启邦显辉（横琴）联营律师事务所获评全国涉外法律服务示范机构②。为让珠澳律师能够互相了解两地法律服务差异，珠海举办"珠澳律师训练营"，分别在珠澳两地设立课堂，为来自珠海和澳门的 31 名优秀律师学员提供了高质量的理论教学和实操练习，促进珠澳律师建立法治共识、法治互信，为珠澳两地法律工作者开展交流联谊，促进优势互补、合作共赢。珠海连续两年完成粤港澳大湾区律师执业考试工作，通过粤港澳大湾区律师执业考试人员经广东省律师协会集中培训和考核合格后，可以申请粤港澳大湾区律师执业资格，内地与港澳法律制度不同带来的法律服务壁垒正在进一步打破，将为当事人提供更加多元化、便利化的跨境法律服务。

3. 探索双向互通跨境法援新模式

珠海精准实施"法援惠民生"品牌培养项目，2022 年，受理法律援助案件 6974 件。在涉外公共法律服务中心设立涉外法律援助专区，由广东省珠海市总工会、珠海市司法局、澳门工会联合总会广东办事处共同签订《珠澳（澳珠）劳动者法律服务中心框架协议》，在珠海成立珠澳劳动者法律服务中心、在澳门成立澳珠劳动者法律服务中心，由珠海、澳门的 127 名

---

① 《共建涉外公共法律服务中心！珠海横琴签署合作协议》，http：//sfj. zhuhai. gov. cn/gkmlpt/content/3/3467/post_ 3467542. html#394。
② 数据来源于珠海市司法局。

律师组建珠澳法律援助服务专业团队提供法律援助服务，其中有澳门律师37名[1]。珠海或者澳门居民，无论是在珠海域内还是澳门域内发生纠纷，均可通过该中心申请法律援助进行跨境维权。珠澳法律援助从核查互认、援助协作及案件转办等方面着手，畅通跨境法律援助流程，推动两地法律援助工作协同互补、互融互通，在国内首次实现跨境法律援助服务融合衔接。

4. 启动跨境仲裁合作新平台

珠海国际仲裁院携手澳门律师公会仲裁中心、澳门世贸中心仲裁中心、澳门仲裁协会等，充分发挥制度优势，于2022年4月28日联合开通并启用了珠澳跨境仲裁合作平台在线办案系统。珠海国际仲裁院正式为澳门仲裁机构提供业务延伸平台，各合作机构可依各自仲裁规则和需求个性化定制系统环境，部署办案系统，通过平台进行仲裁信息交换，在横琴以自身名义办理案件，推进仲裁程序，目前已实现立案、缴费、组庭、开庭、裁决等仲裁环节全流程线上办理，并通过运用人脸识别、电子签章技术，实现了存证溯源，也保障了程序正当，实现优势互补，共同提升珠澳国际化仲裁水平，增强跨境争议解决能力，服务大湾区经贸往来，珠澳两地仲裁机构的协作联系日益紧密，争创粤澳深度合作的新典范。

（二）构建大调解工作格局，全面参与涉外调解服务

1. 成立跨三地商事调解组织

珠海积极参与粤港澳大湾区示范调解规则、调解员资格、资历评审标准和专业操守准则等的制定与完善，为区域民商事主体提供快捷、高效、经济、灵活的纠纷调解服务，推动调解服务领域与国际、港澳规则衔接。为进一步整合珠港澳行业性、专业性调解服务资源，引入国际化先进调解规则，搭建商事调解平台，2022年8月，成立国内第一家调解工程争议商事调解组织——横琴粤澳深度合作区粤港澳工程争议国际调解中心，这是广东省人民政府横琴粤澳深度合作区工作办公室社会事务局准予登记设立的民办非企业，为

---

① 以上数据统计至2022年12月，数据来源于珠海市司法局。

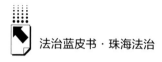
区域工程领域商事主体提供高质量、便利化的工程争议调解等一揽子解决方案。

2. 构建珠澳婚姻家庭领域特色调解

珠澳家事调解服务中心自 2021 年 12 月成立以来，珠澳妇联以"湾区家庭所需、珠澳妇联所能"为导向，聚焦珠澳融合家庭需求，邀请熟知珠澳两地法律的律师、社工督导、家事调解专家、心理咨询师等组建专家顾问团和调解员队伍，不断健全培训交流机制，提升珠澳两地家事调解人员能力水平，探索开展联合调解、案件转介、工作联动等机制，更好地为在珠海、澳门生活工作的涉澳家庭提供优质专业的妇女儿童家庭维权与调解特色服务。

3. 成立国内首家跨区域大调解协会

珠海一直以人民调解为着力点，加强调解法治保障和队伍建设。截至 2022 年 12 月，全市（含横琴合作区）共有各类调解组织 528 个，人民调解员 2902 名，其中专职 199 名，年均化解各类矛盾纠纷 13000 多宗①。为促进珠海、横琴合作区调解行业统筹发展，2022 年 11 月，由珠海市及横琴合作区 8 家单位共同发起，整合人民调解、行政调解、行业性专业性调解、商事调解等资源，成立国内首家跨区域大调解协会。通过《关于港澳籍调解员在珠海市调解协会备案管理的规定》，探索对区域内外提供调解服务的港澳籍调解员进行备案和规范化管理，推动构建区域大调解工作格局。同步上线珠海矛盾纠纷多元化解平台，通过该平台，群众可利用手机、电脑等载体实现调解的在线申请、在线接受调处、在线签订协议书，进一步提高了区域调解效率，调解员和调解机构也可实现调解案件处理的数据分析和协作流转。协会成立当天，珠海、横琴合作区的 63 名调解员领取了国内首批调解员电子证照，可实时在线辅助珠海、横琴的调解员开展调解文书签署、存证收发，调解员可随时在线将电子证照流转给第三方，随时在线验证，即时采信办事。加强电子证照跨地区、跨部门互通互认互用，该探索在全国尚属先例。

① 数据来源于珠海市司法局。

（三）提升公民法治素养，法治文化建设迈出新步伐

珠海市加强普法项目实践探索，加大宣传方式和载体创新，运用新媒体新技术增强普法精准性，深化珠海特色法治文化品牌"律道"建设，把法治文化思想理念与现有的公园设施、公交线路、公交站台相融合，赋予新的法治文化生命力，趣味普法使广大市民群众在日常生活中获得法治知识，提升人民群众的法治获得感。

1. 加强涉港澳法治宣传与教育

珠海深入实施公民法治素养提升行动，深化珠澳法治宣传教育合作，将加强涉港澳法治宣传教育纳入"八五"普法规划重点，培育"服务港澳普法行"项目品牌，联动横琴合作区法律事务局和澳门特区政府法务局，发挥澳门重点社团作用，搭建琴澳联动普法平台，实施"琴澳两地联动+线上线下互动+形式多样丰富"的普法活动，开展"以法治方式规范公民行为养成"专项行动，建设粤港澳大湾区青少年宪法与基本法教育实践基地，为在珠港澳企业、居民提供立体化跨境精准普法新路径，深入推动粤港澳大湾区法治融合发展。

2. 大力推进普法责任制工作落实

各区各职能部门在普法活动中更是大显身手，各创特色，形成一批可学习借鉴、可复制推广的有形成果。在2021~2022年全省国家机关"谁执法、谁普法"创新创先项目征集评选活动中，珠海推荐项目共斩获7项荣誉，获奖数量居全省地级市前列。珠海开展服务"产业第一"三年普法行动，以全面嵌入式的"法治体检""送法进企业"等活动形式，组织开展定制化、精准化普法服务；市司法局运用"智慧普法"小程序植入科技化、信息化手段，集成分析公共法律服务记录，追踪普法需求，获评全国"七五"普法先进单位；市公安局香洲分局推出"全警全民反诈格局"普法教育，开展250余场普法活动，普法对象达89575人次；市强制隔离戒毒所禁毒普法"空中课堂"标志通过国家版权局最终审查、认证，获颁作品标志及名称的版权保护；香洲区人民检察院擦亮"法·航"未检普法品牌，创立"海、陆、空"立体普

法宣传模式，创设"法治副校长驻校"工作方法，取得较好普法效果。拱北海关在全国海关系统率先研究制定海关两级普法责任清单，运用"项目化""信息化""指标化"进行普法责任管理，实现普法"软任务"向"硬指标"转变，被司法部确定为全国法治宣传教育典型案例，收录至司法行政（法律服务）案例库；斗门区的法治微电影《绝对救赎》荣获第二届中国法治微电影展优秀组织奖，珠海法治文化建设迈出新步伐。

3. 推动乡村振兴法治共建

珠海不断探索法治体系建设与乡村治理同频共振，推动法治资源供给向基层下沉，出台《关于加强法治乡村建设的实施方案》，让乡村振兴各责任主体在乡村建设过程中有章可循、有规可依。深化民主法治示范村（社区）建设，实施村（社区）"法律明白人"培养工程，重点培育一批以村"两委"班子成员、人民调解员、网格员、村民小组长为重点的"法治带头人"，并与村（社区）法律顾问工作有机对接。在全省范围内率先整理编写"法律明白人"工作指南社区和乡村两个版本，提升"法律明白人"的理论和实操技能。2022年，全市新增培育国家级民主法治示范村（社区）2个，省级民主法治示范村（社区）9个，形成乡村法治共建的良好局面，推动乡村振兴步入法治快车道。

五　坚持共建共治共享，推进市域社会治理现代化

市域社会治理现代化是珠海建设新时代中国特色社会主义现代化国际化经济特区必须回答的时代命题①。2022年初，珠海顺利通过了全国市域社会治理现代化试点城市建设中期评估。编制出台《珠海市域社会治理现代化"十四五"规划》，明确"十四五"期间推进市域社会治理现代化工作的目标任务、重点项目和重大行动，加强市域社会治理的制度供给。市"村

---

① 资料来源：http：//www.zhuhai.gov.cn/gzw/gkmlpt/content/3/3189/post＿3189085.html＃350，最后访问日期：2023年4月10日。

（社区）党支部组织群众协商'民生微实事'"的自治经验做法，在全国第七次市域社会治理现代化试点经验交流会上被推广。依托"平安+"指数平台，在全省首创推出覆盖全市 207 个社区和 122 个村的"平安星级村居指数"，助力珠海形成"市—区—镇（街）—社区（村居）"四级治理架构，为基层社会治理体系和治理能力现代化建设提供有力支撑。

（一）标准指南，提升基层公共服务能力

为提升城乡社区服务规范化、专业化、标准化水平，珠海市民政局制定地方标准《城乡社区公共服务指南》，并联合市委组织部、市委政法委、市公安局、市司法局等 11 个部门出台《城乡社区公共服务系列标准》，根据珠海实际和居民需求，针对法律服务、社区养老、卫生健康、心理咨询、退役军人服务、残疾人康复、文化体育、育幼等 15 项重点领域的服务功能，以标准化手段形成具有针对性、操作性、有效性的治理规范体系，对基层公共服务进行规范和指导。在全市 10 个不同类型的村（社区）开展"一站式"城乡社区综合服务示范创建工作，为群众打造"一站式"综合服务场所，以点带面提升社区自治和服务能力。将"民生微实事"服务类项目和城乡社区公共服务功能紧密衔接，将行业要求和实践操作有机结合，并将珠海本地特色亮点融入其中，围绕粤港澳大湾区社会治理合作共融，打造有助于港澳居民融入本地社区治理的个性化服务项目，切实发挥为民服务作用。

（二）社区警务，深度融合基层社会治理

珠海创新基层治理模式，深化社区警务战略，将社区警务服务纳入了城乡社区公共服务范畴，加强基层工作合力，推动警务室建设，深化"警格+网格"融合、"警务+居务"融合，在 329 个村（社区）按"一区一警两辅"和"一村一警（辅）"配备警力，搭建包括民警、辅警、志愿警察和治保会、网格员、保安员等群防群治队伍以及社会力量在内的社区警务团队，推动 44 名派出所所长、337 名专职社区民警进镇街和村

（社区）班子①，积极打造"熟人社区"共同体。为全面提升公安基层治理能力和水平，珠海公安对标先进，按照标准打造"枫桥式公安派出所"，全力推动派出所回归治安防控和破小案、接处警，服务群众等主责主业，将社区警力由"下社区"转变为"在社区"，以"就近处警""就近增援"为原则，切实履行维护辖区稳定、守护一方平安、服务人民群众、推进社区治理的职责任务，提高群众安全感和满意度。截至2022年底，全市有4个派出所被命名为广东省"枫桥式公安派出所"，9个村（社区）警务室被命名为"岭南标杆警务室"，9名民警被命名为"岭南百佳社区民警"，有效激发了公安工作活力和城市安全潜力。

（三）多元调处，健全基层矛盾纠纷多元预防化解综合机制

基层是社会和谐稳定的基础。珠海不断完善社会矛盾纠纷多元预防调处化解综合机制，让多元调解"遍地开花"，把矛盾解决在萌芽状态、化解在基层。珠海市高新区在群众诉求反映较多地点设立"大家帮"访调对接品牌工作站，引入省信访一体化平台系统，调动行政资源参与案件调处。自创建以来，共受理矛盾纠纷调解案件1700余件，调解成功率99.53%，涉案金额超2500万元②。斗门区则在"五镇一街"综治中心设立"调解工作室"，打造"乡贤调解""园区枫桥""一庭两所一办"等一批特色调解品牌，构建"小事不出网格、大事不出村、难事不出镇"的基层诉源治理格局。珠海市妇联、珠海市婚姻家庭纠纷调解委员会在港澳人士居住较多的拱北街道茂盛社区、港昌社区分别设立了珠港澳（涉外）家事调解服务站，将家事调解服务窗口不断前移，为涉澳家庭提供社区家事调解服务。驻村（社区）法律顾问参与矛盾纠纷化解，也是珠海基层人民调解工作的特色之一。珠海在全省率先实现村（社区）法律顾问全覆盖，斗门区还创新实行村（社区）律师"前台坐班+网络服务"双轨制运行、"线下+线上"双结合的精准服务2.0模式，全程

---

① 资料来源：http：//ga.zhuhai.gov.cn/gkmlpt/content/3/3468/post_3468164.html#12。
② 资料来源：https：//baijiahao.baidu.com/s? id=1751337562690904812&wfr=spider&for=pc。

跟进参与的重大敏感、群体性矛盾纠纷案件的"律师包案制度"等，打造"指尖上"的法律服务，推动基层矛盾在法治轨道上化解。

（四）创新培育，挖掘社会治理特色亮点

2022年初，珠海编制出台了《珠海市域社会治理现代化"十四五"规划》，相继制订了培育市域社会治理现代化"自治强基""智治支撑"创新项目的工作方案。从2022年3月至9月，珠海市委政法委联合《南方日报》举办了珠海市域社会治理创新项目培育活动。市、区两级社会治理相关部门深挖本领域的工作特色和亮点，聚焦市域社会治理现代化试点建设，选拔一批优秀治理创新项目，进行专业培育、提升，最终评选出10个"自治强基"优秀项目、6个"智治支撑"优秀项目，打造一批彰显珠海特色的治理品牌，不断提升市域社会治理现代化水平。这也是珠海推进全国首批市域社会治理现代化试点工作"成绩单"，推动形成珠海市域社会治理现代化的最大合力，为中国市域社会治理贡献"珠海智慧"。

六　2023年展望：推进珠澳法治
融合发展向高水平迈进

2023年是全面贯彻落实党的二十大精神的开局之年，也是珠海高质量建设现代化国际化经济特区的关键之年。党的二十大对未来一个时期推进中国式现代化作出了全面战略部署，也为谱写新时代珠海改革发展新篇章指明了方向。随着大湾区、合作区、自贸区、自创区建设等国家政策优势交汇叠加，作为珠江口西岸核心城市，珠海的战略地位更加凸显。珠海要抓住"四区"叠加机遇，以珠澳社会治理合作为抓手，以横琴合作区为载体，运用法治思维和法治方式，实施粤澳深度合作的区域法治协同战略，建设有利于市场发展的趋同法治体系，推进大湾区社会经济一体化，推动横琴合作区成为改革开放的窗口、法治建设的试验田和新高地，也推动珠海高质量发展成为最安全稳定、最公平公正、法治环境最好的地区。

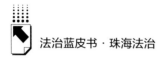

但是，法治实践中的不足和问题仍然存在，粤港澳三地法律规则、法治体系和司法机制存在较大差异，数字法治政府建设面临新挑战，法律适用障碍仍然存在，制度对接壁垒、涉外法治工作面临的风险增多。服务对外开放司法能力水平有待提升，涉港澳公共法律服务供给亟待进一步完善，涉企法治服务精准性和有效性还有待加强，市域社会治理体制需要进一步完善，才能确保市域社会治理现代化在法治轨道上行稳致远。

战略机遇与风险挑战并存。2023年，珠海将坚持以习近平新时代中国特色社会主义思想为指导，全面贯彻落实党的二十大精神，深入贯彻落实习近平总书记对广东、珠海系列重要讲话和重要指示批示精神，坚持新发展理念，服务和融入新发展格局。牢记建设开发横琴的初心，以强烈的政治责任感，以创先争优的进取精神、苦干实干的奋斗姿态，围绕促进澳门经济适度多元发展这条主线，聚焦珠澳深度合作，充分发挥法治的规范、引领和保障作用，为实现高质量发展提供法规制度供给，强化对横琴合作区长远发展的政策支撑。构建现代产业体系，打造跨境科技创新合作实验田，形成高水平科技创新载体和平台，深化投资贸易自由化便利化改革，扩大服务贸易开放，加快构建联动港澳的高水平金融开放体系和跨境金融管理机制。扎实推进依法行政，建设数字法治政府，促进港澳人才、资本、信息、技术等要素在大湾区更便捷地流动，营商环境更加优化，市场主体更加活跃。提升制度形成的科学性、行政执法的精准性、公共法律服务的优质多元性，以高质量司法服务保障更高水平对外开放，以更完善的社会治理体系和丰富多样的法治宣传教育，努力营造奋进新征程的良好社会氛围。深化民生领域合作，完善港澳居民在珠海发展的配套政策和便利措施，加快实现与澳门一体化发展，共建湾区优质生活圈，在坚持和完善"一国两制"上展现新担当、作出新贡献。

（一）发挥立法引领推动作用，为实现高质量发展提供法规制度供给

1. 坚持经济特区立法权和地方立法权并重

珠海要立足粤港澳大湾区和横琴粤澳深度合作区建设，秉持"主动服

务、靠前服务"理念，根据横琴合作区改革创新实践需要，以更高政治站位、更大胸怀格局推动横琴合作区相关立法工作。充分发挥立法的引领和推动作用，推进横琴合作区改革和制度探索，促进合作区法治有序发展。要用足用好全国人大常委会授予的经济特区立法权，发挥特区立法变通作用，配合推动以合作区条例、实施方案、总体发展规划等为重点的政策体系加快构建，打通改革的制度瓶颈，建立健全横琴合作区特色规则体系，实现重大制度创新和变革。同时，也要强化对横琴合作区长远发展的政策支撑，通过制定配套地方性法规，实施和细化上位法的规定，推动横琴合作区的营商环境、市场监管、公共服务、社会保障、人员往来等事项实现更紧密衔接，做好横琴合作区属地管理工作，为探索粤澳共商共建共管共享的合作模式积累经验，为内地与港澳更密切合作提供示范。

2. 加强重点领域、新兴领域、涉外领域法规制度供给

坚持立法决策与改革决策相衔接相统一，以法治推进改革，以改革完善法治。加快重点产业制度创新，构建与开放型经济相适应的法规体系，充分发挥澳门在国际市场中的平台优势，促进粤澳共同开创国际市场，在改革开放的重要领域和关键环节大胆推进规则衔接、机制对接、标准互通、资格互认，对澳门具有优势的中医药、金融、会展、旅游和文化等产业提供制度支撑。加强协同立法，以具体事项为"小切口"，破解经济社会发展中的堵点难点痛点，渐进式探寻法律协调的最优路径；切实加强生态环境保护，大力推动跨市域河流污染整治等工作取得实效；促进横琴合作区与珠海市法治建设信息互通、资源共享，逐渐实现法治环境趋同，以良法促进发展、保障善治。

3. 及时回应社会关切，完善民生立法

坚持以人民为中心，为人民谋福祉，准确把握识别民生领域的问题，及时积极回应人民群众的期待，加强民生立法。保障人民当家作主，发展全过程人民民主，完善立法听证、论证、座谈、评估、公开征求意见等机制，扩大代表和基层群众立法参与，夯实立法民意基础。注重开展"小切口"立法，增强立法的针对性、适用性和可操作性，提高立法质量和效

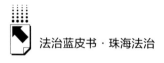

率、加快形成完备的法律规范体系，不断增强人民群众幸福感、获得感和安全感。

（二）全面建设数字法治政府，提升数字化社会治理能力

数字法治政府全面反映了数字时代法治政府的发展趋势，体现了以数据为核心的权利义务关系和以算法为基础的智能社会秩序，是实现数字正义的治理方式、运行机制和秩序形态。数字法治推动法治政府迭代升级，数字法治政府建设要坚持在"良法善治"轨道上形成数字政府建设、服务平台运行、政务数据共享、公共数据开放的多层级共建共治共享新型政府治理模式，驱动治理效能提升。

1. 加快政府理念、机构、职能、流程再造的数字法治化进程

推动各部门、各层级平台的整合与协同，简化和重塑政务服务流程，加强自动认证系统，推动自动化、智能化行政方式，打造便捷的政务服务环境与监管体系，进而形成数据驱动、数据创新和场景应用的政务新模式。将政府政务平台建设、体系架构、平台运行、基础设施、技术保障等纳入法治轨道，建立健全运用互联网、大数据、人工智能等技术手段进行行政管理的制度规则，实现政府治理信息化与法治化深度融合，为各部门数据有效归集、处理、利用、共享和安全设立制度框架，切实维护数据安全，依法保护国家安全、商业秘密、个人隐私信息，维护市场主体和人民群众的利益。

2. 以公共数据开放助推政府治理现代化

数字政府建设旨在为民众提供更加优质、智能的服务，要坚持以人为本，消除技术歧视，消除"信息孤岛"，打破数据壁垒，完善与数据治理相适应的法规体系，建立数据跨部门、跨层级共享协调机制，优先推动民生保障、公共服务、市场监管等领域政府公共数据向社会有序共享与开放，促进资源整合和公共服务的透明公开，推进数字技术更好地服务于人、造福于人，以数字化转型整体驱动生产方式、生活方式和治理方式变革。

（三）统筹推进国内法治和涉外法治要求，高质量司法服务保障高水平对外开放

推进司法理论创新、制度创新、实践创新，持续加大对横琴合作区重点领域的司法保护力度，推动优化法治化营商环境，营造最安全稳定、更宜居宜业的生活环境，更好地惠及横琴合作区经济建设、造福粤澳人民。

1. 加快推进涉外审判体系和审判能力现代化

珠海法院要坚持公平正义理念，践行司法为民宗旨，紧紧围绕粤港澳大湾区和横琴合作区建设等国家重大战略实施，推动粤港澳大湾区法律规则衔接和机制对接，提出解决问题的新理念新思路新办法。及时总结涉澳合议庭专业化涉外审判经验，进一步创新完善涉外审判机制，加强跨境纠纷典型案例库和域外法适用案例库建设，着力破解域外法查明难问题，为法官审理类案提供参考，为涉外当事人参与诉讼提供指引，不断提高涉外审判质效和司法公信力。大力培养选拔优秀涉外审判人才，推进涉外审判队伍专业化和职业化建设。进一步完善跨境诉讼服务机制，简化港澳诉讼主体证明手续及授权委托手续，全力推动司法数字化、智能化，推进涉外审判工作与智慧法院建设深度融合，切实为澳门企业或居民提供有温度的便利化司法服务。

2. 深化区际司法协作

继续深化琴澳两地司法机关合作交流，增进司法互助互信，推动两地共商共建共享多元化纠纷解决新机制的创新和完善。在"一国两制、三法域"下进一步丰富和完善中国特色区际司法协作体系，细化实施民商事司法协作安排，持续创新涉外送达、域外调查取证机制，简化澳门、横琴两地民商事判决和仲裁裁决的互相承认与执行程序，实现两地法院的跨境联动，完善立案、调解、证据交换等全流程线上纠纷解决服务平台，为涉外当事人提供便捷、高效、低成本的法律服务，为妥善化解跨域民商事纠纷、服务澳门经济适度多元发展提供了新的制度资源。

在刑事司法协作领域，加大跨境、走私、网络犯罪、有组织犯罪等的惩

治和预防力度，积极推进粤澳两地警察执法机关交流合作与定期互访，探索粤澳两地检察机关在横琴合作区普通刑事案件管辖移交、调查取证、证据转化运用、文书送达等工作的合作机制模式，畅通检察工作渠道，共同打击跨境刑事犯罪，缩短办案期限，提高办案质效。

3. 加强检察机关法律监督工作

珠海检察机关要全面准确落实司法责任制，能动履行法律监督职能，围绕服务保障和改善民生聚焦发力，紧紧围绕加强生态文明建设、产业发展、乡村振兴、特殊群体司法保护、琴澳合作等，更好地履行公益诉讼检察职能，推动公益诉讼检察工作高质量发展。注重办案职能延伸，从公益诉讼个案办理到促进问题整改，再到助推立法和制度等长效机制构建完善，全方位提升法律监督质效。全面贯彻宽严相济刑事政策，落实少捕慎诉慎押刑事司法政策和认罪认罚从宽制度，稳妥推进涉案企业合规改革，更好地推动企业依法守规经营，落实民营企业平等保护，营造法治化营商环境，以能动履职为经济社会高质量发展保驾护航。开展涉案企业合规工作，强化涉企违规违法信息的搜集、研判和预警宣传，堵塞风险漏洞，及时会商解决行业管理中的难点和堵点，推动涉案企业合规改革纵深开展。

（四）探索跨法域公共法律服务新模式，共建大湾区优质法律服务圈

坚持统筹推进国内法治和涉外法治，进一步完善涉外公共法律服务平台框架体系，大力推进公共法律服务实体、网络、热线平台建设，推动科技与法治相结合，丰富公共法律服务内容，提升公共服务和社会管理相互衔接水平。

1. 全力推动涉外公共法律服务高质量发展

充分发挥横琴珠港澳（涉外）公共法律服务中心的综合性平台作用，积极统筹链接涉港澳法律资源，加强公共法律服务理论研究，推动粤港澳三地法律服务交流与合作，为居住、工作、生活在横琴合作区的港澳居民提供更加优质的法律服务。加强商事调解服务机构业务交流和合作，完善商事调

解员的准入、管理、保护和责任等制度，进一步确立商事调解程序规则，确认调解协议的合同效力，并通过优化衔接推动调解协议执行，共同提升商事调解服务水平。充分发挥珠海市调解协会的区域优势和平台优势，加强理论研究，推动大湾区调解员资格评审标准和跨境争议调解规则等落地见效，推动大湾区调解领域工作规则的"软联通"。继续推动跨境法律援助工作，将澳门司法援助范围扩展至涵盖澳门居民在横琴法院的诉讼，将珠海市法律援助对象范围扩展至横琴合作区澳门居民，将取得内地执业资质的香港、澳门执业律师加入常备法律援助人员名册，明确承办法律援助事项清单，发挥三方资源优势，开展丰富多彩的涉外法治宣传活动，提升港澳居民对中国特色社会主义法治理念的理解和认同。

2. 打造国际化区域仲裁中心

进一步完善珠澳跨境仲裁合作平台建设，深化平台共建功能，丰富多元化合作形式，推动珠澳仲裁资源共享，探索双方依法互聘仲裁员，共建案件研讨机制，开展跨境仲裁、调解等多元化纠纷解决法律服务研究，推动跨境法律服务领域的规则衔接和机制对接，提升两地仲裁机构国际化仲裁水平和跨境争议解决能力；进一步深化珠澳跨境仲裁合作平台治理，利用合作平台建设共同打造国际化知名仲裁品牌和跨境争议解决新高地，推动珠海积极适应与国际经贸往来接轨的仲裁规则，推动珠澳两地法治化营商环境优化和提升。

3. 推进法律服务融合发展

强化涉外法律服务供给，构建与"一国两制"新实践相适应的涉外法律服务体系。聚焦粤港澳大湾区的发展优势和发展特色，充分发挥联营律师事务所在大湾区建设中解决纠纷、防范矛盾和预防风险的多重功能，联通内地与港澳及国际法律业务，为境内外企业提供多元化、一站式的跨境法律服务。扎实推进香港、澳门执业律师在粤港澳大湾区内地九市取得内地执业资质和从事律师职业试点工作，适当扩大香港、澳门律师在横琴合作区执业范围，为更多参与横琴合作区经贸活动的当事人提供法律服务，助力开展港澳律师加入广东省律师协会试点工作，有效推动粤港澳大湾区律师行业紧密对接，打造大湾区涉外法律服务要素资源集聚地。大力培养政治可靠、业务精良的涉外法律服务队伍，制订科学的涉外法律人才培养方案，畅通涉外法律人才和信息交流，为涉外法律服务提供优质的人才保障，让港澳律师业发展融入国家发展大局，为珠海更高水平改革开放提供坚实的法治保障和多元化、跨法域的法律服务。

（五）打造市域社会治理珠海品牌，加强社会治理共同体建设

1. 继续深化社会治理探索

市域社会治理是国家治理在市域范围的具体实施，是国家治理的重要基石。2023年，珠海要以城乡公共服务标准化促进基层公共服务均等化、普惠化、便捷化发展，通过部门协同推动各领域服务示范项目在城乡社区落地落实，推动城乡社区根据本地实际及居民需求，探索发展个性化服务项目，以点带面提升城乡社区公共服务能力，提升服务效能；不断完善治理体系、提升治理能力，以良法善治加强市域社会治理制度供给，以现代科学数字技术引领基层建设，完善基层治理平台，推动政府治理与社会调解、居民自治的良性互动，创新公平正义实现方式，提高社会治理现代化水平。

2. 开拓法治服务基层社会治理的新路径

面对各类新型社会矛盾风险的挑战，珠海要坚持和发展新时代"枫桥经验"，健全风险识别预警、内部防控、协同化解、应对处置等机制，及时发现处理各类风险隐患和苗头性问题，加强重点行业领域管理，最大程度把矛盾风险化解在基层、解决在萌芽状态；进一步畅通和规范人民群众诉求表达、利益协调和权益保障通道；完善心理疏导和危机干预机制，培育自尊自信、理性平和、积极向上的社会心态，严防个人极端案/事件，促进社会和谐稳定，推进平安珠海、法治珠海建设。

3. 打造具有大湾区特色的社区治理共同体

作为内地首个为澳门居民打造的综合性民生项目，横琴"澳门新街坊"将于2023年面向澳门居民销售，作为内地第一个专供澳门居民的综合民生项目，琴澳融合的社会服务和社区治理模式将为澳门居民在横琴合作区学

习、就业、创业、生活提供更便利的条件。澳门街坊会已和珠海社区签约友好共建，开启了珠澳两地基层治理主体直接合作的新开端，珠澳融合迈上社区治理的更高层面。珠海将借"澳门新街坊"项目进一步探讨和研究琴澳两地协作机制，深度对接澳门的公共服务和社会保障体系，围绕粤港澳大湾区社会治理合作共融，进一步推动珠澳社会服务专业化建设，将澳门的民生服务标准延伸至横琴，打造有助于港澳居民融入本地社区治理的服务项目，为澳门居民打造一个趋同澳门的营商环境和民生条件，为今后粤港类似民生合作提供更多借鉴，为打造具有大湾区特色的社区治理共同体提供智力支持和示范经验。

立法探索
Exploration in Legislative Sphere

B.2
珠海涉企政府立法基层联系点机制研究

珠海市司法局课题组*

摘　要： 2016年，珠海在全国首创政府立法基层联系点制度。近年来，珠海市坚持"产业第一、交通提升、城市跨越、民生为要"①，持续完善政府立法基层联系点机制。通过畅通民意渠道，提升立法工作质效，促进规则衔接，保障公众参与，高质量践行科学、民主和依法立法。未来，珠海还将进一步强化特区使命担当，在基层立法联系点机制建设方面，加强规范化建设和协作化运行，充分发挥民意"直通车"窗口功能，搭建多向度、多层次的立法意见和建议征集体系。

关键词： 涉企立法　政府立法　基层联系点　科学立法　民主立法

＊ 课题组负责人：李小燕，珠海市司法局党组书记、局长；李凯，珠海市司法局副局长。课题组成员：王伟娜、欧柯邑。执笔人：欧柯邑，珠海市司法局立法一科四级主任科员。

① 2021年12月，珠海市第九次党代会提出"产业第一、交通提升、城市跨越、民生为要"工作总抓手。为确保"产业第一"政策落地，珠海市正以空前力度，统筹各级各方面资源，为产业发展提供有力支撑。

党的二十大报告提出，"统筹立改废释纂，增强立法系统性、整体性、协同性、时效性"，"发展全过程人民民主，保障人民当家作主"，标定了迈向新征程道路上"科学立法""民主立法"的"新路标"。基层立法联系点在设立和发展的过程中，始终致力于"解决人民需要解决的问题"①，是在立法工作中践行全过程人民民主的优良载体，同时也为科学立法提供了制度支撑。2016 年，珠海在全国首创政府立法基层联系点制度。近年来，珠海不断突出区域特色，依托联营律师事务所打造了涉企政府立法基层联系点"珠海模式"，体现了改革开放"窗口"和法治"试验田"的软实力，有效推动了科学、民主立法，较好发挥了立法引领保障产业发展的作用。

一　我国基层立法联系点制度沿革

我国基层立法联系点制度始于 2002 年。甘肃省人大常委会在省会兰州市周边选择了几个农业县（区）作为首批立法联系的试点，通过双向交流立法信息、邀请立法联系点负责人列席省人大常委会会议、省人大常委会法制委员会会议等方式，搭建广大群众参与地方立法的平台。为地方立法的民主化、科学化另辟蹊径，也为全国推广基层立法联系点制度提供了试验样本。

2014 年，党的十八届四中全会通过的《中共中央关于全面推进依法治国若干重大问题的决定》明确提出要求，"建立基层立法联系点制度，推进立法精细化"。"基层立法联系点"的概念首次在中共中央党内文件中被提出。高层民主制度改革的下渗效应与基层民主制度改革的溢出效应交相辉映，以基层立法联系点为平台，公众参与立法的民主模式应运而生。2015 年，全国人大法工委从东部、中部、西部 4 个单位设立基层立法联系点。随后，全国多地人大常委会先后在辖区内探索建立基层立法联系点。

---

① 2021 年 10 月 13 日至 14 日，习近平总书记在中央人大工作会议上的讲话指出："民主不是装饰品，不是用来做摆设的，而是要用来解决人民需要解决的问题的。"

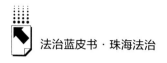

二 政府立法基层联系点的珠海探索

政府立法工作，是与地方人大及其常委会立法工作相区分的实践概念，具体是指拥有立法权的省、市两级人民政府拟定地方性法规草案和制定政府规章的立法活动①。在 2016 年之前，珠海开展政府立法工作时，主要通过政府门户网站、《珠海特区报》等途径向社会公开征求意见、建议。这类意见征集形式由于缺乏与基层群众面对面、心贴心的深度沟通、交流、探讨，群众对政府立法工作的理解程度有限，参与研讨的意愿也相当有限。收集到的意见、建议往往针对性不强、专业性不够，开展公开征求意见活动收效甚微。

结合"创建全国法治建设示范市"活动，在市政府法制部门的主导下，珠海于 2016 年在全国率先启动运行政府立法基层联系点。选取的首批 8 个政府立法基层联系点分别位于香洲区香湾街道办事处、湾仔街道办事处、唐家湾镇人民政府、横琴镇人民政府、斗门区白蕉镇人民政府、金湾区红旗镇人民政府、平沙镇人民政府、万山镇东澳办事处。由市政府法制部门负责建立政府立法基层联系点日常工作台账，详细记录人员、时间、频次、内容，确保每年不少于一次到每个联系点开展实地交流。基层联系点均设有联络员，负责协助市政府法制部门召集本辖区相关单位、群众举行座谈会、研讨会，就政府立法计划、立法项目收集意见、建议。自此，珠海正式搭建起政府立法与基层群众的"连心桥"。

2016 年，首批 8 个政府立法基层联系点协助举行座谈会 15 场，书面反馈意见、建议数百份。在《珠海经济特区物业管理条例》的立法起草阶段，政府立法基层联系点协助市政府法制部门会同起草单位举行了立法听证会，听取市民代表、物业服务企业代表、律师代表、人大代表、政协委员及政府

---

① 参见刘浩、陈建胜《完善政府立法工作机制的实践与思考——以广东省构建"4+X"政府立法工作制度体系为例》，《中国司法》2022 年第 6 期。

部门代表等共 15 名听证会参加人的意见。在公开征集意见期间，政府立法基层联系点共收集到市民通过来电、来函、电子邮件反馈的意见逾百份。在立法审查期间，依托政府立法基层联系点，市政府法制部门会同起草单位利用短短的半个多月时间奔赴 4 个镇街（社区）、物业管理行业协会以及 12 家物业服务企业开展了一系列深入基层的立法座谈会，掌握了大量来自基层的第一手资料。相关意见、建议经过反复研讨，基本予以采纳，对解决珠海市物业管理实际问题起到重要促进作用。

近年来，珠海借助政府立法基层联系点听取民意、汲取民智，以制度创新为核心，用足用好两个立法权，通过精准靶向立法解决新问题，先行先试推动出台商事登记条例、互联网租赁自行车管理办法、餐厨垃圾管理办法、港澳建筑及相关工程咨询企业资质和专业人士执业资格认可规定、港澳旅游从业人员在横琴新区执业规定、工业用地控制线管理规定等特区法规规章 81 部，逾 30 部为全国、全省"首创"，部分创制性制度为填补国家立法空白、打破制度坚冰提供了"珠海样本"。

三 涉企政府立法基层联系点的珠海经验

珠海自 2016 年启动运行政府立法基层联系点以来，不断总结实践经验，持续推进基层联系点"扩点""提质"工作，逐步完善政府立法基层联系点机制，高质量践行科学立法、民主立法、依法立法。

（一）优化布局，以延伸触角畅通民意渠道

2019 年 2 月 18 日，中共中央、国务院印发的《粤港澳大湾区发展规划纲要》明确提出，"扩大内地与港澳专业资格互认范围，推动内地与港澳人员跨境便利执业""在深圳前海、广州南沙、珠海横琴建立港澳创业就业试验区，试点允许取得建筑及相关工程咨询等港澳相应资质的企业和专业人士为内地市场主体直接提供服务"。珠海着眼国家、广东省发展大局，抢抓历史机遇，发挥特区立法先行先试作用，在全国率先通过立法的形式将《粤港澳大湾区

发展规划纲要》的相关要求落地,于 2019 年 9 月 27 日出台了地方性法规《珠海经济特区横琴新区港澳建筑及相关工程咨询企业资质和专业人士执业资格认可规定》,自 2019 年 12 月 1 日起施行。这是珠海运用经济特区立法权,在国内率先以地方立法的形式,实现香港、澳门建筑工程领域专业企业和专业人士在内地直接提供服务,迈出了探索内地与港澳职业"资格互认"的第一步。在立法过程中,"问需于企,问计于企"的工作思路发挥了重要作用。为在政府立法工作中更好地实现与企业交流"零距离",重新组建的珠海市司法局①就完善政府立法基层联系点机制展开了新的探索。

为助推珠海实现新的功能定位,充分发挥立法引领保障、护航改革发展的作用,健全服务高质量发展的制度供给,珠海政府立法基层联系点多面开花,密集发力。2020 年,珠海市司法局在充分调研的基础上,吸纳了珠海青年商会、珠海市钢材协会、珠海交通集团有限公司 3 个涉企单位作为政府立法基层联系点。2021 年,又吸纳了珠海市湖北商会、珠海市广西商会、珠海市室内环境净化行业协会、中银—力图—方氏(横琴)联营律师事务所②、人和启邦显辉(横琴)联营律师事务所、珠海市伟达实业有限公司 6 个涉企单位作为政府立法基层联系点。17 个政府立法基层联系点中有 9 个为涉企单位,占比约 53%。2022 年,珠海市物业协会、金杜(横琴)联营律师事务所、金鹏家裔(横琴)联营律师事务所、德恒永恒(横琴)联营律师事务所、珠海市涉外公共法律服务中心③被吸纳为新的政府立法基层联系点。自此,珠海政府立法基层联系点由过去单一以镇街为主发展为包含镇街、事业单位、企业商会、行业协会、粤港澳联营律师事务所等在内的多元组成结构,覆盖不同领域和行业,政府立法基层联系点机制具备了多样性和

---

① 2019 年 1 月 20 日,根据中共珠海市委机构改革的统一部署,中共珠海市委全面依法治市委员会办公室和重新组建的珠海市司法局挂牌成立。

② 中银力图方氏(横琴)联营律师事务所于 2015 年 1 月 16 日经广东省司法厅审批同意在珠海横琴成立,是国内首家内地与港澳合伙联营的律师事务所。

③ 珠海市涉外公共法律服务中心于 2021 年 12 月 2 日正式挂牌启动,是在粤港澳大湾区和横琴粤澳深度合作区建设的前沿性、综合性、事业性涉外涉港澳公共法律服务实体平台,是珠海市法治建设的重大创新,在国内尚属首例。

代表性。20 个政府立法基层联系点中有 13 个为涉企单位，占比约 65%（见表 1）。同时，选取国家机关、企事业等单位的业务骨干、符合要求且有意愿参与的工作人员为立法工作联络员，通过政府立法基层联系点引导基层人民群众有序参与立法规划、计划编制、立法项目意见征集及立法后实施评估等工作。

表 1　2020~2022 年珠海涉企政府立法基层联系点建设情况

年份	政府立法 基层联系点数量（个）	涉企政府立法 基层联系点数量（个）	涉企联系点 占比（%）
2020	10	3	30
2021	17	9	53
2022	20	13	65

数据来源：珠海市司法局。

（二）拓展功能，以多元介入提升工作质效

珠海在政府立法基层联系点设立之初，便尝试将政府立法基层联系点的功能从参与立法向行政复议、执法监督等多项法治政府建设工作领域延伸。各个政府立法基层联系点除征询立法意见外，还就行政复议事项为辖区群众提供指引，日常收集群众对行政执法的意见、建议。2019 年新一轮机构改革后，政府立法基层联系点功能拓展至立法后评估、监督执法、行政复议、普法守法等。具体表现为：民意征询时段从立法前向立法后延伸；意见征询方式也从传统的座谈交流扩大到了线上线下相结合的多元化沟通交流方式；群众可以通过基层联系点这个立法"前哨站"、民主"直通车"及时了解立法工作动态，还可以随时向政府机关"原汁原味"地反映监督执法、宣传普法、促进守法等方面的意见；政府职能部门也可以通过基层联系点向人民群众传导公共利益诉求，引导公众学法、懂法、守法。

实践证明，立法基层联系点的功能拓展并非单纯叠加关系，而是互相结合，各展其长。2016 年，曾有市民通过政府立法基层联系点反映珠海存在

个别私宰牛羊、注水牛羊肉流入市场事件。经市政府法制部门专报市委、市政府，2016 年 12 月，市委、市政府作出"尽快形成长效定点屠宰监管规范"的工作部署，并将规范牛羊定点屠宰纳入 2017 年政府规章立法计划。2017 年 7 月，政府规章《珠海经济特区牛羊定点屠宰管理办法》出台，珠海成为全省第一个明确实行牛羊定点屠宰制度的地级市。2018 年，有市民通过政府立法基层联系点反映互联网租赁自行车自 2017 年全市投放以来，存在乱投放、乱停放、蓄意破坏、盗窃自行车等现象。原市法制局经过调研发现，彼时互联网租赁自行车作为新兴业态，其管理涉及交通、市政、公安、城管、建设、发展改革、工商等多个部门，且全国各省市均无相关专项立法，仅有交通部、公安部等十部委《关于鼓励和规范互联网租赁自行车发展的指导意见》对互联网租赁自行车的管理进行指导，其法律效力、可操作性和强制性均无法满足现实需要。原市法制局报请市政府将规范互联网租赁自行车管理纳入 2019 年政府规章立法计划。2019 年 12 月，珠海出台政府规章《珠海经济特区互联网租赁自行车管理办法》，成为在全国率先对互联网租赁自行车管理进行专项立法的城市。《珠海经济特区互联网租赁自行车管理办法》及时有效地规范了互联网租赁自行车的日常停放秩序，维护了良好的市容市貌和交通秩序，为珠海"创文攻坚"发挥了积极作用。2020 年，珠海顺利通过"全国文明城市"复查测评"大考"，确认保留"全国文明城市"荣誉称号。

（三）发挥特色，以联营律所促进规则衔接

设立联营律师事务所①是广东贯彻落实 CEPA 协议②有关规定的重要举

---

① 联营律师事务所是指由一家或者多家香港或者澳门律师事务所与一家内地律师事务所，按照《广东省司法厅关于香港特别行政区和澳门特别行政区律师事务所与内地律师事务所在广东省实行合伙联营的试行办法》规定，在广东省内组建合伙型联营律师事务所，并以联营律师事务所名义独立对外提供法律服务、独立承担法律责任，属于实体联营。

② CEPA 是内地与香港特别行政区、澳门特别行政区之间"更紧密经贸关系安排"的缩略语。CEPA 是在"一国两制"原则指导下建立的一种经贸合作形式，该合作形式涉及货物贸易的优惠安排、服务贸易的规定和贸易投资便利化等合作领域，是内地加入世界贸易组织（WTO）后签署的第一个具有区域自由贸易协议性质的法律文件。

措，是在粤港澳大湾区一个国家、两种制度、三个关税区框架内法律服务领域合作创新的积极探索和有益实践，也是发展涉外法律服务业的重要一环。2014 年 8 月，《广东省司法厅香港特别行政区和澳门特别行政区律师事务所与内地律师事务所在广东省实行合伙联营的试行办法》选定深圳前海、广州南沙和珠海横琴作为广东开展香港、澳门律师事务所与内地律师事务所合伙联营试点工作的地区。目前，经广东省司法厅批准，在珠海横琴自贸试验区共设立 5 家联营律师事务所。其中，中银—力图—方氏（横琴）联营律师事务所是全国首家内地与港澳合伙联营律师事务所，也是目前全国联营律师事务所中规模最大、港澳律师数量最多、业务范围最广的律师事务所。自2021 年以来，珠海市司法局分别与在珠海横琴自贸试验区设立的 5 家联营律师事务所签订设立政府立法基层联系点协议，建立立法项目听取港澳专家意见常态化制度。粤港澳分属不同法域，法律制度与法治传统存在较大差异，社会发展侧重点也有所不同。在联营律师事务所设立政府立法基层联系点，发挥其"专业化""国际化"优势，有利于研究推动横琴粤澳深度合作区规则衔接和各市场要素的高效便捷联通、贯通、融通，为横琴粤澳深度合作区谋求全方位、深层次合作，为珠海打造市场化、国际化、法治化营商环境进行了积极探索。

近年来，围绕粤港澳三地规则衔接、机制对接，珠海借助联营律师事务所这个政府立法基层联系点平台，开展了一系列富有成效的工作。一是梳理研究澳门法律制度。制作两批澳门法律制度参考资料汇编，共 9 本 3400 多页 250 多万字，为研究粤澳两地制度差异、推动两地规则衔接提供参考。二是梳理比较三地制度差异。与港澳方法律专家、律师合作，主要就粤港澳营商环境、民商事领域的法律制度展开研究和对比。三是分批梳理立法需求清单。结合重大改革事项对现行法律、法规、规章进行梳理、研究，列出需运用经济特区立法权进行突破变通的立法需求清单。四是借鉴港澳成熟制度。在立法过程中，与澳门法务局、澳门法律服务公司加强交流，对澳门相关行业协会、企业进行调研，以问题为导向，吸纳、借鉴港澳营商环境、民商事领域等较成熟的法律制度。

（四）构建制度，以长效规范保障公众参与

《立法法》以法律形式确立了民主立法、公众参与作为我国立法制度的重大原则之一。推动公众有序有效参与立法是完善民主民意表达平台和载体的重要途径，是健全吸纳民意、汇集民智工作机制的基本方式，是全过程人民民主的生动实践①。长期以来，珠海在推进民主立法方面进行了积极的探索，积累了一定经验。2015 年 10 月 23 日发布施行的《珠海市政府立法公众参与办法》（珠府法〔2015〕894 号）对促进和规范公众参与珠海政府立法活动发挥了积极作用。时代发展对民主立法不断提出新的要求。2021 年，珠海市司法局立足新时代新要求，总结提炼珠海在民主、科学立法方面多年探索实践的丰富经验，结合珠海政府立法工作实际，在原《珠海市政府立法公众参与办法》（珠府法〔2015〕894 号）的基础上，对政府立法工作全过程进行了全新的制度设置，编制出台新的《珠海市政府立法公众参与办法》（珠司〔2021〕17 号）。围绕立项、起草、审查、实施等立法各环节，对行政部门组织公众参与立法工作提出相关强制要求，进一步确保公众有序参与立法工作。例如，设置未开展公众参与审查退回机制，在立法审查时发现起草单位在起草阶段未按规定征集公众意见的，退回起草单位送审稿，要求待完善相关工作后重新报送审查；规定立法项目涉及市场主体利益的，应当专门征求企业、协会、商会等意见；涉及民生等重点领域的，应当专门征求基层群众自治组织意见；涉及重大利益调整、存在重大意见分歧或者对公众权利义务有较大影响的，应当举行立法听证会等。

《珠海市政府立法公众参与办法》（珠司〔2021〕17 号）自 2021 年 7 月施行以来，取得明显成效。一是实现"当下治"。各立法项目起草部门均按要求广泛征集社会各方意见，提前向社会开展立法宣传，提高社会公众对政府立法的关注度和参与度，报送的草案质量和效率也进一步提高。二是实

---

① 参见王群《公众参与立法：全过程人民民主的生动实践》，光明网，https：//m.gmw.cn/baijia/2021-11/10/35300843.html，最后访问日期：2022 年 10 月 5 日。

现"长久立"。珠海市司法局在进行立法审查时，全面掌握社会关注度高的焦点、难点和热点以及基层存在的实际问题，以问题为导向，通过立法顶层设计解决问题，契合"小切口""大创新"的立法理念，出台有用的、能用的、好用的立法项目。

以修改政府规章《珠海经济特区城乡规划条例实施办法》为例，2021年，珠海市司法局在城市更新立法征集意见过程中，有市民反映老旧小区加装电梯困难的情况，希望通过城市更新立法予以解决。珠海市司法局立即对此展开研究论证，通过政府立法基层联系点组织物业服务企业、社区群众展开立法调研后认为，城市更新立法不能直接解决"加装电梯难"的问题，决定启动修改另一部政府规章《珠海经济特区城乡规划条例实施办法》。该政府规章于2016年出台，为规范加装电梯程序要求，规定既有住宅加装电梯需征得本建筑单元内全体业主同意。"一票否决制"在一定程度上阻碍了老旧小区改造，已不符合现有老旧小区加装电梯解决"出行难"的刚性需求。2021年，该政府规章修订后重新出台，删除了原"一票否决制"，并指导相关行政主管部门及时出台配套文件和政策措施，鼓励符合条件的老旧小区加装电梯。修改后的城乡规划条例实施办法破除了"一票否决制"壁垒，进一步简化了增设电梯的审批流程，群众增设电梯的意愿明显高涨。2022年，珠海市既有住宅增设电梯累计批复128台，批复数量相较2021年同期增长超过30%。

四　面临的困难及破解困难的路径选择

涉企政府立法基层联系点机制建设、运行在推动珠海科学、民主立法，服务产业发展等方面积累了一些成功的经验，较好地发挥了政府与基层的"连心桥"作用以及法治政府建设的"助推器"作用。对照党的二十大报告提出的"增强立法系统性、整体性、协同性、时效性"要求，对标《法治中国建设规划（2020～2025年）》和《法治政府建设实施纲要（2021～2025年）》关于"完善立法工作机制"的任务要求，珠海涉企政府立法基层联系点充分发挥其功能作用，但仍存在一定困难和问题。一是相较于政府立法工作任务量，政府立法工作人员数量明显不足。受队伍编制数量的制约，无法抽调专门人员负责对接政府立法基层联系点工作，走访各个政府立法基层联系点，面对面听取意见、建议的频次极为有限，导致"连心桥"的作用无法充分发挥。二是涉企政府立法基层联系点因具有鲜明的经济属性，往往表现出参与立法的积极主动性不够，在聚焦实践问题和立法需求方面存在不足，与提高立法精细化精准化水平①的要求还存在一定差距。三是涉企政府立法基层联系点队伍专业能力参差不齐，弱化了制度设置优势。珠海涉企政府立法基层联系点除上述 5 家联营律师事务所之外，其他联系点的法律专业水平普遍不高，专业人员不足，联络员基本是兼职，部分缺乏法律方面的工作经历，专业知识和能力难以满足特区立法引领推动全面深化改革任务的需要。

未来继续加大基层立法联系点工作，可考虑从以下几个方面努力优化、健全涉企政府立法基层联系点机制，切实发挥区域优势，推动地方立法将政策红利固化，构建更具特色的法律规则和法律服务生态体系。

（一）提高政治站位，强化使命担当

党的二十大报告强调，"推进科学立法、民主立法、依法立法，统筹立改废释纂，增强立法系统性、整体性、协同性、时效性"，这对高质量立法提出了具体要求。作为全面依法治国、法治中国建设的首要环节，立法对依法执法、公正司法、全民守法具有关键引领和推动作用。今后的政府立法工作要始终坚持党对立法工作的集中统一领导，紧紧围绕中心服务大局开展政府立法工作。在积极争取上级支持加强立法队伍建设的同时，以高度的政治责任感和历史使命感，唯实唯先、善作善成，努力锤炼工作能力，提升工作效率。通过推动建立珠海市政府立法人才库，招录立法辅助人员，

---

① 2021 年 8 月，中共中央、国务院印发的《法治政府建设实施纲要（2021~2025 年）》确立了五年法治政府建设的总体目标，明确提出要聚焦实践问题和立法需求，提高立法精细化精准化水平。

与高校、律所等合作，灵活借用"外脑"人才智力支持等方式主动"强肌健体"。密切结合珠海的发展需求和实际情况，按照珠海市第九次党代会提出的"产业第一、交通提升、城市跨越、民生为要"工作部署，科学合理安排立法项目，加快推进产业发展、科技创新、营商环境、公共卫生等重点领域立法，加强"碳达峰、碳中和"、人工智能、大数据等新兴领域立法探索。

（二）加强规范化建设，推进协作化运行

政府立法基层联系点的制度优势在于：从组织形式来说，政府立法基层联系点真正实现了自下而上的立法参与；从制度功能来说，政府立法基层联系点基本囊括其他立法参与制度，并实现有机整合①。涉企政府立法基层联系点的设立与运行，因参与群体独特的代表性，成为政府立法基层联系点制度建设进程与演化历史逻辑中极为关键的发展节点。为进一步发挥涉企政府立法基层联系点功能作用，激发企业代表参与地方立法的积极性，扩大立法民意基础，通过精准制订涉企法治服务清单，开展"深入基层、走访企业、促进发展"专项活动，聚焦服务粤港澳大湾区建设、横琴粤澳深度合作区建设，优化营商环境，为守住工业用地红线和加强民营企业权益保护等重点任务提供制度保障，为优化产业政策审查程序等进一步广泛联系企业，汇聚企业智慧，反映企业诉求，引导企业协同发力，积极打通涉企法规规章制定及贯彻的最先和最后"一公里"，为构建与高质量发展相适应的产业政策体系保驾护航。

（三）聚力窗口阵地建设，搭建征集网络体系

涉企政府立法基层联系点的发展和壮大，其民意"直通车"窗口功能作用的充分发挥，离不开队伍专业化建设。要努力打造一支专业化水平高、

---

① 参见《不断推进基层立法联系点制度发展和实践创新——中国法学会立法学研究会"基层立法联系点的实践与理论研讨会"发言摘报》，《人大研究》2022 年第 7 期。

综合能力强的人员队伍，提升联系点专业化水平。指导联系点聘请具有法律专业背景且有时间、有精力参与立法活动的人员担任联络员，尝试吸纳人大代表、司法机关工作人员、律师、法律教育工作者、具有法律相关从业经验者等人员进入涉企政府立法基层联系点工作人员队伍。同时，用好珠海市政府立法人才库，建立健全联系点培训机制，强化对联系点的业务培训和辅导。以提升协助立法质效为基本原则，以立法联系点的权限、工作程序和法律起草的技术规范等为主要内容，以线上线下相结合的立法论证会、座谈会、听证会、社会调查、实施评估以及受委托起草立法项目草案等为辅助手段，对联系单位工作人员开展立法知识培训，明确是什么、做什么、怎么做，不断搭建多途径参与、多向度表达、多层次互动的意见征集网络体系，不断丰富和强化联系点的生命力。

五　结语

当下，在全党全国各族人民迈上全面建设社会主义现代化国家新征程、向第二个百年奋斗目标进军的历史时刻，珠海市司法局作为珠海政府立法部门，将责无旁贷紧密结合使命任务、职责工作、自身实际，朝着党的二十大擘画的宏伟蓝图锐意进取、勇于开拓。以党的二十大精神引领珠海政府立法工作奋进新征程，深入学习践行习近平法治思想，以贯彻落实《法治中国建设规划（2020～2025年）》和《法治政府建设实施纲要（2021～2025年）》为切入点，以优化健全涉企政府立法基层联系点机制建设为突破口，进一步完善政府立法工作机制，以立法机制创新带动立法水平提升，以高质量立法引领保障高质量发展。深入推进科学、民主立法，服务保障"产业第一"政策落地见效，不断展开以良法促进发展、保障善治更为生动的珠海实践。

B.3
珠海无障碍城市建设的思路与实践

——以《珠海经济特区无障碍城市建设条例》为例

珠海市残疾人联合会课题组*

摘　要： 2022 年通过的《珠海经济特区无障碍城市建设条例》立足珠海实际情况，融入本地特色，突出了"无障碍"概念，对无障碍城市建设作出全方位部署，并积极推动粤港澳大湾区无障碍城市建设协同发展。但受客观现实环境影响，珠海无障碍城市建设可能面临财政预算不足、联席会议制度难以落实、建设项目改造推进困难、社会各界思想观念滞后等挑战。对此，珠海应当在财政上进一步加大对无障碍城市建设的支持，同时尽快制定无障碍城市建设专项规划、建设项目无障碍改造办法，并通过持续开展宣传教育行动，形成共建共治共享的无障碍城市建设格局。

关键词： 无障碍　城市建设　珠海经济特区

前　言

　　无障碍城市建设是保障包括残疾人、老年人在内的全体社会成员共享公平均等机会、共同参与社会生活的重要前提，有利于完善城乡基本公共服务，进一步应对人口老龄化趋势、满足适老化需求。2022 年 7 月 28 日，

　＊　课题组负责人：成文锋，珠海市残疾人联合会四级调研员。课题组成员：王靖豪、张景淞。执笔人：王靖豪，南方都市报社高级记者；张景淞，南方都市报社助理研究员。

《珠海经济特区无障碍城市建设条例》（以下简称《条例》）经珠海市十届人大常委会第六次会议审议并通过，继深圳之后，珠海成为全国第二个出台无障碍城市建设条例的城市。随着《条例》的正式施行，无障碍城市建设正成为珠海提升城市基本公共服务水平、推动文明城市建设与持续增强居民获得感和幸福感的重要一环。

一　珠海无障碍城市建设进程

根据《残疾人权利公约》，"无障碍"建设旨在帮助残疾人独立生活、融入社会，既包括了对硬件设施、服务项目的改造，也涵盖了对整体社会环境的改造。2019年7月召开的第74届联合国大会，进一步扩展了"无障碍"概念，强调"满足每个用户的需求和偏好"，使涉及群体不再仅限于残疾人。

珠海自1979年建市、1980年设立经济特区以来，随着经济社会的快速发展与人口数量持续增长，无障碍城市建设也逐渐起步。1989年4月，珠海市残疾人联合会成立，成为广东省内较早成立的市级残疾人联合会。20世纪90年代，珠海开始在全市部分公共场所建设各类无障碍设施，但总体进展较慢，1999年前仅柠溪邮局、银都酒店、情侣南路、珠海机场几处有零星的无障碍设施。

自2002年以来，珠海要求建筑施工图设计文件审查机构对各类新建、扩建和改建的城市道路、房屋建筑和居住小区，均要按《城市道路和建筑物无障碍设计规范》进行设计文件审查①。2003年，珠海在香洲区建设了1400个遍布城区主要干道的无障碍通道。2004年，珠海新建、改扩建的十余个公共卫生间纷纷设置了残疾人专用通道与专用间②。截至2019年，珠

---

① 《我市已设置提示盲道3507块》，《珠海特区报》2010年10月15日，第8版。
② 《让残疾人的路宽又畅　珠海无障碍设施建设调查》，https://news.sina.com.cn/c/2004-05-17/10112550317s.shtml，2022年10月3日。

海主要交通场站无障碍设施设置率达到100%①。目前，珠海主要市政道路皆修建了盲道，大部分文化、体育、医疗等场所及公园、旅游景区也配备了无障碍通道、无障碍卫生间等基本的无障碍设施。

在无障碍服务方面，珠海部分公共场所、公共服务也逐渐配备了相应的无障碍设施或措施，为残疾人提供便利。在珠海市图书馆视障/听障人士阅览室，有需求者可以通过盲文书籍、盲文有声读物、智能听书机等相关设备与服务进行阅读；珠海英伦交通运输有限公司配备了100辆无障碍出租车，为行动不便的市民提供服务，2019年接送乘坐轮椅的客户共计1123名；珠海电视台《珠海新闻》设置了人工智能手语播报系统，成为广东省内第一个在新闻直播节目中应用智能手语的电视节目②。

由于缺乏相应强制措施与规范性文件，珠海对各类无障碍设施、服务的管理长期存在不足。曾有媒体对珠海无障碍设施建设情况进行调查，发现许多设施存在被占用、标识不明确，盲道存在被车辆或井盖占用、被路灯阻挡、走向弯曲过多等问题，影响盲人出行③。2021年，珠海甚至出现酒店因拒绝导盲犬入住被盲人游客投诉事件④。

近年来，全国各地纷纷针对无障碍建设进行立法，力求解决有关问题，珠海对相关立法的讨论也进一步增加。珠海市残疾人联合会相关负责人曾建议，国家层面虽有相应的无障碍建设规范，但障碍没有一成不变的模式，而是随着经济和技术的发展而发展，各级职能单位应结合实际情况，就无障碍建设制订具体、有约束力的规章制度⑤。2021年5月，珠海市残疾人联合

① 《车站机场无障碍设施设置率100% 我市部分相关设施设计仍需细化完善》，《珠海特区报》2019年12月4日，第6版。
② 《虚拟AI主播来了!〈珠海新闻〉人工智能手语播报系统启动》，https://pub-zhtb.hizh.cn/s/202203/03/AP62204629e4b0e5b44cd0b61d.html，2022年10月4日。
③ 《10条路摸查 盲道状况难言乐观（图）》，https://www.jnu.edu.cn/2013/1028/c2632a71951/page.psp，2022年10月3日。
④ 《拒绝导盲犬入住酒店引发热议，珠海长隆度假区道歉了!》，https://m.mp.oeeee.com/a/BAAFRD000202109288608172.html，2022年10月4日。
⑤ 《让残疾人的路宽又畅 珠海无障碍设施建设调查》，https://news.sina.com.cn/c/2004-05-17/10112550317s.shtml，2022年10月3日。

会、《南方都市报》、珠海市检察院、北师港浸大、北师大中国文化影像传播研究中心联合发起了"珠海市无障碍环境调研",并发布《珠海市无障碍环境蓝皮书》,指出珠海无障碍城市建设中存在的 300 多个问题①,包括无障碍设施建设不达标、管理维护不到位、服务水平较低等,由于缺乏必要监管、执法依据,许多问题未能得到及时处理,给残障人士出行、生活带来困难。蓝皮书同时提出加强无障碍城市建设立法的建议,引起社会各界重视。

对此,珠海市残疾人联合会配合相关职能部门对调研中发现的问题进行整改,同时以此为契机,着手开展珠海无障碍城市建设立法工作,该工作被纳入"珠海市 2022 年地方性法规立法计划"②。《条例》自 2022 年 3 月以来经过珠海市人大常委会多次审议,于 2022 年 7 月正式获得通过,于 2022 年 12 月施行。

二 《条例》的立法特点

《条例》是珠海经济特区立法权"特"的体现,在立法思路上既有对国家层面上位法的传承,也有基于时代发展需要与本地实际情况的创新与突破。

(一)理念更新颖:明确"无障碍"概念,扩充适用范围

国家层面关于无障碍建设的法律法规,主要包括 1990 年通过的《残疾人保障法》与 2012 年通过的《无障碍环境建设条例》。《残疾人保障法》旨在"维护残疾人的合法权益,发展残疾人事业,保障残疾人平等地充分参与社会生活,共享社会物质文化成果",针对无障碍建设设置了专门章节,但总体上以原则性规定为主,且未直接对"无障碍"作出明确定义。《无障

---

① 《让残障人士出行"有爱无碍"》,《南方都市报》2022 年 7 月 29 日,第 GA10 版。
② 《珠海无障碍立法条例已提交审议》,《南方都市报》2021 年 12 月 2 日,第 ZA04-05 版。

碍环境建设条例》则对无障碍环境建设进行了具象化描述，定义为"为便于残疾人等社会成员自主安全地通行道路、出入相关建筑物、搭乘公共交通工具、交流信息、获得社区服务所进行的建设活动"，对相关概念与适用范围的扩充也使其不再局限于"保护残疾人"，相对而言扩大了保障人群。

在上位法的基础上，《条例》更进一步明确了立法宗旨："提升无障碍城市建设水平，保障社会成员平等参与社会生活的权利，提高城市文明程度"，将保障范围直接扩展至全体社会成员，点明了无障碍城市建设关乎社会各界集体利益的主旨，并与城市文明挂钩，有利于进一步提升社会各界对无障碍城市建设的重视程度，助力珠海深化文明城市建设。

《条例》将无障碍城市建设界定为："依照通用设计理念，制定制度规则，规划、设计、改造和管理城市，为残疾人和老年人、伤病患者、孕妇、儿童以及其他有需求者（以下统称有需求者）出行、交流信息、获得服务和居家生活提供便利"①，涵盖了有需求者日常生活中需要无障碍建设辅助的各类社会活动，突出了无障碍建设对全体社会成员平等权利的保障。《条例》对适用范围的扩展，不仅是对上位法的进一步完善，也体现了立法理念的先进性。

（二）内容更全面：《条例》对无障碍城市建设作出全方位部署

《条例》对珠海无障碍城市建设作出了全方位部署，主要体现在三个层面：一是明确了无障碍城市建设在设施、服务、保障等层面的举措，二是对无障碍城市建设涉及的单位与个人的权利、责任作出了要求，三是明确了违反《条例》行为的罚则。

1.明确无障碍城市建设举措

有学者曾对无障碍地方立法进行研究，总结了各地无障碍法律法规条文结构主要包含的五种类别：总则、无障碍设施、无障碍信息、无障碍服务和

① 《珠海经济特区无障碍城市建设条例》，《珠海特区报》2022 年 7 月 30 日，第 4 版。

法律责任①。《条例》基本沿用了这一结构，明确了无障碍城市建设举措，并增加了"保障措施"一章，对无障碍城市建设的宣传、培训、监督、检察工作作出了规定。

整体而言，《条例》在全方位涵盖城市建设的基础上，对各项工作作出了较为清晰、明确的表述。一是明确了应当符合无障碍建设标准的建筑项目类别，从项目建设性质来看，涵盖了城镇新建、改建、扩建的项目，从项目种类来看，囊括了城市道路、广场绿地、公共交通、居民区等。二是列举了一批应当优先进行无障碍改造的建筑物、设施和场所，这些场所与有需求者日常生活密切相关，包括文化、体育、医疗、交通、社会福利机构、国家机关、事业单位等场所。三是根据不同场所的实际情况，列出了应当建设的无障碍设施，如针对城市主要干道、主要商业区和居住区周边的城市道路，《条例》要求人行道信号灯配备过街音响提示装置。《条例》同时还对无障碍设施与周边无障碍设施的衔接，与项目主体设计、施工、验收投入使用作出了要求。

以上制度设计充分体现了无障碍城市建设工作所涉及的各个面向，也充分考虑到建设项目的现实情况，对各建设项目的主管机关或物业单位开展实际工作提供了便利，助力珠海无障碍城市建设工作的全方位推进。

2. 厘清了政府、建设部门的无障碍城市建设职责

《条例》在"总则"中开宗明义，明确了政府住房和城乡建设主管部门、城市管理和综合执法主管部门、残疾人组织等涉及无障碍城市建设的相应职能部门、群团组织等的职责，并提出建立和完善政府、市场、社会和个人共建共治共享的社会治理体系，鼓励社会各界以各种形式参与、支持无障碍城市建设，如投融资、技术创新、公益赞助、慈善捐赠、志愿服务等。

《条例》在明确市、区政府管理职责的基础上，对各部门的责任加

---

① 吕洪良：《浅析无障碍环境建设地方立法的动因与思路》，《残疾人研究》2022年第1期，第15~18页。

以明确，特别是无障碍设施的建设、设计、施工、工程监理单位相关责任。根据无障碍设施的不同场所，对相应政府主管部门的职责作出了说明，如明确住房和城乡建设主管部门及其他行业主管部门负责对建设工程项目施工图设计文件审查工作实施监督管理、市交通运输主管部门应当有计划地投放具备无障碍功能的出租汽车等。《条例》对无障碍城市建设职责的细分，既满足了各职能部门实际工作的现实需要，又在一定程度上强化了社会各界协同共治的理念，有利于推动社会各界积极参与无障碍城市建设。

3.明确违法行为罚则

无障碍设施是社会文明的体现，《条例》明确了各项违法行为的执法、处罚单位与罚则，实现了执法有据。例如，针对日常生活中常见的一般机动车辆占据无障碍车位现象，《条例》明确规定由停车场所有权人或者管理人予以劝阻，如拒不驶离，则由城市管理和综合执法、公安机关交通管理部门依照职责分工责令改正并处罚款；若停车场的责任主体未履行其监管职责，将对其追究法律责任。对有关部门及其工作人员违反《条例》规定，不履行法定职责或者不正确履行职责且尚未构成犯罪的行为，《条例》要求对相关人员依法给予处分，进一步彰显了"有法可依，有法必依、执法必严、违法必究"的法治精神。罚则明确有利于强化《条例》的威慑力，避免相关单位因依据不明确而无法开展执法工作，也有利于促使社会各界自觉遵守《条例》有关规定，逐步树立起"无障碍"观念。

总之，《条例》并非简单针对无障碍设施建设，而是针对包括设施、信息、服务等在内的无障碍城市整体，涵盖了从规划设计、施工、验收、管理服务到使用反馈的全过程，并明确了各环节主管单位与社会各界的职责，既有利于各主管单位依法履职，及时整治违法行为，也有利于提升社会公众的无障碍城市建设意识，充分保障珠海无障碍城市建设成效。

（三）《条例》立足珠海实际，突出粤港澳大湾区交流与合作

无障碍城市建设直接关乎包括残疾人在内的广大市民的切身利益，同样

影响着粤港澳大湾区的融合发展水平。2019 年发布的《粤港澳大湾区发展规划纲要》提出，进一步打造公共服务优质、宜居宜业宜游的优质生活圈。在当前珠海建设中国特色社会主义现代化国际化经济特区，打造粤港澳大湾区高质量发展新引擎①的背景下，加快无障碍城市建设，对珠海加快推进新时代经济特区高质量发展与粤港澳大湾区进一步融合发展具有重要意义。《条例》对此也作出了表述，在总则中明确规定市政府应当加强与境内外其他城市和地区无障碍建设交流合作，推动粤港澳大湾区无障碍城市建设协同发展。

截至 2022 年，珠海拥有 10 个国家一类口岸。作为全国唯一一个同时与港澳陆路相连的城市，庞大的通关需求对珠海通关口岸建设水平提出了更高的要求。对此，《条例》明确要求，包括口岸在内的各类公共交通服务场所优先进行无障碍设施改造，建设相应的无障碍电梯、无障碍卫生间等设施。以上规定进一步推动了珠海在无障碍城市建设方面与港澳接轨、与国际接轨，以更加畅顺的交流、更加紧密的沟通，为粤港澳大湾区无障碍城市建设水平的提高贡献力量，进一步推动湾区发展②。

三 珠海无障碍城市建设面临的挑战

无障碍城市建设是一个长期的过程，受客观外部环境影响与《条例》自身内容所限，珠海无障碍城市建设的推进未来可能面临以下挑战。

（一）可能存在财政预算不足

加强无障碍城市建设，需要有充分的资金支持。虽然《条例》规定，市、区政府应当将无障碍城市建设所需经费按照规定列入本级财政预算，但

---

① 《中共广东省委 广东省人民政府关于支持珠海建设新时代中国特色社会主义现代化国际化经济特区的意见》，《南方日报》2021 年 3 月 29 日，第 A03 版。
② 《珠海残联：出台无障碍城市建设条例，是民生领域立法的里程碑》，https://m.mp.oeeee.com/a/BAAFRD0000020220820714532.html，2022 年 10 月 4 日。

对占本级财政预算比例、各类建设项目预算分配比例等均未提出具体要求。这有可能导致市、区制定本级财政预算时无法充分顾及无障碍城市建设的需要，造成无障碍城市建设陷入"无米之炊"的困境。

（二）联席会议制度难以落实

无障碍城市建设是一项整体工程，需要全市统筹推进。

《条例》明确由市、区两级政府对无障碍城市建设工作实行统一领导，并提出建立联席会议制度，统筹协调解决无障碍城市建设中的重大问题。但从具体实际来看，由于市、区两级政府事务繁杂，对于何谓"重大问题"难以把握，具体的会议规则、考评机制等制度也亟待规范，否则，可能导致相关政策无法充分落实，不利于跨区域、跨部门协调。加之珠海各功能区、镇街在地理环境、经济发展等方面存在一定差异，如何保障《条例》在全市范围内充分落实，统筹推进全市无障碍城市建设，为每一位市民带来切实的方便，都有待进一步研究。

（三）建设项目改造推进困难

推进无障碍城市建设，需要各类新建项目充分遵循无障碍建设标准，同时也要顾及各类既有建设项目，对不符合标准的开展改造。《条例》提出，已建成的建筑物、设施、场所不符合无障碍建设标准的，应当由项目所有权人或者管理人有计划地推进改造，但对于全市各类既有建设项目无障碍改造工作的具体牵头单位、未达标的建设项目所有权人或者管理人不进行无障碍改造的罚则等事项，未作出明确规定。这有可能导致既有建设项目的无障碍改造工作无法及时开展，对有需求者造成不便。

（四）社会各界思想观念滞后

推进无障碍城市建设需要社会各界树立自觉意识，将理念化为实际行动。"珠海市无障碍环境调研"的问卷调查结果显示，尽管79.50%的受访者听说过"无障碍"有关概念，但仅有16.22%的受访者认为无障碍设施旨在服务全体社会成员①，说明仍有不少人仅仅将"无障碍"视为关乎残疾人的事项，潜意识中存在无障碍城市建设"事不关己"的问题。这不仅影响珠海无障碍城市建设的推进，也对《条例》的落实造成了一定困难。

四　对珠海无障碍城市建设的建议

《条例》的出台使珠海无障碍城市建设具备了更为有力的抓手，但也反衬了珠海当前无障碍城市建设面临的种种挑战。

（一）加大财政保障力度

无障碍城市建设离不开相应的人力、物力、财力支持。珠海应当加大对无障碍城市建设的财政支持，在遵守《条例》有关规定的基础上制定财政预算，对无障碍建设、改造所需的资金进行合理分配，为相关工作的开展提供充分的财政保障。具体而言，珠海可依据《珠海市市级财政专项资金管理办法》等有关规定，设立"珠海市无障碍城市建设专项资金"，由市级财政预算安排，根据实际情况由市住房和城乡建设部门、市城市管理和综合执法部门、残疾人组织等单位分配和使用，遵循统筹规划、规范透明、强化监督、社会效益优先、专款专用等原则，确保资金真正用到实处。

同时，珠海应通过创新无障碍城市建设投融资方式，进一步拓宽无障碍建设资金来源。例如，可探索通过近年兴起的"社会影响力债券"模式，面向商界、个人投资者筹集资金，由社会组织或企业运用该资金开展无障碍项目建设，并设定项目预期的绩效指标，当项目经评估达到指标要求时，由政府支付项目的运行成本，并给予投资方一定回报，当项目未达到指标要求

① 《珠海市无障碍环境蓝皮书》，https://m.mp.oeeee.com/show.php? m=Thinktank&a=reportDetail#/? id=541，2022年10月3日。

时，则不支付费用。相关措施的推进，或将有利于进一步解决可能存在的地方财政供给不足问题，打造共建共治共享的无障碍城市建设格局。

（二）尽快制定无障碍城市建设专项规划

放眼大湾区内其他城市，深圳于 2018 年发布了《深圳市创建无障碍城市行动方案》，针对顶层设计、重点项目、城市生活、城市出行、城市信息交流、城市无障碍文化培育、城市无障碍督导等事项制定了专门的工作方案与目标，2019 年发布的《深圳市无障碍城市建设总体规划（2020～2035年）》更提出，建成具有国际一流水平的城市无障碍生态，实现残疾人融入社会无障碍。

近年来，珠海在产业发展、卫生健康、环境保护等领域发起了一批专项行动，并制定了相应的行动方案、规划方案，对统筹开展工作起到了积极作用。珠海可以学习深圳等地的先进经验，以《条例》为依据，综合各职能部门的相应职责与工作目标，在此基础上尽快制定涵盖全市、全流程的无障碍城市建设专项规划，进一步明确全市各职能部门的工作职责与无障碍城市建设在设施、信息交流、服务等方面的要求。为推动各职能部门开展相应行动、协调有关工作，珠海还应当尽快完善联席会议制度设计，明确会议议程、会议周期、会议规则等事项，落实相应政策，助力无障碍城市建设走深走实。

（三）制定建设项目无障碍改造办法

针对既有建设项目开展无障碍改造过程中可能遇到的各种情况，珠海应当将无障碍改造作为无障碍城市建设工作的重要组成部分，在无障碍城市建设专项规划中明确全市各类既有建设项目无障碍改造的目标与期限，并在此基础上制定专门的建设项目无障碍改造办法，明文规定各类既有建设项目的无障碍改造牵头单位及其职责，对因客观条件限制无法开展改造的建设项目处理措施作出规定，对未达标的建设项目所有权人或者管理人不进行无障碍改造的行为明确罚则。对于非政府投资建设项目的无障碍改造，珠海也应尽快出台相应补贴办法。

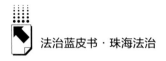

（四）加强宣传教育力度

为进一步引导广大市民树立新观念，提高社会各界对无障碍理念及无障碍城市建设重要性的认识，确保无障碍相关设施、服务的正常使用与运作，构建无障碍城市建设长效机制，珠海应当进一步加强无障碍城市建设宣传教育力度，善用各类媒体，向公众普及无障碍城市理念、知识，可以在报刊、电视台、广播电台上设置相应栏目，运用微信、微博、抖音等新媒体手段宣传有关信息。此外，还可以镇街为单位，开展线下主题宣传教育活动，以达成宣传效果最大化，使市民自觉遵守《条例》有关规定，对相应工作的开展给予支持，并积极投身其中。

结　语

珠海的无障碍城市建设经历了从无到有的过程，并经历着从低水平到高水平的深刻转变。在此过程中，随着全民意识的提高与相关法律、标准的完善，珠海正逐渐形成全社会共建共治共享的无障碍城市建设新局面。对此，珠海要以增强社会意识为基础，以法律、标准为抓手，以宣传、培训、监督、检察工作为保障，提升无障碍城市建设水平，进而深化文明城市建设，助力新时代中国特色社会主义现代化国际化经济特区高质量发展。

法 治 政 府

Law-Based Government Administration

B.4

新时代提升公安执法质效的路径探析

珠海市公安局金湾分局课题组*

摘　要： 中国特色社会主义进入新时代，依法治国、建设富强民主文明和谐的社会主义现代化国家，依法行政是题中应有之义。珠海市公安局金湾分局立足新时代新要求，结合珠海的新形势新特点，以习近平法治思想筑牢执法的政治基础和价值基础，不断加强执法规范化，通过执法者普法宣传，不断提升公安执法质效。未来，还将进一步坚持为民导向，提升公安执法公信力，提高执法者素质，为实现"平安珠海"、推进"法治中国"建设贡献力量。

关键词： 公安执法　执法质效　普法宣传

---

* 课题组负责人：叶峰，珠海市公安局金湾分局纪委书记。课题组成员：莫耀林、李敏利、李锐。执笔人：李锐，珠海市公安局金湾分局法制大队三级警长；李敏利，湖南省衡阳县职业中等专业学校讲师。

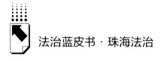
党的十八大以来，中国特色社会主义进入新时代，"法治中国"建设成为国家实现治理能力现代化的核心组成部分。公安机关作为国家重要的行政执法和刑事司法力量，其执法质效高低直接影响"法治中国"建设的进程。珠海市公安局金湾分局（以下简称"金湾公安分局"）立足服务新时代，积极探索实践提升公安执法质效的路径方法，努力为实现广东公安走在全国前列提供一份金湾样本，为推进"法治中国"建设贡献力量。

一 时代背景和发展需求

（一）新时代对公安执法提出了新要求

党的十八大以来，习近平总书记高度重视公安工作，多次在公安工作发展的重要节点，从战略和全局的高度出发，以宏阔视野和战略思维，对公安工作作出一系列重要指示批示，为公安工作发展把脉定向、注入强大动力。2017年5月19日，习近平总书记在接见全国公安系统英雄模范立功集体表彰大会代表时对全国公安机关和广大公安民警明确提出"对党忠诚、服务人民、执法公正、纪律严明"四句话十六字的总要求。2019年5月7日习近平总书记又在全国公安工作会议上强调，公平正义是执法司法工作的生命线。要抓住关键环节，完善执法权力运行机制和管理监督制约体系，努力让人民群众在每一起案件办理、每一件事情处理中都能感受到公平正义。要严格规范公正文明执法，把打击犯罪同保障人权、追求效率同实现公正、执法目的同执法形式有机统一起来，努力实现最佳法律效果、政治效果、社会效果。新时代对公安执法工作的新要求主要包括践行为民宗旨、规范执法程序、提升办案效率、实现公正结果。

（二）新发展给公安执法带来了新挑战

在习近平总书记和党中央的坚强领导下，公安机关坚持不懈、持之以恒地狠抓执法规范化建设，执法质效有了明显提高。但也要清醒地看到，随着社会发展，人民群众的法治意识逐渐提升，对公安执法的期待越来越高。经统计，金湾公安分局 2020 年收到珠海政务服务便民热线的投诉举报件 442 件，2021 年收到 640 件，2022 年收到 855 件①。公安投诉举报件逐年高涨，体现了辖区群众对公安执法的关注度越来越高，监督范围越来越广、对规范执法的要求越来越严。在互联网、新媒体时代，公安机关执法工作时刻置于社会公众的放大镜下被审视，一旦出现执法瑕疵，执法中的问题会被迅速传播，并长时间留下烙印。据公安部文件，截至 2022 年 9 月，2022 年全国已发生涉及公安机关执法的网络热点事件十余起，每一起执法热点事件都不同程度造成社会群体性焦虑。人民群众迫切希望公安机关的每一个执法行为都能够经得起法治的检验、经得起社会的监督，能够让人民群众在公安执法中感受到公平正义，以实现人民群众对美好生活的向往。

（三）新实践为公安执法提出了新课题

2019 年，国务院印发的《粤港澳大湾区发展规划纲要》对建设粤港澳大湾区作出了具体规划，这是新时代推动新发展的新尝试、新实践。习近平总书记在视察广东时强调，要把粤港澳大湾区建设作为广东改革开放的大机遇、大文章，抓紧抓实办好。珠海市委也趁势提出了"把珠海打造成为粤港澳大湾区经济新引擎和独具特色令人向往的大湾区魅力之城"的新要求。随着横琴粤澳深度合作区挂牌运作，珠海迎来了粤港澳大湾区、现代化国际化经济特区、广东自由贸易区横琴片区和横琴粤澳深度合作区"四区"叠加时代。琴澳深度融合、琴澳一体化趋势不可阻挡。金湾位于珠海市西部，有洪鹤大桥、金海大桥两座桥梁与横琴澳门相连，被誉为"琴澳后花园"，在粤港澳大湾区建设中的地位作用凸显，未来粤港澳大湾区建设过程中必将与澳门横琴发生高频交集。金湾公安分局立足新常态，在珠海"四区"叠加大背景下，探索高质效执法模式，打造平安稳定的社会治安环境，为粤港澳大湾区建设提供匹配的法治服务和保障。

---

① 数据来源于珠海市公安局金湾分局政务服务便民热线业务部门。

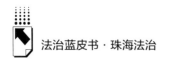

二 金湾公安分局提升执法质效的主要实践

（一）固根定魂，以习近平法治思想筑牢执法的政治基础和价值基础

公安工作根植于民、魂定于党，作为"琴澳后花园"的金湾具有独特的地理位置，在国家经济发展的"一极"中处于重要地位，但也处于意识形态冲击的最前沿，民警在执法过程中要坚持自觉用习近平法治思想筑牢执法的政治基础和价值基础。

一是公安执法听党指挥。公安机关作为政治机关，是党领导下的人民民主专政的重要工具，党对公安工作绝对领导是这一根本政治原则的集中体现。当前珠海在享受"四区"叠加红利的同时，也会遭受更加复杂的意识形态冲击，给公安工作带来对抗性、隐蔽性、腐蚀性和危难性的挑战。面对复杂严峻的形势，金湾公安分局坚持深入学习习近平法治思想，把习近平法治思想作为开展执法活动的根本遵循和行动指南，从思想、政治、组织建设等全方位加强党对公安的绝对领导，确保队伍政治基础扎实，能够清醒地面对各种诱惑，正确应对各种挑战。

二是公安执法根植于民。"服务人民"是习近平总书记立足新时代对公安队伍提出的总要求之一，也是公安工作的价值基础。金湾公安分局坚持以人民为中心引领公安执法工作，树立"执法为民"价值观，把人民至上作为执法工作的出发点和归宿点，以人民立场处理执法矛盾，为人民群众创造一个安定和谐的社会环境，不断增强人民群众的获得感、幸福感、安全感。

（二）锻体强能，以执法规范化建设推动执法的程序正义和实体正义

程序正义和实体正义是"法治中国"建设的内在要求，需要执法者以规范的执法行为作为保障。金湾公安分局把建设一套权责完备的执法体系、

培养一支业务精湛的执法队伍作为执法规范化建设的关键。

一是建强中枢，培育法制业务骨干。建设德才兼备的高素质法治工作队伍，是全面推进依法治国的组织保障。金湾公安分局把法制部门作为执法规范化建设的中枢，高度重视法治队伍建设。通过招录、调配等方式优先将通过国家法律职业资格考试、高级执法资格考试等业务能力突出、法律素养好的优秀民警选配至法制部门工作。截至2022年，金湾分局法制部门在编民警10人，通过国家法律职业资格考试6人，占分局通过人数的60%。取得公职律师证4人，占比50%。通过高级执法资格考试2人，占比100%。通过几年的优先选配，已经组成了一支业务专精的法治队伍，形成了分局法制部门"律师团"。同时，充分发挥"律师团"作用，每月开展法制业务培训，及时剖析讲解当前执法热点、难点问题，更新法律知识。探索高校委托培训方案，力争每年将分局的法制骨干力量送到高校委托培训，引进源头活水，拓宽法治思维。金湾公安分局将法制部门骨干人员挂钩到每一个办案所队，与所队法制民警结对共建，共同探讨研究所队面临的疑难复杂问题。通过互学互助为办案单位培养自己的法制力量，也为法制部门培养后备人才，并制订措施，鼓励办案民警及分局全体人员参加国家法律职业资格考试、高级执法资格考试，扩大法制人员基数。推荐优秀法制民警到办案单位分管案件的领导岗位任职，拓宽人才出口，畅通人才成长渠道，进而形成法制人才梯队。

二是完善末梢，打通权责最后一米。金湾公安分局结合实际，深化细化各类规章制度，完善执法管理与监督的细枝末节，构建执法责任体系。梳理条线分工，解决"千线一针"。制定《金湾分局法制部门与办案单位职责分工规定》，细分案件办理审核责任，完善办案衔接机制，确保千条线有千条去处，各单位各明其职，避免互相推诿扯皮。标明执法要点，做到"有的放矢"。细化《全省公安机关刑事个案执法质量考评指标》，将公安机关办案程序规定、诉讼法等法律规定细化为考评要点，针对接处警、受立案、侦查取证等案件办理全流程制订考评标准，便于办案民警对标办案、对标自查、对标整改，有效提高案件办理质量。构建监督体系，高悬"达摩之剑"。抽调纪检、监督、法制、网安等监督职能部门力量成立执法监督管理委员会，发挥各自监督优势，推送共享执法数据，形成齐抓共管的大监督格局。制定《金湾分局执法质量考评工作实施方案》，明确法制部门对执法质量的监督责任。制定《金湾分局办案单位专职法制员工作制度》，明晰各办案单位专职法制员工作职责，发挥其"指导、监督、管理、把关、桥梁"作用。

三是禁微于初，提高自身健康指数。利用执法监督体系，常态化开展自检自洁工作，及时发现执法过程中存在的问题，禁微于初，保持执法工作健康发展。"双线并轨"抓考评。以"线上+线下"方式，线上依托警综系统，对各单位接处警、案件办理等情况进行实时考评，实现逢案必考、审考结合、结果反馈。线下通过刑事案件审核、集中考评、执法检查、执法巡查等方式对各单位执法办案场所"四个一律"落实情况、案管中心管理使用情况和案件办理情况进行抽查检查，下发监督类文书通报检查发现的问题。预指结合防风险。统计梳理考评过程中发现的问题，筛查出执法过程中普遍性、多发性的执法问题，及时通报各办案单位进行风险预警。甄别新发性、倾向性的执法问题，讨论研究，制定执法指引予以规范。赏罚分明促质效。落实"谁执法谁负责、谁审核谁负责、谁审批谁负责"执法责任，对年度执法办案质量高的办案人员按标准进行奖励，对检查考评过程中出现的执法问题，严格按照《广东省公安机关人民警察执法过错追究规定实施细则》追究执法责任。对执法态度差、能力弱、出发点偏差的执法人员及时调离执法岗位。

（三）同频共振，以执法者普法宣传统一执法的法律效果和社会效果

全民守法是建设法治中国的根基所在，法治中国建设需要执法与守法同频共振。公安作为执法司法机关，与群众联系密切，执法活动与人民群众利益息息相关。以执法者身份开展普法宣传，能够让人民群众更加深入地了解执法的程序、目的、意义，更好地理解和配合执法工作，实现执法的法律效

果和社会效果统一。

一是做好"问"与"答",让普法有吸引力。"问"策于民。在起草与人民群众息息相关的规范性文件时,通过网络、报纸等媒体向社会公开征求意见,推动人民群众主动学习相关法律法规。文件出台后,通过媒体对政策进行解读,并将相关文件通过政府网站、新闻媒体发布或者在公共场所陈列等方式予以公布,促进社会公众的理解和认知。为民"答"疑。在执法过程中,及时回答当事人提出的疑惑,从法理、情理、程序、实体等各方面向当事人讲明执法的依据和正当性,把执法办案变成普法的第一现场。

二是坚持"驻"与"走",让普法有亲和力。发挥基层公安与人民群众联系紧密的优势,通过"驻"与"走",推进普法工作深入群众。开展普法"驻"学校活动。在辖区学校派驻法治副校长,针对性地向学生宣传防诈骗、防套路贷等法律知识,及时解答学生提出的法律问题,用法律引导学生走出正确的人生。开展普法"走"基层活动。送法进企业、进社区、进乡村、进家庭,主动走到人民群众中去,通过以案释法等方式向群众预警高发警情,为群众廓清罪与非罪的界限,引导群众遵纪守法,防范不法侵害。

三是结合"旧"与"新",让普法有影响力。用好"旧"的普法方式。结合"110宣传日"、"6·26"国际禁毒日、"12·4"宪法宣传日等时间节点进行传统的主题普法宣传,让人民群众形成时间记忆,自觉加强相关法律知识的学习。开拓"新"的普法平台。通过制作小程序、运行公众号等方式利用网络发布普法信息,推广普法小游戏。依托LED电子屏、办事窗口面向市民普法,打造全方位的多媒体普法矩阵。通过旧与新的结合,让普法宣传进入人们的生活,形成潜移默化的影响。

三 存在不足及未来展望

(一)当前执法过程中存在的不足

一是队伍素质仍需提升。从警力构成来看,除了专业公安院校毕业的民警外，还有转业军人、社会考公人员、特招人员等。多样的队伍构成导致执法办案民警业务素质参差不齐。执法队伍中通过基本执法资格考试的比例较高，但通过高级执法资格考试和国家法律职业资格考试的人员相对较少。从区域位置来看，珠海是唯一与香港、澳门陆路相通的城市，金湾是琴澳后花园，执法过程中必然与香港、澳门产生密切联系。当前港澳法律与内地法律存在差异，执法队伍中能够熟悉港澳法律法规，做到通盘考虑，准确执法的人员较少。执法人员专业化水平与"法治中国"建设和粤港澳大湾区建设的要求尚有一定差距。

二是执法能力亟须提高。金湾的区域特色给辖区带来红利的同时，也掺杂着许多新情况新问题。疫情形势下的走私、偷渡，澳门博彩业衍生的赌博代理，科技背景下的网络犯罪等，都呈现新的犯罪形态。面对新的治安形势，执法民警存在执法手段滞后、取证方式简单、知识出现盲区等问题，执法能力亟须随着经济社会发展不断提高。

三是普法效果有待提升。粤港澳大湾区是世界四大湾区之一。其建设方向对标美国纽约大湾区、美国旧金山大湾区、日本东京大湾区。实现宏伟蓝图需要平安稳定的法治环境作为支撑。辖区群众的法律素养有待提高，从辖区警情来看，违法犯罪警情仍然高发，被害人因法律素养不高而被侵害等情况时有发生。从犯罪性质看，部分辖区群众对港澳法律体系与内地法律体系的差异和边界不了解，导致与澳门博彩业相关的涉赌犯罪时有发生。这充分反映了人民群众知法、守法、用法的自觉尚有欠缺，也反映了当前普法的效果未达到湾区建设需要，仍待进一步提升。

（二）未来展望

一是加强港澳法律知识的系统学习，提高执法队伍素质。坚持学习习近平法治思想，把人民至上作为公安执法的出发点和落脚点，进一步站稳人民立场，形成正确的价值取向。探索形成外部培训常态机制，充分利用珠海高校的智力资源，委托驻珠高校开展队伍培训，加强对法律渊源、法理、法律原则等内容的学习，扩宽执法人员对内地法律和港澳法律的知识面，开阔法律视野，避免"只见树木不见森林"。坚持岗前培训与定期轮训相结合，常态化开展业务培训，及时普及新型犯罪处理方式，特别是针对涉港澳的新型犯罪形势，要及时更新法律知识，结合地域特点，组织办案民警系统学习港澳法律知识，积极参加粤港澳警务合作论坛，熟练掌握两地法律法规边界，熟练运用警务合作机制，提高执法水平。同时，要制订激励措施，鼓励执法民警参加高级执法资格考试和法律职业资格考试，形成学习氛围，提高专精人才比例。

二是加强港澳执法合作，提升执法能力。结合社会发展和地域特点，组织开展新型犯罪形态研究，分析新型犯罪的手法和特点，形成并下发新型犯罪调查取证指引。成立涉港澳案件专班，重点研究处理涉港澳案（事）件，做到专人专用、专人专精，提高涉港澳案（事）件处理能力。探索搭建珠港澳警务共享与协作平台，促进三地警务协作和执法衔接，推动三地在执法管辖、信息互通、情报交流、办案协作等方面深度合作。研究完善机制，简化合作程序，加强与港澳执法部门协作配合，实现办案联勤联动，协同开展巡航封堵、岸地管控、重拳出击等行动，提高合作效率和质量，挤压跨境犯罪的迂回空间。

三是加强港澳法律宣传，提升普法效果。丰富普法方式，多采用以案释法、法律答疑、平安预警等群众喜闻乐见的方式开展普法宣传活动，把辖区发生的案（事）件脱密处理后讲解给身边的群众，及时解答群众生活中的法律问题。系统梳理群众投诉多、反映强烈的执法问题，进行归纳梳理，向群众讲清公安机关办案的程序要求和证据要求，让人民群众从朴素的正义转向程序、实体双正义。开展双向法律普及，对辖区内的港澳企业、港澳居民等开展内地法律普及，对辖区内的内地群众开展港澳法律普及，廓清内地法律与港澳法律的边际，防范因边际模糊导致违法犯罪。

B.5
加强行政程序司法审查调研报告

珠海市中级人民法院行政审判庭课题组*

摘　要： 行政审判在推进法治政府建设、保护行政相对人合法权益等方面
具有重要作用。合法性审查是行政审判最重要且特有的基本原
则，行政程序合法性审查是合法性审查的重要方面，行政程序合
法性的审查标准、对不同程度的程序违法行为如何选择裁判方
式，是司法实践的重点与难点。自新《行政诉讼法》施行以来，
行政机关因行政程序违法而败诉的案件在败诉案件中比重较高。
分析行政程序违法，明确行政程序违法类型、主要表现及相应的
司法裁判标准和裁判方式，有利于推动行政程序司法审查的规范
与精准，进一步促进行政机关提高对行政程序的重视程度，推进
严格规范公正文明执法。

关键词： 行政程序违法　裁判方式　司法审查　行政诉讼

一　行政程序制度的基本概念

行政程序是指行政行为作出过程的步骤、顺序、方式、方法、时限等要
素。程序法定和程序正当是行政程序制度的重要原则。

---

* 课题组负责人：王智斌，珠海市中级人民法院党组副书记、常务副院长。课题组成员：唐
文、陈伟、黄莎莎、刘敏、吴胜颖、雷晨。执笔人：唐文，珠海市中级人民法院三级高级法
官；刘敏，珠海市中级人民法院民三庭五级法官助理；吴胜颖，珠海市中级人民法院行政庭
五级法官助理。

（一）法定程序的内涵外延

行政法定程序的内涵依赖对"法"的解释，关于法定程序中"法"的范围的界定，可以包括法律、行政法规、规章、行政规范性文件。但是行政规范性文件作为行政程序合法性的审查依据，应当符合一定条件。规范性文件除了存在抵触上位法或剥夺行政相对人重要程序性权利、为行政相对人设定程序性负担、属没有公开内部程序情况外，也可以作为行政程序合法性审查的依据。法定程序主要可作如下分类。

从对行政相对人程序权利的影响来看，法定程序可以分为重要程序与次要程序。根据《最高人民法院关于适用〈中华人民共和国行政诉讼法〉的解释》（以下简称《行政诉讼法解释》）第 96 条规定，重要程序主要有行政相对人依法享有的听证、陈述、申辩等程序，次要程序主要有通知、送达、处理期限等程序。区分重要程序与次要程序，能够凸显程序的效用与价值，也有助于对程序违反裁判方式的选择。

从行政程序是否有行政相对人参与来看，法定程序可以分为内部程序和外部程序。内部程序是指没有行政相对人参与的行政程序，如行政机关负责人集体讨论程序等。外部程序是指有行政相对人参与的程序，如听证程序、现场勘查程序、查封与扣押程序等。外部程序是行政机关在执法过程中最容易出现失误的地方，内部程序偶尔也可能出现程序违法的情形，如应当经负责人集体讨论的行政行为在作出之前未经该程序。

（二）正当程序原则的内涵

最高人民法院 2014 年发布的指导案例田某诉北京科技大学拒绝颁发毕业证、学位证案，其"关键词"首次出现"正当程序"，自此"正当程序"成为行政法官应当参照适用的原则。当法律、行政法规、规章、行政规范性文件对某些行政行为的作出过程没有具体要求和规定，且该行政行为将对行政相对人的合法权益产生影响时，行政机关作出行政行为应当符合正当程序的核心内涵，法院在合法性审查时也应对此进行审查。正当程序的核心内涵包括以下三个标准：一是中立标准，也称"禁止偏颇原则"，要求包括回避制度、禁止片面接触和组织适法要求；二是参与标准，要求赋予行政相对人或利害关系人程序自治权，从公权行使角度，是通知参与和听取申辩，其内涵就是"兼听"，行政机关的行政行为尤其是对行政相对人不利的，必须给予陈述和申辩的权利，对于作出严重影响行政相对人合法权益的行政行为，还应依其申请或依法主动举行听证；三是时序标准，包括时限和步骤两方面，合理的顺序和步骤可以确保过程公正合理，实现行政行为的结果在实体方面的合理化，避免公权"走程序"或"秀程序"，让程序虚置。

（三）正当程序与法定程序的关系

正当程序原则具有"自然正义"属性，既可用作评判法定程序的价值标准，还可用作填补程序法漏洞的价值导向。首先，正当程序与法定程序相互依存，没有正当程序原则作为程序立法的价值指引，法定程序将成为无根基的空中楼阁；没有法定程序将正当程序原则具体化、法定化，正当程序必将行之不远。其次，法定程序受正当程序原则规制，从司法实践角度看，当有的法定程序的"正当性"表达不充分时，还要接受正当程序原则的修补。最后，正当程序原则的法定化或具体化永远在路上，正当程序原则因具有"内在之善"的品质，它不以既有法定程序为满足条件，按照正义的指引，伴随立法，需要不断拓展"势力范围"。

另外，一般的行政程序审查应禁止向正当程序原则逃逸，这是法律适用"禁止向一般条款逃逸"的题中应有之义。通常法定程序已经体现了正当程序原则，法院依照既定程序规则判案即可，只有在遭遇程序疑难案件如程序规则不明、竞合或存在漏洞时，才可能启动正当程序原则。

二 珠海涉行政程序案件审理情况解析

（一）败诉案件行政程序主要存在的问题

以近年来珠海中院办理的 117 件以行政程序问题为由判决撤销、确认违法或予以指正的案件为分析样本，发现这些程序问题主要表现在时限、步骤、顺序、方式或形式和未保障当事人参与权等方面。

1. 时限问题

指行政机关作出的行政行为违反法定时限，包括行政机关低效率的作为及不作为，也有违法限制相对人。其主要表现为：行政行为的作出超过法定时限、行政行为的作出时限违反合理性原则、法定期限内未完成送达等。行政复议机关一般应当在受理申请之日起 60 日内作出行政复议决定，如果行政复议机关在未依法延长的情况下超过 60 日作出行政复议决定，则违反了法定的时限。涉及时限问题的案件共有 48 件，占程序问题案件的 41.03%。

2. 步骤问题

指行政机关作出行政行为须按照法定步骤，不能遗漏法定步骤，其主要表现为：被诉行政行为作出之前未经集体讨论程序，在强制拆除前没有依法责令行政相对人限期自行拆除，未告知行政相对人有申请行政复议及提起行政诉讼的权利，行政强制执行前未进行催告、公告，未待行政相对人救济期届满即实施强制拆除行为等。行政机关在作出行政处罚决定之前，应当告知行政相对人违法事实、拟作出行政处罚决定的理由和法律依据以及其所享有的陈述申辩权等，如未告知就作出行政处罚，则行政行为违反法定步骤。涉及步骤问题的案件共有 37 件，占比 31.62%。

3. 顺序问题

指行政机关作出行政行为的过程中颠倒了法定的顺序。步骤违法和顺序违法的区别在于步骤违法主要表现为行政机关遗漏、随意增加或更改某个环

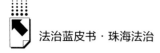

节和阶段，而顺序违法主要表现为行政行为具体步骤的顺序违反行政法律规范的规定，如行政机关在作出行政处罚决定后再告知行政相对人依法享有的陈述申辩权等。涉及顺序问题的案件共有8件，占比6.84%。

4. 方式或形式问题

指行政行为的作出未按照法定方式或形式。其主要表现为：行政机关依法应当书面告知而违法口头告知；被诉强制措施的凭证同为现场笔录，无执法民警签名；错误加盖内设机构印章；询问程序中未做到全过程均有两名人民警察在场等。涉及方式或形式问题的案件共有31件，占比26.50%。

5. 未保障当事人的参与权

指行政行为在影响行政相对人或者利害关系人时未及时通知其参与和申辩。其主要表现为：未履行听取当事人陈述和申辩程序；行政机关未对行政相对人陈述申辩内容予以记录；当事人未作为行政复议第三人参与复议程序；组织专家会诊程序时存在选任过程不透明、未告知回避权等问题。涉及未保障当事人的参与权的案件共有17件，占比14.53%。

（二）行政程序违法的处理方式

在近年审理的117件涉及程序违法案件中，判决撤销的有37件，占31.62%；判决确认违法的有80件，占68.38%。

就涉及的确认违法判决的案件而言，其程序违法问题主要表现为：行政机关办案超期；行政机关违反法定形式要求口头告知相对人；行政机关对于违法建设的相对人发出"强拆通告"未告知其相关申请行政复议及提起行政诉讼的权利，行政机关未待期限届满即实施强拆；在强制拆除前未催告当事人履行义务，未作出行政强制执行决定送达给当事人，或者强制拆除前亦未予以公告等；行政机关未按照行政强制法相关规定对行政相对人的违法建设行为作出限期拆除的行政决定，亦未进行书面催告，未保障行政相对人的参与权，导致强制拆除行为程序违法等。以上程序违法行为虽然表现方式多样，但关键在于尚未对行政相对人的合法权益产生实际影响。

就涉及的撤销判决案件而言，其程序违法对行政相对人的合法权益产生了实际影响，如行政复议机关未在复议程序中将利害关系人纳入行政复议第三人参与行政复议程序，未听取其陈述及申辩；被诉行政机关未履行必要的告知、未听取当事人陈述和申辩等程序，亦未将更正登记内容通知当事人，进而影响实体处理正确性等。

（三）两级法院裁判尺度差异

在行政程序司法审查过程中，两级法院裁判差异在于对部分案件的被诉行政行为程序是否违法认定不同。一审法院因程序违法判决撤销被诉行政行为，而二审予以改判。两级法院对行政程序违法的判断以及裁判方式的选择存在分歧，原因大致如下：首先，法律、行政法规、规章、规范性文件均会对行政行为的作出程序进行规定，繁杂的规范增加了司法审查判断行政行为程序是否合法的难度；其次，《行政诉讼法》就"正当程序""程序轻微违法""对原告权利不产生实际影响"等规范尚无"够用"的立法与司法解释，法官在裁判方式选择上有或大或小的空间，难以避免裁判尺度的差异；再次，裁判方式差异也源于法官对行政程序是否违法及其程度认知的不同，不同法官对行政程序类型化认识不一，有的法官对行政程序停留在粗犷认知阶段，未对其作出重要与次要、内部与外部的区分，以致"小题大做"，未对程序违法与实体处理结果之关联性作必要判断；最后，不同法官在贯彻全面审查原则时也有差异。有的法官热衷于程序审查而疏于难度较大的实体审查，一旦发现行政行为违反法定程序，就萌生"省事"念头，直接适用《行政诉讼法》关于"行政行为违反法定程序的可判决撤销或部分撤销"之规定，直接作出撤销判决。由于行政行为的程序违法程度与实体处理正确性并非一一相应，裁判方式选择会直接影响被诉行政行为的效力，故厘清行政程序司法审查的内在逻辑，对于法院统一裁判尺度具有重要意义。

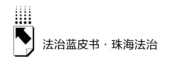

三　司法审判助力规范行政行为、助推珠海法治之路径

（一）行政程序的司法审查规则

行政程序关系到行政机关的执法能力与水平，以及行政相对人的权益保障，也关系到行政管理秩序、行政行为的稳定性，因此要审慎把握行政程序的司法审查。法官在程序审查时，应当就案涉行政程序进行重要性与次要性、内部与外部区分，其中，重要程序、外部程序与实体处理关联性更为密切，正确区分有助于裁判方式的精准选择。法院应发挥程序审查的优势，大胆而审慎地适用正当程序原则，从"中立标准、参与标准和时序标准"等角度对行政行为程序的合法性展开评判（见图1）。

1.行政程序审查的步骤

《行政诉讼法》第70条第1款第3项是判决撤销或部分撤销的审查规则，第74条第1款是确认违法判决的审查规则。若根据第74条第1款第1项规定，行政行为违反法定程序但判决撤销会给国家利益、社会公共利益造成重大损害的，判决确认违法不予撤销。若行政行为程序轻微违法，但未对原告权利产生实际影响的，法院亦判决确认违法。

被诉行政行为程序违法可能导致两种裁判结果，最根本的区别在于对被诉行政行为法律效力的影响，前者直接否认被诉行政行为的法律效力，而后者仍保留被诉行政行为的法律效力。

正确选择裁判方式，首先要正确理解审查标准的内涵、关联性与适用条件。《行政诉讼法解释》第96条对"程序轻微违法"情形进行了规定，但兜底条款的存在表明需要对其判断标准进一步类型化与具体化。最高人民法院对于"程序轻微违法"的观点是，只要不违反正当程序原则，就可以认定属于"程序轻微违法"；而《行政诉讼法解释》第96条也对"对原告重要程序性权利产生实质损害"的情况作出说明。实际上，"程序轻微违法"

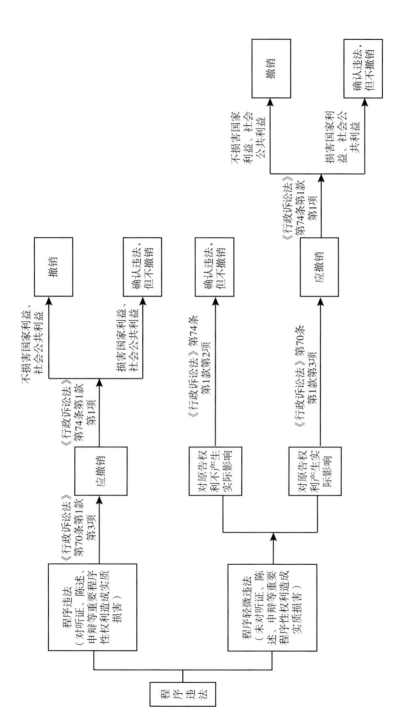

图 1　行政程序司法审查流程

与"对原告重要程序性权利产生实质损害"的程序违法行为是两个相对的概念，损害重要程序性权利，如未保障行政相对人"听证""陈述申辩"等权利，本质上既违反了法定程序，也违背了正当程序原则；而"程序轻微违法"虽然违反法定程序，但因对其重要程序性权利不产生实际影响，故对该类行政行为不予以撤销，而确认违法，从而维护行政行为的稳定性与公信力。因此，对撤销判决与确认违法判决的裁判选择，本质在于是否对重要程序性权利产生实际影响。

"对原告权利不产生实际影响"侧重于对实体权利影响的衡量。现行《行政诉讼法》及司法解释并未对该情节的认定予以明确，"对原告权利不产生实际影响"主要针对的是程序违法的行政行为对实体结果的影响，其"权利"是指原告的实体权利，即不损害原告的合法权益，不会对原告造成损失。明确了"对原告权利是否产生实际影响"的判断标准，就对正确选择裁判方式有了基本指引，这在一定程度上有利于维护行政效率与行政行为的稳定性，有效防止程序空转，避免产生诉累。需要说明的是，这里所指的法定程序主要是指次要程序，不包括重要程序。

2. 法院裁判方式的选择

行政审判涉及国家利益、社会公共利益与个人合法权益之间的斟酌与选择倾向，裁判方式选择也是利益衡量的体现。根据行政程序违法情况的不同，依照《行政诉讼法》第70条第1款第3项、第74条第1款第1项、第74条第1款第2项以及《行政诉讼法解释》第96条，可分为五种情形：①程序违法且撤销不会对国家利益、社会公共利益造成重大损害的，判决撤销行政行为；②程序违法但撤销会给国家利益、社会公共利益造成重大损害的，判决确认违法但不撤销行政行为；③程序轻微违法但不影响原告权利的，判决确认违法但不撤销行政行为；④程序轻微违法影响原告权利且撤销不会对国家利益、社会公共利益造成重大损害的，判决撤销行政行为；⑤程序轻微违法影响原告权利但撤销会对国家利益、社会公共利益造成重大损害的，判决确认违法但不撤销行政行为。

值得讨论的是，如果对当事人重要程序性权利产生实质损害，是否就导致被诉行政行为一律被撤销？对于"对当事人重要程序性权利产生实质损害但对原告权利不产生实际影响"的违法行政行为，应当统一判决确认违法。第一，《行政诉讼法》的立法目的既在于监督行政机关依法行政，也在于实质解决行政争议，一律予以撤销并不能有效化解争议，反而在特定情形下会导致争议复杂化，不利于《行政诉讼法》立法目的的实现；第二，国家利益、社会公共利益高于个人权益，该情形适用撤销判决会影响行政效率原则的实现，浪费行政资源和司法资源，不利于维护行政行为的稳定性与公信力，也会导致程序空转、引发诉累、激化矛盾等问题；第三，就行政程序的工具性价值而言，程序的效用在于保障实体结果正确，而此种情形下的程序违法对实体结果并不产生影响，即无论该程序违法是否严重，均不会改变实体结果的处理。如果选择撤销判决，在一定程度上显得过于强调程序正义而忽视了实体正义，也有违诉讼经济原则。

3.**两级法院裁判尺度的统一**

2022 年，珠海中院聚焦类案裁判尺度，将《行政诉讼法》修改后珠海中院行政庭近六年审理的行政案件裁判要旨提炼梳理、汇编成册，形成汇集162 条六万余字的《行政审判裁判要旨》，规范行政案件法律适用，推进全市行政案件司法审查尺度统一，同时加强条线指导和沟通。今后，应每年召开业务沟通会议，提升专业化行政审判水平，持续完善行政案件法律适用统一机制。

（二）充分运用司法建议

司法建议作为柔性司法审查方式，在监督行政机关依法行政方面大有作为，进一步挖掘司法建议在程序违法案件中的重要价值，持续拓展司法建议的广度、深度和精度，司法建议的功能与作用日益凸显。

近三年珠海中院针对环境保护、民生权益保障、行政应诉等领域共发出相关司法建议 18 份，司法建议反馈率 100%。发出司法建议坚持必要性、针对性、规范性和实效性原则，准确把握问题，透彻分析问题，做到建议客观合理，方案切实可行。珠海中院先后就建设工程竣工验收备案漏洞、交通协管员协助执法不规范行为、国土执法事实认定问题、工伤确认程序问题等向市住规建局、市交警大队、市国土局、市人社局等行政机关发出司法建议，得到开展整改的反馈。其中"关于建设工程竣工验收备案问题的建议"被广东高院评为全省法院"十大精品司法建议"。

为确保司法建议取得预期效果，可从以下两方面着力。一是发出前与作为被告的行政机关进行有效沟通，就其涉及的程序违法问题，可通过与其代理律师或者法制科工作人员沟通，也可与其负责人协调沟通。二是与行政执法考核部门建立司法建议回复评查制度，借助党委、人大和政府的重视，可将司法建议的落实纳入法治政府建设考核指标。

（三）多路径延伸行政审判职能

行政审判是解决行政争议的重要途径，对于推进法治国家、法治政府、法治社会建设，促进国家治理体系和治理能力现代化具有重大意义。为进一步规范行政执法程序，法院与行政机关发挥府院联动机制，就如何规范行政执法程序开展进一步探索，取得较好成效。

第一，全国首创行政法治圆桌会议制度。2022 年 9 月，珠海中院以"规范行政程序"为主题举办珠海行政法治圆桌会议，对行政程序败诉案件情况、存在的主要问题作出了分析，并提出了加强和改进行政程序的建议，推动司法与行政良性互动。会后，《行政程序司法审查白皮书》发送至市政府及各单位，促使行政机关及时研究整改，进一步强化了执法人员的程序意识。

第二，助力完善行政应诉工作机制。根据《行政诉讼法》及司法解释新规定，法院积极参与珠海市行政应诉规则的修订工作，确保应诉规则既符合上位法要求，又有助于推动珠海行政应诉工作高质量发展，每季度向行政机关通报行政应诉情况，建立"一案一告知"制度，有力推动行政机关负责人出庭应诉常态化，充分发挥"关键少数"在推进法治政府建设、实质化解矛盾纠纷中的重要作用，切实做到出庭、出声、出效。负责人出庭应诉率逐年提升，2022 年行政机关负责人出庭应诉率达 91.84%。

第三，深化行政败诉问题治理长效机制。通过定期发布行政审判白皮书，就进一步推进依法行政、加快法治政府建设提出意见和建议。法院资深法官受邀列席区政府、市市场监管局等单位和部门的党组会，专门就行政败诉案件多发问题提出意见和建议。近三年，珠海行政机关胜诉率91.55%，败诉率8.45%，远低于全省和全国行政机关败诉率。

第四，常态化开展行政执法培训。珠海法院先后派出法官到海关、边检、市国税局、市交警队等20个行政机关作专题讲座，培训一线行政执法人员。金湾法院、市委依法治市办联合市司法局在全省首创设立依法行政教育基地项目，定期通过旁听庭审、模拟法庭、专家授课、案例通报等方式对全市行政机关工作人员进行培训，聚焦执法程序关键环节，提供全方位、多层次、沉浸式的依法行政教育培训服务，提升行政执法能力和水平。

今后，法院应自觉把行政审判放在法治政府建设的大背景下谋划开展，支持和监督行政机关依法行政，助力擦亮珠海"全国法治政府建设示范市"金字招牌。

B.6
创新举措强化基金监管工作的实践探索

珠海市医疗保障局课题组 *

摘　要： 管好用好医保基金，不仅直接关系到广大参保群众的切身利益和生命健康安全，也关系到医疗保障制度的良性运行和可持续发展。珠海市持续优化医保筹资政策，构建覆盖全民、城乡统筹、待遇均等的多层次待遇保障体系，改革医保支付方式，发挥医保基金战略购买作用，医保基金监管工作取得较好成效。未来还将在基金监管顶层设计、综合监管、居民医保基金管理等方面继续完善，更好地满足新形势下医保监管工作新要求。

关键词： 医保基金　综合监管　基金安全　医保待遇

医疗保障基金是人民群众的"看病钱""救命钱"，其使用安全涉及广大群众的切身利益，关系到医疗保障制度的健康持续发展。珠海市医疗保障局组建成立三年多来，大力开展医保各项改革，始终把维护医保基金安全作为首要职责，多措并举，狠抓监管，严肃查处违法违规使用医保基金行为，坚决维护全市200多万参保人的医保权益。

---

* 课题组负责人：程智涛，珠海市医疗保障局党组书记、局长。课题组成员：肖钰娟、刁志煌、申春莹。执笔人：刁志煌，珠海市医疗保障局基金监管和法规科副科长（主持工作）；申春莹，珠海市医疗保障局基金监管和法规科一级科员。

一 珠海市医疗保障基金监管工作现状

（一）基本医疗保险总体情况

1. 参保缴费人数稳步增长

近年来，珠海市积极推动参保扩面工作，实现参保缴费人数稳步提升。截至 2022 年底，珠海市基本医疗保险参保缴费 223.63 万人，较 2018 年底（珠海市医疗保障局成立前）增加 33.56 万人，增幅 17.66%；生育保险 117.02 万人，较 2018 年底增加 10.25 万人，增幅 9.6%（见图 1）。

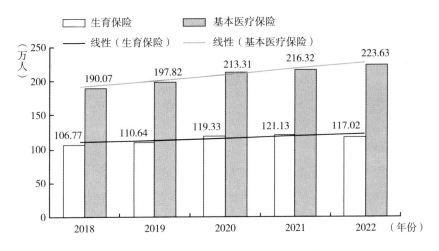

图 1　2018~2022 年基本医疗保险参保人数情况

数据来源：珠海市医疗保障局。

2. 基金保持安全平稳运行

2019 年以来，为降低企业成本，支持实体经济发展，珠海市按照国家、省供给侧结构性改革以及疫情期间减税降费的要求，实行降低费率、减半征收等多项惠企政策。2019 年至 2021 年 4 月，累计为珠海市用人单位减负约 23.65 亿元，珠海市 2019~2022 年基本医疗保险基金实际收入为 236.87 亿元（应收 260.52 亿元）（见图 2），实际支出 231.13 亿元。截至 2022 年底基金累计结余 38.52 亿元，可支付月数为 10 个月，高于国家规定 6~9 个月的要求，保障能力较强。

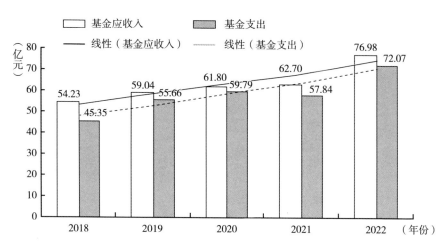

图 2　2018~2022 年基本医疗保险基金收支情况

数据来源：珠海市医疗保障局。

3. 参保缴费政策日趋完善

用人单位和职工应参加职工基本医疗保险、生育保险，生育保险费与职工基本医疗保险费合并征收。灵活就业人员可参加职工基本医疗保险，包括统账结合和单建统筹两种类型，费用按月缴纳，灵活就业人员无须缴纳生育保险费（见表 1）。

表 1　珠海市职工基本医疗保险费率情况（2021 年 5 月 1 日起）

类型	人群	总费率	单位缴费费率	个人缴费费率
统账结合	职工	7.5%（含生育保险 0.5%）	6%	1.5%
	灵活就业人员	7%	—	7%
单建统筹	职工	2.5%（含生育保险 0.5%）	2.5%	—
	灵活就业人员	2%	—	2%

数据来源：珠海市医疗保障局。

城乡居民、学生和未成年人也可参加居民基本医疗保险，按年度缴费，由个人缴费和政府财政补贴组成。从 2018~2022 年的筹资情况来看，筹资总额逐年提高，政府补贴增幅高于个人缴费增幅（见表 2）。

表 2　2018~2022 年城乡居民基本医疗保险筹资情况

单位：元/年

年份	财政补贴	个人缴费	
		城乡居民	学生和未成年人
2018 年 7 月~2019 年 6 月	550	370	140
2019 年 7 月~2020 年 6 月	590	410	180
2020 年 7 月~2021 年 6 月	620	440	210
2021 年 7 月~2021 年 12 月	650	440	280
2022 年	720	440	280

数据来源：珠海市医疗保障局。

4.待遇水平居全国前列

珠海市基本医疗保险保障范围包括住院、普通门诊、门诊特定病种、家庭病床、大病保险等，政策范围内的住院报销比例达到 90% 以上，实际报销比例约 76%。珠海市近年来基本医疗保险待遇享受人次（包括普通门诊、门诊病种和住院待遇）总体呈稳步低幅上升趋势。但 2020 年待遇享受人次受新冠疫情影响明显下降（见图 3）。

（二）医保基金监管基本情况

珠海市始终把维护基金安全作为医疗保障工作的首要任务，打造专业的执法队伍，不断完善制度规范，从优化执法监管流程和加强医药机构协议管理等方面着手，每年对定点医药机构实行全覆盖检查，严查医保基金领域违法违规行为。

1.打造专业执法队伍

珠海市医疗保障局成立以来，结合监管实际，两次调整内设部门，完善行政执法制度体系和工作机构，不断充实增强执法力量。2021 年 10 月成立

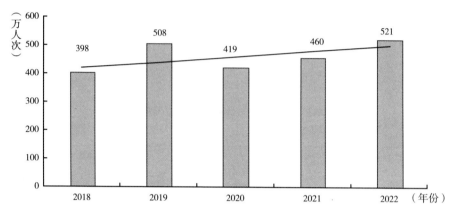

图3　珠海市 2018~2022 年基本医疗保险待遇享受人次

数据来源：珠海市医疗保障局。

综合执法科，该科编制 3 个，人员专业背景涵盖法律、临床医学、电子信息等，负责统筹全市医保基金监管执法工作。

2. 夯实执法制度基础

珠海市制定了《珠海市医疗保障局行政执法岗位职责制度》《珠海市医疗保障局行政处罚程序规定》《珠海市医疗保障局行政处罚案件审理规定》《珠海市医疗保障局行政执法公示信息审核发布工作规程》《珠海市医疗保障局执法文书（范本）》《珠海市医疗保障局行政处罚自由裁量权细化标准》等制度，有力保障了医保基金监管工作的正常开展。

3. 优化监管执法流程

珠海市医疗保障局的行政执法工作架构见图 4，确保在案件办理、审理过程中做到实体、程序合法合规。

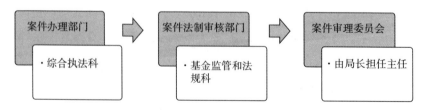

图4　珠海市医疗保障局行政执法工作架构

资料来源：珠海市医疗保障局。

珠海市明确规定了医疗保障局监督检查的方式方法，包括收集情报、制订方案、办理案件、曝光案件、加强部门协作五项内容（见图5）。其目标是打造一支队伍，办理一批案件，确保一条底线，最大限度减少珠海市医保领域的违法违规行为，确保在珠海区域内不发生重大欺诈骗保行为。

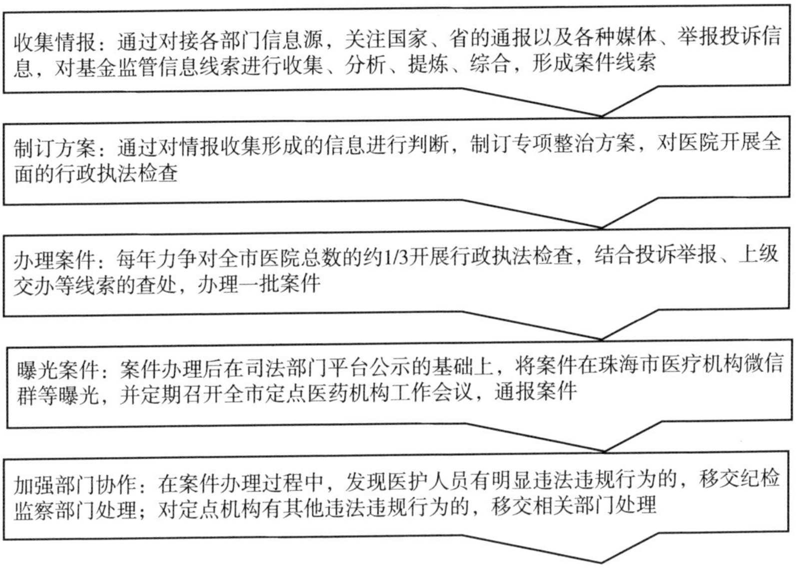

收集情报：通过对接各部门信息源，关注国家、省的通报以及各种媒体、举报投诉信息，对基金监管信息线索进行收集、分析、提炼、综合，形成案件线索

制订方案：通过对情报收集形成的信息进行判断，制订专项整治方案，对医院开展全面的行政执法检查

办理案件：每年力争对全市医院总数的约1/3开展行政执法检查，结合投诉举报、上级交办等线索的查处，办理一批案件

曝光案件：案件办理后在司法部门平台公示的基础上，将案件在珠海市医疗机构微信群等曝光，并定期召开全市定点医药机构工作会议，通报案件

加强部门协作：在案件办理过程中，发现医护人员有明显违法违规行为的，移交纪检监察部门处理；对定点机构有其他违法违规行为的，移交相关部门处理

图5 珠海市医保部门检查方式方法

资料来源：珠海市医疗保障局。

4. 医保基金日常管理以协议管理为主

根据《社会保险法》第31条规定，社会保险经办机构根据管理服务的需要，可以与医疗机构、药品经营单位签订服务协议，规范医疗服务行为。珠海市医保基金使用的日常管理是以珠海市医疗保障事业管理中心（以下简称"市医保中心"）与医药机构签订医保定点协议进行协议管理的方式为主，协议约定内容包括服务人群、服务范围、服务内容、服务质量、就医管理、药品和诊疗项目管理、费用结算、信息传输、违约处理等基本内容，切实保障参保人员权益，维护医疗保险基金安全。截至2022年底，珠海市

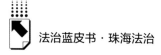

共有基本医疗保险定点医药机构 1750 家，其中医院 54 家、门诊 539 家、药店 1157 家。

二　实践及成效

近年来，珠海市医疗保障制度体系日趋完善，重点领域改革取得突破，医保基金战略购买效果显著，医疗保障治理和服务水平显著提高。

（一）持续优化完善医保筹资和待遇政策，切实保障医保待遇公平可持续

1. 合理调整医保筹资政策，医保基金池更加充盈

一是合理调整职工医保筹资政策。2019 年以来，珠海市生育保险一直保持 0.5% 的低费率不变，2019 年 1 月 1 日至 2021 年 4 月 30 日阶段性下调职工参保单位缴费费率 0.5 个百分点；2020 年 2 月至 6 月减半征收疫情期间企业医保单位费率。职工基本医疗保险缴费基数连续两年半保持不变，新冠疫情期间执行医保费减免、延缴政策。此外，2022 年 7 月至 9 月，执行国家阶段性缓缴政策，中小微企业、以单位参保的个体工商户、特定社会组织等可缓缴单位缴费和生育保险费，惠及约 26 万户用人单位。二是完善城乡居民基本医疗保险筹资政策，优化个人缴费和政府财政补贴结构，逐步平稳达到国家规定的居民医保缴费标准。2019 年以来，居民医保人均财政补贴标准由 590 元提高至 720 元，城乡居民个人缴费标准由 410 元提高至 440 元，学生和未成年人个人缴费标准由 180 元提高至 280 元。财政补贴增幅跑赢个人缴费增幅，充分彰显政府落实"民生为要"的责任担当。

2. 完善门诊待遇政策，让群众有病能治、有药可用

珠海市 2009 年建立的普通门诊统筹制度将所有参保人纳入普通门诊统筹保障范围，之后不断提升门诊特定病种保障水平，目前将 68 个诊断明确、病情相对稳定、需在门诊长期治疗或诊疗方案明确的慢性疾病纳入门诊特定病种保障范围。珠海市持续完善高血压、糖尿病"两病"门诊用药保障机

制，全力构建全方位、全流程的"两病"门诊用药保障体系，2021年被国家、省确定为"两病"门诊用药保障专项行动示范城市。2022年，珠海市统筹推进门诊共济保障改革，建立健全门诊共济保障机制，改革个人账户计入方法，进一步增强普通门诊和门诊特定病种的保障能力。

3. 稳步提升住院待遇水平，着力减轻群众就医负担

目前，珠海市医保政策范围内，城乡居民与职工基本医疗保险住院费用报销比例达90%及以上。重点救助对象符合规定的住院医疗费用救助比例稳定在80%以上。从2022年起，珠海调整大病保险待遇，大病保险政策范围内报销比例达80%；对困难群体实行倾斜，降低起付线，政策范围内报销比例提高至85%。

4. 创新打造"大爱无疆"项目，织密织牢医保"安全网"

针对重大疾病高额医疗费用问题，2019年，珠海在全国率先创新推出政商协作的附加补充医保"大爱无疆"项目，在基本医保和补充医保基础上，构建第三重医疗保障。该项目实施以来，珠海不断完善和扩充产品责任细则，实现了政商协作、社会治理模式创新，引领多方参与健康管理，减轻患重大疾病参保人医疗费用负担。该项目2021年被《人民日报》评为全国8个多层次医疗保障优秀案例，收录中国社会科学院"健康保险蓝皮书"和中国社会保障学会"医疗保障蓝皮书"，已成为叫得响、可推广的珠海改革品牌。"大爱无疆"项目运行四年以来，累计投保人数达135万人，累计提供支付待遇5.94万人次，支付金额4.26亿元，重特大疾病患者报销比例提升30个百分点，恶性肿瘤自费药实际减负率达86%，有效缓解因病致贫、因病返贫等问题。

5. 生育待遇保障更充分，有效缓解生娃后顾之忧

自2021年5月起，珠海市持续巩固生育保险和职工基本医疗保险合并实施成效，不断完善生育保险政策，生育三孩的医疗费用纳入生育保险支付范围，城乡居民基本医疗保险参保人、参保职工未就业配偶发生的符合规定的生育医疗费用纳入居民医保基金支付范围，职工生育医疗费用统筹基金支付比例提高至100%，放宽产前检查机构变更条件，参保人生育权益保障更加充分，保障人群范围逐步扩大，待遇保障水平逐步提高。

（二）积极开展医保支付方式改革，医保基金使用绩效显著提高

作为区域点数法总额预算①和按病种分值付费（以下简称 DIP）试点城市，珠海市坚持以人民健康为中心，以改革为契机，积极探索管用高效的医保支付机制，建成一套适合珠海实际的 DIP 政策体系，包括 1 个支付管理办法、1 个实施细则以及 4 个 DIP 改革配套文件。同时，制定实施《珠海市医保支付制度评议组织议事规则》，由评议组织共同商定医保支付制度改革相关细节，建立"医、保、患"三方共赢的"共建共治共享"医保新生态。从珠海市医保基金当期结余情况看，实行按病种分值付费（DIP）后，较好地控制了定点医疗机构住院医疗费用增长，为医保基金平稳运行提供了良好制度保障。

（三）发挥医保基金战略购买作用，药品、医用耗材集中采购改革成效明显

1. 扎实开展药品集采，让群众用得起好药

2022 年 3 月，在已实施公立医疗机构药品跨区域联合集中采购改革基础上，全部开放三个现行省级采购平台进行公立医疗机构药品集中采购。2022 年全年全市公立医疗机构在省级采购平台集中采购药品 20.09 亿元，节省费用 9.27 亿元。同时，完成 9 批近 600 种国家、省组织药品集中采购和报量工作。药品集采进一步推动药品集中采购价格下降，减轻人民群众用药负担，提高药品保障供应能力。

2. 打造医用耗材集采珠海模式，降低就医成本

2019 年 11 月，在省药品电子交易平台开展医用耗材集中采购试点，创新推出在线议价、在线交易、在线支付、在线监管"四个在线"一体化管理模式，推动全市公立医疗机构医用耗材实现集中采购，为医用耗材集中采购规范化、制度化、常态化贡献珠海方案。截至 2022 年底，珠海市公立医

---

① 区域点数法总额预算和按病种分值付费（DIP）可以解释为，在确定地区一个预算年度的医疗保险基金支出总额预算的前提下，赋予各病种分值（点数），根据各医疗机构为参保人员提供医疗服务的累计分值，按照相关规则进行结算付费。

疗机构采购医用耗材 42.03 亿元，节省费用 12.91 亿元，平均降幅 23.49%，单一品规最高降幅 96%。实打实的改革举措，带给群众实实在在的获得感，在全省范围内也起到了良好示范效果，全省 18 个地市和部队医疗机构均借鉴珠海模式开展医用耗材集中采购。

（四）全面加强基金监管执法力度，"零容忍"打击欺诈骗保

珠海市坚持惩处与教育相结合，持续加大医保基金监管力度。2019~2022 年，对定点医疗机构拒付和追回医保基金及违约金逐年提升，从 2019 年的 238.09 万元提升至 2022 年的 6966.15 万元，合计达 13551.68 万元（见图 6）。

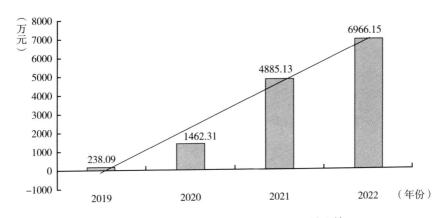

图 6　2019~2022 年珠海市拒付和追回医保基金情况

数据来源：珠海市医疗保障局。

1. 加强执法，保持打击欺诈骗保高压态势

充分运用医保大数据分析手段，组织开展"回头看""清零行动"、血液透析、低值耗材使用、规范定点医疗机构医保基金使用、打击"三假"欺诈骗保行为等多类专项检查。2019 年以来，处罚 10 家定点医疗机构和 4 名个人，罚款 44.66 万元，公开曝光近百例违法违规行为，始终保持打击欺诈骗保高压态势。

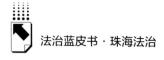

2. 以查代训，有效提升监管能力

珠海市医保部门积极参与对定点医院的检查工作。2020年以来，代表广东省参与了国家医保局对重庆市的飞行检查，组队交叉检查了中山市，同时在珠海市定点医院接受检查时积极配合，全力提供医保结算数据，全程陪同现场检查，并联络督促被检医疗机构配合检查。在工作中积累了丰富的检查经验，并不断完善管理协议，有效解决智能审核参数设置及数据筛查等问题。珠海还下发新的智能审核规则389条到各定点医疗机构开展自查，取得较好成效。

3. 协同联动，监管合力不断增强

为形成医保基金监管合力、防范化解基金风险，珠海建立了医保基金部门联席会议制度，明确了工作目标和主要职责，各部门积极协调联动开展工作。一是制定了《珠海市医疗保障局向纪检监察机关移送问题线索的工作规定》，发挥医疗保障部门与纪检监察机关的联动作用，每月向纪检组通报公立医疗机构药品、耗材采购等情况，并参与纪检组对公立医院使用医保基金情况的督查工作，形成了强大的监管合力。二是制定《珠海市医疗保障局医保基金审计配合工作规定（试行）》，规范审计相关工作，及时妥善处理审计发现的问题线索。三是与市场监管部门联动抓实疫情期间购买退热类药品人员信息登记报告制度，对违反登记报告制度的定点零售药店及时作出暂停协议、停业整顿、责令整改等处理。四是与市卫生健康局成立整改督查组，对省交叉检查问题、日常检查发现不合理收费等问题进行联合督查，增强违规使用基金问题整改的有效性。五是协助公安部门查处涉嫌欺诈骗保案件，初步建立行刑衔接工作对接机制。

4. 完善方式，有效加强协议管理

珠海市医保中心加强定点医药机构协议监管，为保障医保基金安全夯实了基础。一是联合第三方机构，实现医保定点医药机构现场检查全覆盖。二是依托大数据，持续监测定点医院医疗费用波动情况，制订针对性的专项检查方案，重点开展低标住院、分解住院、检验项目串换、不合理收费等专项检查。三是加快推进医保智能监控系统落地应用，推进医保智能监控系统规则本地化适配，梳理形成 16 大类 389 条智能审核规则，推动定点医疗机构加强医院端医保智能监控系统建设，积极推进院内医保智能监管工作。四是创新开展定点医药机构"云签约"，医保服务协议由"面签"改为网上"云签"，提高经办效率。五是开展"云查房"工作，医护人员通过手机 App 操作，40 分钟内实现参保人住院情况远程上报。六是依托医保"云宣教"平台，对全市医护人员开展医保智能审核规则、协议监管和 DIP 结算等线上医保基金安全宣讲。七是创新开展跟班轮训。对全市 47 家定点医院开展集中轮训，每批学习周期为 1 个月，要求每家医院派医保办负责同志到医保中心各职能科室和办事窗口学习医保相关业务，提升医院医保办负责人对医保政策的理解水平和执行能力，进一步提升管理效能。

5. 积极探索，创新开展信用监管

珠海把信用体系建设作为提升医疗保障服务水平、增强依法行政能力、维护医保基金安全的重要抓手，推动完善医疗保障领域诚信建设长效机制。为进一步加强近万名医保医师基金安全意识，珠海借助"云签约"系统成功经验，推出医保医师反欺诈承诺书云签模式，实现了不见面签订反欺诈承诺和《医疗保障基金使用监督管理条例》（以下简称《条例》）宣贯入脑入心的工作目标。珠海还将行政处罚案件录入全国信用信息共享平台，依法依规实行联合惩戒，助力推进构建"一处失信、处处受限"的信用监管格局。

6. 多点发力，形成良好的社会监督氛围

实施《珠海市欺诈骗取医疗保障基金行为举报奖励实施细则》，鼓励社会各界共同参与维护医保基金安全，并公开选聘 16 名医保基金社会监督员参与医保基金社会监管，人员构成既有人大代表，也有来自行业协会、高校、企业、金融机构、媒体、机关、基层的负责人和工作人员，还有澳门居民，具有广泛的代表性，确保能及时传递政策、反映民意，凝聚医保基金监管共建共治的合力。珠海市社会保险监督委员会还吸收了法律专家、医疗专家作为成员，保证医疗保险监督工作的权威高效。此外，珠海积极开展医保管理规范建设年活动，促进定点医疗机构强化自我管理主体责任，引导从业人员增强自律意识，自觉接受医保监管和社会监督，筑牢医保基金安全红线。

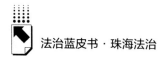
（五）全力做好宣传和服务工作，营造共同维护医保基金安全的良好社会氛围

1. 做实宣传培训教育，推动医保政策入眼入脑入心，前移基金监管预防关口

一是集中开展大型宣传活动。每年4月开展以"打击欺诈骗保 维护基金安全"为主题的集中宣传月活动，通过广场集中宣传、制作公益广告、上线电台节目、线上线下宣讲、"云签"医保医师反欺诈承诺书、组织知识竞答活动、公开曝光欺诈骗保典型案件等方式，进行《条例》及配套医保政策宣传普法工作，形成强大舆论攻势，强化基金安全意识。

二是常态化组织医疗机构开展政策法规培训。培训内容包括医疗保障筹资及待遇政策，药品、耗材集中采购及医疗服务价格相关政策，医保基金监管法规政策及日常监管存在问题分析，医保基金预算管理及支付方式改革，门诊统筹管理相关工作，医保协议管理及违约问题处理，医保三目管理及应用等，培训对象包括医疗机构分管领导、医保负责人、医疗服务价格管理负责人及相关工作人员，进一步明确政策纪律红线，前移基金监管预防关口。

2. 做优医保服务工作，提升群众参保获得感，增强维护基金安全的行动自觉

一是群众看病就医更便捷。加强"互联网+医保"建设，推动医保电子凭证落地使用，实现群众就医买药"无卡化"，激活医保电子凭证人数超过164万人。全面推广"信用就医"医保便民服务平台，实现就医付费免排队。截至2022年底，信用就医门诊服务在珠海市人民医院等16家医院、近3万人签约使用，人均节约时间45分钟。信用就医住院免押金服务已在珠海市妇幼保健院上线，进一步方便参保人住院就医。上线"医保药价通"零售药店药价查询服务，打造全市药店网上平台，实现"一键比价"。在广东省率先实现异地就医联网结算定点医院全覆盖，实现参保人异地就医结算"零跑腿""零垫支"。

二是经办服务更高效。推动经办服务数字化转型，打造医保"六朵云"服务，充分利用信息化手段，实现医保定点机构"云申请"、医保服务协议

"云签约"、医保医师反欺诈"云承诺"、医保协议管理"云查房"、医保政策解读"云宣教"以及"云处方"共享服务平台等医保"六朵云"服务；依托"珠海医保""珠海社保"微信公众号和小程序，实现全业务"掌上办"、全天候办理。打造"珠海市医保定点机构电子地图"，让群众办事找得到、办得好；上线"智能客服"，24小时咨询"秒回复"，日均有效回应群众5600人次，解答率超过90%。

三是全国首创"政银医"合作模式。通过采取借力银行、扎根基层、社税联办、珠澳合作的方式，构建跨境医保经办新模式，全市合作银行网点达201个，澳门合作机构7个、代办网点达76个。截至2022年底，港澳台居民参加珠海医保7.16万人，其中澳门居民6.15万人，为港澳居民提供"一站式""跨境办"参保办卡服务，该业务入选广东自贸试验区第五批制度创新案例，珠海为港澳融入国家发展大局贡献了医保力量。

三　存在问题

近年来，珠海市聚焦医疗保障领域违法违规和欺诈骗保行为，取得了一定监管成效。但医保管理是一个链条长、环节多、利益面广的复杂系统工程，珠海市医保基金监管仍面临较大挑战，需引起高度关注并重点解决。

（一）执法依据不够明确清晰

珠海关于医保基金监管的《条例》刚刚出台，还未形成实施细则等配套法规文件，执法程序尚未统一规范，执法尺度不一，为执法人员带来较大困扰。同时，协议管理和行政执法界限不明确，重叠交叉内容较多，对定点医药机构存在多头管理，造成行政效能和监管效率不高。

（二）基金监管协同配合有待加强

医保基金监管涉及多个部门、众多定点医药机构及广大参保人员，而医疗行为存在明显的专业性、复杂性，需要多部门和社会各界协同推进医保基

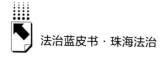

金综合监管工作。医保系统内部经办管理、监管打击尚未形成有效的闭环，合力不够；同时，与卫生健康等部门协同推进定点医疗机构医保管理工作有待加强，对轻病入院、过度诊疗、过度检查等问题整治力度不够。各部门的信息系统数据共享有限，运用大数据进行监管的效果有限。

（三）居民医保收支矛盾凸显

随着珠海市人口老龄化的上升趋势发展，新的医疗技术、医疗器械及创新药在临床运用并持续纳入国家医保目录，医疗费用也随之快速上涨，医保基金支出同步增加。自珠海市实施全民医保一体化政策以来，居民医保个人缴费标准一直处于较低水平。目前，珠海市已将职工和城乡居民实施分类保障、医保基金分账管理，居民医保基金不再由职工医保基金共济，收支矛盾进一步凸显。

（四）监管执法力量薄弱

珠海市医保行政监管专职执法队伍仅有3人，且来自不同行业领域，仅1人有医学背景。珠海市医保经办部门负责定点医药机构日常协议管理的有14人，但无执法资格。医保基金监管专业性强，珠海市从事监管业务工作人员有限，面对全市1700多家定点医药机构、200多万参保人，以及违法违规使用医保基金问题高发频发的现象，监管执法显得力不从心，无法满足新形势对监管工作的要求。

四　未来工作建议和展望

（一）强化顶层设计

从国家层面出发，建立健全医保法律法规体系，推进医疗保障法立法工作，夯实基金监管的法治基础。及时出台《条例》实施细则或配套政策文件，明确定点医疗机构的各种违法行为，尤其是过度治疗、过度检查、轻病住院等，明确相应的处罚标准和处罚程序，解决基层人员执法困扰。完善权责清单、执法事项清单、协议管理清单，明确协议管理和行政执法界限，提升监管效率。统一规范医保行政执法标准和程序，制定统一的医保执法文书，配备相应的执法设备。

（二）健全综合监管制度

一是进一步健全日常监管机制，统筹行政、经办和第三方力量，实现日常稽核、自查自纠和抽查复查全覆盖。结合审计、飞行检查等工作，深挖监管线索，提升监管质效。二是推进医保、公安、卫生健康、审计、市场监管等部门协同，完善联席会议、情况通报、案件管理、定期报告、信息共享等制度，聚焦重点领域和重点内容，深化和拓展打击"三假"专项整治行动，切实发挥监管合力。三是充分发挥医保基金社会监督员的政策宣传员、案件线索情报员、社情民意调查员和人民群众联络员的作用，共同守护人民群众"救命钱"。

（三）强化居民医保基金管理

进一步完善筹资政策，适当提高个人缴费和财政补贴标准，增加基金收入。坚持"以收定支、收支平衡、略有结余"原则，科学编制基金收支预算，加强预算执行监督和基金精算管理，提高基金使用绩效。继续深化医保支付方式改革。开发医药服务质量考核评价系统，发挥医保基金战略性购买作用，探索建立定点医疗机构医保精细化管理绩效评价体系及评价结果信息披露共享机制。

（四）打造专业化监管队伍

一方面，要加强业务培训，针对医保领域的欺诈骗保问题，开展医保、卫生健康、公安等部门专业联合培训，从各自职能领域技术手段优势开展综合性培训，强化从业人员执法能力。另一方面，争取组织人事部门支持，引入医学、医保、法律等专业人才，建立专业化的医保监管队伍；

探索开展委托执法，用好《条例》第 28 条关于委托执法的规定，弥补监管力量不足的短板，充分利用第三方力量的专业优势，强化监管力量。同时，也要加强思想政治教育，让监管执法人员牢固树立廉洁自律意识，培养一支能干事、会干事、守纪律的监管"铁军"，坚决守护好人民群众的"看病钱""救命钱"。

B.7
平沙镇法治政府建设实践与展望

珠海市金湾区司法局课题组*

摘　要： 全面依法治国是中国特色社会主义的本质要求和重要保障。推
进全面依法治国，法治政府建设是重点任务和主体工程。珠海
市金湾区平沙镇深入贯彻落实中央、省、市、区关于法治政府
建设的重要部署，以习近平新时代中国特色社会主义思想为指
导，坚持党的领导，树立法治思维，规范行政执法，推进基层
民主法治建设，强化精准普法，构建大调解工作格局，深入推
进法治政府建设，为推动政府治理体系和治理能力现代化提供
法治保障。

关键词： 法治政府　依法行政　基层法治　矛盾化解

"十四五"规划提出，到2035年基本实现国家治理体系和治理能力现
代化，基本建成法治国家、法治政府、法治社会。党的二十大报告强调，坚
持依法治国、依法执政、依法行政共同推进，坚持法治国家、法治政府、法
治社会一体建设，全面推进科学立法、严格执法、公正司法、全民守法，全
面推进国家各方面工作法治化。建设法治政府是推进政府治理体系和治理能
力现代化的重要抓手。

珠海市金湾区平沙镇位于珠江出海口的西侧，东接鸡啼门，西临黄茅

---

* 课题组负责人：刘雪峰，珠海市金湾区平沙镇镇委副书记、镇长。课题组成员：刘经钊、周
君锐、林达庭。执笔人：张松婵，珠海市金湾区平沙镇法制室职员；邱兰，珠海市金湾区平
沙镇信息调研室主任。

海，总面积 166.32 平方千米。近年来，平沙镇结合本地实际，坚持以习近平新时代中国特色社会主义思想为指导，全面贯彻党的十九大和二十大精神，深入贯彻习近平法治思想，增强"四个意识"、坚定"四个自信"、做到"两个维护"，深入推进依法行政，积极改进工作，加快推进法治政府建设，坚持守正创新、锐意进取，综合实力不断跃升：以两个高能级产业为引领，四大优势产业协同并进，三大特色文体旅产业加快发展，"2+N"现代化产业体系不断优化，2021 年实现规模以上工业总产值 192.51 亿元，规模以上工业增加值 38.77 亿元，主要经济指标多年保持两位数增长；城市建设提档升级，实施近百个市政基础设施建设工程，城镇功能品质渐趋完善；乡村振兴深入推进，获评"中国桂虾之乡"；民生福祉持续增进，有序推进华侨农场砖瓦房改造安置等幸福工程，启动近 500 个"民生微实事"项目，群众获得感幸福感越来越强。

一 深入学习贯彻习近平法治思想，
提升法治建设效能

加强领导，健全法治工作组织领导体系。平沙镇坚持党委领导、政府主导、部门联动，充分发挥党委集中领导和统筹推进作用，镇党委听取年度法治政府报告，统筹推进法治平沙建设重点任务。成立平沙镇法治政府建设（依法行政）工作领导小组，形成主要领导负总责、分管领导具体抓、各职能部门及社区抓落实的工作格局，为法治政府建设提供有力的组织领导。

学法用法，提高法治意识。强化党政主要负责人履行推进法治建设第一责任人职责，始终坚持抓住领导干部这一"关键少数"，将学习习近平法治思想作为领导干部必修课，列入 2022 年平沙镇党委理论学习中心组学习计划。利用党委会、办公会等载体，组织领导干部开展习近平法治思想专题学习；利用在线授课形式，组织领导干部参加全区学习贯彻习近平法治思想专题培训班。组织领导干部参加全市保密法、密码法和《信访工作条例》知识学习测试；运用省国家工作人员学法考试系统集中开展学法考试，全镇共

有 155 人参加考试，参考率达 100%，优秀率达 100%。通过"学+考"模式，不断提高领导干部政治判断力、政治领悟力、政治执行力，推动全镇领导干部在尊法学法守法用法上做表率、带好头。

二 建立法律顾问机制，着力提高依法行政水平

重视法治，充分发挥参谋助手作用。政府规范性文件制定、合同协议签订、矛盾纠纷处理、执法疑难问题解决等事项均注重听取政府法制机构的意见。此外，司法所常态化列席镇政府各项重大会议，完善行政决策合法性审查机制。政府法制室对镇政府重大行政决策行为进行合法性审查，对各类合同协议进行修改审查。2022 年以来，法律顾问共为镇政府及其他部门草拟、审查文件或合同、提出法律意见或建议共 177 件[①]，有效防控政府法律风险。

推进社区法律顾问工作，深化"一社区一法律顾问"制度。平沙镇下辖 11 个社区，常住人口约 11 万人，每个社区均聘请了村居律师，村居法律服务实现全覆盖。法律顾问积极参与社区重大项目合同审查、对居民公约进行"法治体检"、为社区"两委"干部及居民群众开展法律法规知识培训等事务，提升群众法治获得感。2022 年以来社区律师提供服务总数 674 次，其中接访咨询 549 次，审查合同 41 份，出具法律意见书 3 份，代书 2 次，调解纠纷 11 宗，协助选举 1 次，上法治课 58 次，法律培训 3 次，参与矛盾纠纷调解 7 件次[②]。社区法律顾问制度的推进，打通了公共法律服务的"最后一公里"，形成半小时公共法律服务圈，为基层群众提供更方便、高效的法律服务，也对促进社区"两委"依法办事、引导基层群众通过合法途径维护自身权益、有效化解矛盾纠纷发挥重要作用，真正实现了社区法律顾问从"有形覆盖"到"有效覆盖"。

---

① 数据来源于珠海市金湾区平沙镇，统计至 2022 年 12 月 31 日。
② 数据来源于珠海市金湾区平沙镇，统计至 2022 年 12 月 31 日。

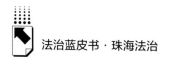

三　深化行政执法改革，提高行政执法水平

平沙镇持续贯彻落实执法"三项制度"，制定《平沙镇人民政府行政执法案件审查制度》《平沙镇人民政府重大行政执法决定法制审核制度》《平沙镇人民政府行政执法公示制度》《平沙镇人民政府行政执法全过程记录制度》。推进综合行政执法体制改革。全面认领调整由镇街实施的行政处罚事项清单310项，推进综合行政执法开展，2022年办理规划、市容、应急执法等方面的行政处罚立案55宗，办结55宗，罚款金额20万元，办理行政处罚案件数量同比上升363%，罚没款金额同比上升317%①。成立平沙镇人民政府行政执法案件审查委员会，并配备专门法制审核人员。推行柔性执法，按照"721"工作法，即城管执法问题70%用服务手段解决、20%用管理手段解决、10%用执法手段解决，让执法有力度更有温度，营造和谐的营商环境。

四　发挥示范引领作用，推进基层民主法治建设

平沙镇以民主法治示范社区创建为抓手，深入推进法治社区建设。为贯彻落实省委依法治省委员会印发的《关于加强法治乡村建设的实施意见》，发挥先进典型示范带头作用，为乡村振兴提供有力的法治保障。在省级民主法治社区创建全覆盖的基础上，平沙镇积极推动民主法治示范社区创建活动，已建成省级民主法治示范社区4个，分别是平沙镇美平社区、立新社区、平塘社区、沙美社区。通过以点带面，在创建中持续提升基层依法治理水平。

---

① 数据来源于珠海市金湾区平沙镇，统计至2022年12月31日。

五　强化精准普法，提高普法实效

加强法治宣传阵地建设。平沙镇因地制宜打造法治公园、律道、企业法治书屋、校园宣传栏等法治宣传阵地，开展宪法、民法典、国家安全法、疫情防控、反诈骗等法治宣传，充分发挥普法阵地法治宣传作用，每季度定期更换法治宣传栏，开展以案释法，发挥法治宣传教育"润物无声"作用，营造良好的法治氛围。

强化精准普法。平沙镇严格落实"谁执法、谁普法"普法责任制，摸清群众具体法律需求，通过"订单式"精准普法，收集普法工作要求，制定平沙镇"谁执法、谁普法"责任清单，明确镇各成员单位普法责任和目标责任，将法治宣传教育"软任务"变成"硬指标"，形成上下联动，集聚工作合力。2022年以来，镇各单位共开展各类普法宣传活动600余场，参与群众10万余人次，发放各类宣传资料13万余册①，引导广大群众办事依法、遇事找法、解决问题用法、化解矛盾靠法。

在普法对象上紧抓"关键群体"。一方面，针对未成年人，扎实推进预防未成年人犯罪法治宣传教育，切实维护青少年合法权益。开展送法进校园宣传活动，开展禁毒"童"行、"垃圾分类，美丽加倍"活动，通过分辨毒品实务、垃圾分类小游戏等形式寓教于乐，让少年儿童更加娴熟地掌握禁毒及垃圾分类法治知识。另一方面，针对老年人，增强辖区老年人法律意识，营造敬老爱老的社会氛围，围绕防范非法集资宣传主题，开展"守住钱袋子，护好幸福家"活动，切实提高老年人防诈骗"免疫力"。

抓实"互联网+"普法。善用新媒体开展普法活动，及时回应群众关切。开启"指尖宣传"模式，建立"普法微信群"，不定时推送适合各类群体口味的"法治套餐"，无论是外出务工的人员、经营小买卖的个体户，还

---

① 数据来源于珠海市金湾区平沙镇，统计至2022年12月31日。

是耕耘土地的村民都可以充分汲取法治的"营养"。利用"美丽平沙"微信公众号开展"以案释法""法治常识"宣传 31 期，阅读量达 2 万人次。各社区群众工作微信群转发普法宣传链接 150 余条，受众人数达 3000 人次[①]。通过增强普法的针对性和实效性，不断满足群众日益增长的法律需求，提升公民法治素养和社会治理法治化水平。

六　多措并举，构筑防范化解社会矛盾合力

平沙镇全面统筹安全和发展，筑牢各领域安全生产防线，扎实做好重要时期维稳安保工作，深入开展矛盾纠纷动态排查、防范化解，社会大局和谐稳定。健全依法化解矛盾纠纷机制，积极践行新时代"枫桥经验"，发挥人民调解主力军作用，做到"小事不出村、大事不出镇、矛盾不上交"。全镇共有 1 个乡镇人民调解委员会、11 个社区调解委员会和 6 个行业性专业性人民调解工作室。同时创新调解工作模式，打造以优秀调解能手名字命名的个人调解室——小段个人品牌调解工作室，发挥优秀人民调解员示范引领作用，把矛盾化解在基层。2022 年以来共开展矛盾纠纷排查 15 次，受理纠纷1246 宗，成功调处 1235 宗，成功率 99%，涉及金额 6828 万元，涉及人数约 3655 人[②]。平沙镇在积极践行新时代"枫桥经验"的道路上更进一步，最大限度地把矛盾纠纷解决在萌芽阶段。

平沙镇切实落实行政复议改革，将行政复议作为推进法治政府建设的重要抓手，充分发挥行政复议化解行政争议主渠道作用，在镇公共法律服务站设立行政复议咨询和受理点，实现"一个窗口"对外，便于群众找准行政复议机关，通过行政复议途径依法化解行政争议。

抓好信访问题源头化解。深入开展矛盾纠纷动态排查、防范化解，针对重点信访问题，落实党政领导和职能部门包案责任制，明确责任单位。每月

---

① 数据来源于珠海市金湾区平沙镇，统计至 2022 年 12 月 31 日。
② 数据来源于珠海市金湾区平沙镇，统计至 2022 年 12 月 31 日。

研判分析重点领域、重点案件以及矛盾纠纷的热点、难点问题，推动化解历史积案。

七 推进法治政府建设面临的问题及展望

平沙镇在法治政府建设方面取得了一定成绩，但存在的不足和短板仍不能忽视，主要体现在：一是依法行政水平有待提高，执法力量不足，执法人员综合素质需强化，行政执法规范化有待加强；二是成员单位对普法工作重视程度有待加强，普法覆盖面有待拓展；三是公共法律服务群众的能力和水平仍有提升空间。

作为最基层的政府，未来加强法治政府建设应注意做好以下工作。

（一）持续推进法治政府建设

加强习近平法治思想学习宣传，拓展学习宣传贯彻习近平法治思想的深度、广度、力度，将习近平法治思想贯彻落实到法治政府建设各方面和全过程。坚持和加强党对法治政府建设的集中统一领导，实现党对法治政府建设领导制度化、常态化。压实党政主要负责人履行推进法治建设第一责任人职责，进一步健全制度，严格落实镇党委理论学习中心组会前学法制度及法治专题讲座学习制度，通过"关键少数"带动全镇尊法学法守法用法。

（二）提升严格规范公正文明执法水平

科学建立健全日常运作、执法责任、日常巡查、执法监督、行政处罚、案件审查等系列工作制度，为形成综合行政执法合力提供制度基础。加强执法队伍建设，强化执法人员对"两平台"执法系统的学习和使用，组织"两平台"执法系统专题培训，增进执法人员对执法系统的了解，培训学习和现场使用相结合，使执法系统逐渐融入行政执法实践；开展执法相关法律培训，强化执法程序意识，切实提升行政执法水平。

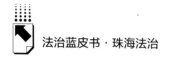

（三）推动"八五"普法规划落实

依据平沙镇"八五"普法规划和普法责任清单，加强"谁执法、谁普法"工作统筹，压实普法和执法主体责任，进一步加大普法力度、提升普法成效。一是深入学习宣传实施宪法，全面落实宪法宣誓制度，规范公民宪法宣誓仪式和平台建设，在国家工作人员入职提任、学生毕业仪式等各类活动中设置礼敬宪法环节。推动"12·4"国家宪法日和"宪法宣传周"集中宣传活动制度化，实现宪法宣传教育常态化，积极开展推动宪法进机关、进学校、进企业、进社区、进家庭等活动。二是将法治宣传教育与平沙镇"十四五"规划确定的重点工作、重点项目、重点领域结合起来，大力宣传有关平等保护、公平竞争、激发市场主体活力、防范风险的法律法规，围绕安全生产、消防安全、食品药品安全、扫黑除恶、毒品预防、农民工工资支付、未成年人保护、防治家庭暴力、个人信息保护等人民群众关心关注的问题，开展经常性的法治宣传教育。三是以"美好生活·民法典相伴"为主题，组织开展《民法典》专项宣传活动，在全镇中小学持续开展"法润童心·护航成长"等《民法典》进校园活动，让《民法典》真正走到群众身边、走进群众心里。四是以党章、准则、条例为重点，深入学习宣传党内法规，把学习掌握党内法规作为合格党员的基本要求，促进党内法规学习宣传常态化、制度化。

（四）优化提升公共法律服务水平

健全法律服务网络，深化法援服务，以"调解+法律援助""调解+律师服务"等方式为企业、群众提供"一对一""一站式"精准服务，打造"调解+"新业态。充分利用公共法律服务大厅、热线电话及值班律师等构建法律援助"绿色通道"，实现"应援尽援、应援优援"，多渠道为群众提供法律咨询、法律援助申请等法律服务，让法律援助与困难群众、特殊群体需求零距离对接。

深化人民调解诉调对接模式，发挥人民调解保障作用。创新"警调衔接"调解模式，搭建"律师进所"化解新平台，实现"派出所+司法所+律师事务所"三所联调模式，借助律师专业优势，发挥律师在矛盾纠纷化解中的帮扶作用、调解作用、普法作用，形成打击有震慑、调解有温度、法律有援助的社会矛盾纠纷化解合力，为矛盾纠纷的妥善化解提供新助力。定期开展人民调解工作培训，为社区人民调解员讲解调解知识与调解技巧，推进基层人民调解组织建设。

（五）充分发挥"法律明白人"作用

"八五"普法规划实施以来，以"法律明白人"培育工程作为实施乡村振兴战略、推进法治乡村建设和依法治镇的重要抓手，着力培养一支群众身边"信得过""靠得住""能管用"的普法队伍。

注重从评选、聘任上下功夫，从社区干部、党员群众、网格员、小组长等村民的"身边人"中，通过组织遴选及村民自荐等方式选出一批讲政治、品德好、守诚信、重公道、有一定文化水平的"法律明白人"。在社区推荐、村居民自荐的基础上，严格审核把关，选拔产生符合条件要求的人选名单，并按程序要求进行公示、聘任。同时，对"法律明白人"普法队伍实施精准培育，采取"线上+线下""集中+自学"形式及时组织开展培训，提升基层民主法治建设能力。

首批上岗的55名"法律明白人"加速融入并扎根各大村居，迅速成长蜕变，成为基层社会治理的"多面手"、乡村振兴的"领跑员"，在社区民主事务决策、财务管理、普法宣传、人民调解、综治维稳等方面发挥重要作用。提升基层治理体系法治化水平，为法治平沙建设添砖加瓦，为珠海市全面实施乡村振兴战略注入新力量、新动能。

司法建设

Judical Construction

B.8
珠海法院推进环境资源审判改革
调研报告

珠海市中级人民法院课题组*

摘　要： 党的十八大以来，以习近平同志为核心的党中央高度重视生态文
明建设。生态文明建设离不开法治保障，近年来，各地法院在探
索中形成了许多司法实践经验，但随着以环境公益诉讼为代表的
各类环境资源案件逐年增多，人民法院面临审判专业化水平有待
提高、环境资源损害鉴定难、环境诉讼执行难等现实问题。珠海
法院结合实际，主动学习先进法院环境资源审判经验，切实发挥
司法审判职能，推动落实环境资源审判机构设立、机制创新和职
能延伸，不断深化环境资源审判改革。

关键词： 生态文明　司法保护　环境资源审判　环境民事公益诉讼

---

* 课题组负责人：徐素平，珠海市中级人民法院党组成员、副院长。课题组成员：郑伟民、谭
炜杰、王丹、杨兆林。执笔人：杨兆林，珠海市中级人民法院政治处一级科员。

良好的生态环境是最普惠的民生福祉，也是共同富裕的亮丽底色。珠海法院始终坚持以习近平新时代中国特色社会主义思想为指导，认真贯彻落实习近平生态文明思想，始终将加强生态文明司法保护作为工作重点，依法公正高效审理各类环境资源案件。为更好地推进珠海法院环境资源审判改革，珠海中院赴浙江省杭州市中级人民法院、湖州市中级人民法院实地调研，深入学习"两山"理念发源地环境资源审判经验，并结合环境资源审判特点提出相关建议、形成调研报告，力争为建设美丽珠海、为粤港澳大湾区生态文明建设与绿色发展提供更有力的司法服务和保障。

一　审视现状——珠海法院环境资源审判情况

（一）珠海法院受理环境资源案件情况

按照省法院 2020 年 5 月 7 日印发的《环境资源案件范围》列明的案由统计，珠海全市两级法院自 2019 年至 2021 年受理环境资源案件情况见表 1。

表 1　2019~2021 年珠海两级法院受理环境资源案件情况

单位：件

法院	民事	刑事	行政	总计
全市法院	575	101	55	731
市中院	146	28	12	186
横琴法院	6	5	0	11
香洲法院	137	25	0	162
金湾法院	50	23	43	116
斗门法院	236	20	0	256

数据来源：珠海市中级人民法院。

2019~2021 年，全市法院共受理环境资源案件 731 件，其中民事案件 575 件、刑事案件 101 件、行政案件 55 件。受理环境资源刑事附带民事公益诉讼案件16件,审结13件,涉及污染环境罪、非法捕捞水产品罪、失火罪等多种罪名。经最高人民法院核准,自2020年1月1日起,由珠海中院集中管辖珠海市和中山市辖区环境民事公益诉讼一审案件。自集中管辖以来,珠海中院共受理环境民事公益诉讼案件15件,涉及非法采矿、污染环境、污染水源、破坏文物、破坏生物多样性等不同案件类型,其中6件已经审结。上述案件既有中山和珠海两地检察院作为公益诉讼起诉人提起,也有环保组织作为原告提起,在原告主体、侵权方式、处理结果方面均有所不同,给法官带来了新的挑战。

(二)珠海法院环境资源审判机构设置情况

建立环境资源审判机构是环境资源司法审判专门化的重要内容。根据环境资源审判的自身特征,推进环境资源审判机构建设具有现实重要性和必要性。

为此,珠海中院于2015年4月2日设立了专门审理环境资源类民事案件的合议庭,并推动在主城区香洲区人民法院对口设立环境资源合议庭。2022年6月1日,珠海中院环境资源审判庭正式揭牌,实行案件集中管辖和环境资源民事案件、刑事案件(含刑事附带民事案件)和行政案件"三合一"归口审理。2022年9月1日,珠海市斗门区人民法院环境资源审判合议庭在斗门五山法庭揭牌,珠海市应由基层法院审理的环境资源民事、刑事、行政案件由斗门法院集中管辖。珠海法院初步完成了环境资源审判专门化建设。

1. 在珠海中院设立环境资源审判庭

其一,在珠海中院设立环境资源审判庭的必要性。从环境资源案件特点来看,环境资源案件具有高度复合型、专业技术性以及社会本位、国家干预、公私法融合等特性,对审判机构的专业性要求较高[①]。且环境资源审判

[①] 易国娟:《德阳法院充分发挥审判职能作用 守护绿水青山,切实将环境资源审判工作品牌树起来》,《四川法治报》2020年7月3日,第7版。

并非局限于案件审理本身，每个案件审理之后的个性化修复，制订地区环境资源审判规范性文件，以及通过多种途径为人民群众展示环境资源审判成果，切实发挥人民法院的生态环境司法保护职责。

其二，案件受理范围。按照省法院 2020 年 5 月 7 日印发的《环境资源案件范围》，结合其他地区中院环境资源审判庭的案件受理范围，珠海中院环境资源审判庭在设立之后对主要受理环境资源案件范围进行了明确。受理案件范围中，刑事案件和行政案件的案由较为固定，民事案件属于典型的环境资源案件。

2. 指定斗门法院试行"三合一"归口审理和集中管辖全市环境资源类一审案件

其一，基层法院集中管辖的必要性。党的十九大以来，生态发展理念不断深入人心，环境资源纠纷案件不断增加。鉴于环境资源案件具有很强的专业性和科学性，传统民事审判部门在环境资源损害取证、认证、鉴定及因果关系认定上存在一定困难，通过对环境资源类案件进行集中管辖，有利于统一裁判尺度，加大环境资源司法保护力度。

其二，基层法院集中管辖的现实性。目前珠海基层法院环境资源类案件数量较少，如果珠海全市基层法院普遍设置环境资源审判庭，可能导致基层法院环境资源审判庭收案不足而大量办理其他类型的案件，环境资源专业化审判徒有其名。同时，最高人民法院提倡因地制宜设立环境资源审判庭，各中级法院可根据各地辖区实际情况，选择个别基层法院设置环境资源审判庭，待条件成熟再择机在基层法院增设环境资源审判庭[①]。

其三，基层法院集中管辖的优势。珠海市由斗门区法院集中管辖全市环境资源一审案件。斗门区是珠海市的农业大区，地处珠海、中山、江门三市交会处，海岸线全长 71.5 千米，基本农田保护面积占珠海市 70% 以上，是国家农业产业化示范基地、全国都市型现代农业示范区和中国海鲈之乡。因

---

① 范良丽：《贵州法院推进环境资源审判机构全覆盖》，《法制生活报》2020 年 7 月 8 日，第 2 版。

斗门区环境资源丰富，斗门区法院近三年新收环境资源案件256件，居基层法院首位，约占全市基层法院受理案件的47%。综合斗门区的上述地理优势，结合珠海市实际受理案件情况，指定斗门法院集中管辖珠海市环境资源私益诉讼一审案件，实行"三合一"归口审理，更利于提升环境资源类案件审判的专业化水平，统一裁判尺度。

其四，受案范围。可参照珠海中院环境资源审判庭受案范围予以确定。

（三）环境民事公益诉讼案件审理情况

环境资源合议庭妥善审理中国生物多样性保护与绿色发展基金会诉淘宝店电蚯蚓机卖家三案，判决电蚯蚓机的淘宝卖家按照销售数额的三倍承担环境侵权责任，有力打击电击蚯蚓的生态破坏行为，促进全国各地蚯蚓和土壤生态环境的可持续利用；妥善审理中山市人民检察院诉被告肖某嫦侵权责任纠纷案，判决侵权人按照具有资质的建筑设计院出具的设计方案，承担破坏翠亨红楼的文物修复责任，促进历史文物保护和美丽乡村建设；妥善化解金华市绿色生态文化服务中心诉中山联合鸿兴造纸有限公司环境污染责任纠纷案，耐心组织双方达成调解，促进环境公益诉讼案件多元化解决。

（四）环境资源司法审判宣传情况

珠海法院加大环境公益诉讼司法公开和宣传力度，推进环境资源审判案件网上直播，人民陪审员参与案件审理，对有重大影响的案件邀请人大代表、政协委员、社会公众等旁听庭审，对带有普遍性、典型性的环境公益诉讼案件实行巡回审判、就地调解，提升环境资源审判的公开性和公信力。珠海中院环境资源合议庭多次牵头组织"环境保护送法下乡"专题宣传活动，送法下基层、下企业，为村民、企业送去了《环境保护法》相关法律、案例等普法书籍，回答关于环境维权诉讼的提问，让其有机会接触和学习环保类法律知识，更好地认识公益诉讼制度，今后能更好地保护环境、维护生态，为珠海市生态文明建设营造良好氛围。2022年6月5日，珠海中院发布"珠海法院环境资源司法保护十大典型案例",通过介绍基本案情,提点裁判结果,提炼典型意义,阐释人民法院对破坏生态环境案件的法律适用和政策把握标准。一方面,指导环境资源案件审理,引导相关审判业务疑难问题广泛研究;另一方面,向社会公众宣传环保相关法律规定,对环境侵权行为进行警示教育,形成环保行为规范。

二 环境资源审判实践中发现的问题

(一)环境资源审判需要专门化的审判理念

《环境保护法》第5条确立了"保护优先、预防为主、综合治理、公众参与、损害担责"的环保原则。与传统侵权类案件不同,环境资源审判需要树立"保护优先、注重预防和修复"的审判理念,树立事前预防和事后恢复的绿色司法理念,追究生态环境加害人的法律责任的同时,也要考虑加害人承担环境修复责任的现实性。

首先,《最高人民法院关于审理环境民事公益诉讼案件适用法律若干问题的解释》(以下简称《解释》)第18条规定①,环境侵权损害后果包括实际已经造成的损害,亦包括尚未造成实际损害但构成足够的危险或妨碍状态。审判实践中越来越多的社会组织从事预防性环境公益诉讼,而预防性公益诉讼往往没有证据证明发生了实际损害结果,难以认定侵权事实,目前对于如何认定"具有损害社会公共利益重大风险的行为"并没有明确的操作规则。

其次,环境侵权一旦被裁判认定,虽然违法者个人受到了法律的惩处,但往往无力承担修复受损环境的责任,生态环境问题依然存在,而且长时间

---

① 《最高人民法院关于审理环境民事公益诉讼案件适用法律若干问题的解释》第18条规定:对污染环境、破坏生态,已经损害社会公共利益或者具有损害社会公共利益重大风险的行为,原告可以请求被告承担停止侵害、排除妨碍、消除危险、恢复原状、赔偿损失、赔礼道歉等民事责任。

得不到解决。在违法者个人能力明显难以修复破坏的生态环境或承担替代性赔偿时，如何裁判可以取得更好的司法效果是审判工作的难点。

（二）环境资源审判案件损害结果认定难

由于环境侵权行为常具有连续性、反复性、跨区域性，通常要通过很大的空间和长时间的累积并经多重复合效应损害才可能发生并显现出来，具有积累性、潜伏性、滞后性和不确定性，损害结果往往难以认定。

环境污染民事案件通常涉及污染物认定、直接损失和期间功能损失评估、因果关系认定等专业性问题，需要由司法鉴定机构出具鉴定意见。但是目前环境资源损害鉴定机构较少①，生态环境损害鉴定评估技术标准缺乏、鉴定方法不规范，鉴定费用高昂。

（三）环境资源审判需要专业知识辅助

环境侵权责任纠纷案件涉及很多技术性、专业性问题，法官不一定清楚案件事实中的专业技术性问题，需要具备相关知识的专业人员帮助法官对鉴定意见或者污染物认定、损失评估、因果关系等提出意见，帮助法官居中裁判和正确认定事实。

（四）环境民事公益诉讼案件需要职权式审判

1. 举证责任

首先，《解释》第 8 条规定，环境民事公益诉讼案件原告只需提交"被告的行为已经损害社会公共利益或者具有损害社会公共利益重大风险的初步证明材料"。上述规定显然降低了原告的举证责任。审判实践中，社会组织提起的环境民事公益诉讼证据往往十分薄弱，几乎没有证明生态环境受损事实存在及大小的直接证据，特别是对于预防性环境民事公益诉讼而言，社会

---

① 生态环境部先后公布了三批生态环境损害鉴定评估推荐机构名录，在上述名录中的鉴定评估机构数量仅数十家，广东省内的鉴定机构仅两家。

组织作为原告提供的证据常常仅为论述物种在生态系统中的重要作用的理论研究文章。其次，《解释》第 14 条规定："对于审理环境民事公益诉讼案件需要的证据，人民法院认为必要的，应当调查收集。对于应当由原告承担举证责任且为维护社会公共利益所必要的专门性问题，人民法院可以委托具备资格的鉴定人进行鉴定。"因此，此类案件中法官常常需要主动依职权查明生态环境破坏的事实、因果关系、证据收集等，法院职权性较强，与传统侵权民事案件审理中法院的职能地位略有不同，增大了法院依职权的查证义务。

2. 合理费用

《解释》第 22 条规定："原告请求被告承担检验、鉴定费用，合理的律师费以及为诉讼支出的其他合理费用的，人民法院可以依法予以支持。"一般环境民事公益诉讼都将产生高额的律师费、鉴定费用等，有的案件鉴定费用甚至与最终的赔偿金额相当，还有的案件中律师费用按照最终赔偿金额的比例计算。环境民事公益诉讼中的鉴定费用谁来预交，如何确定上述"合理"标准，都需要法官依职权判断，均属于审判实践中未能统一的难点。

（五）社会组织提起环境民事公益诉讼需要防范诉讼风险

《解释》第 34 条规定，社会组织不得通过环境民事公益诉讼违法收受财物谋取经济利益。部分社会组织提起的环境民事公益诉讼案件以调解方式结案，如何审查调解协议的合法性成为法院审判工作的重点和难点，司法实践中如何联合行政机关审查赔偿数额的合理性，审查调解协议中社会组织必要费用的合理性，相关步骤还有待进一步完善。

（六）环境民事公益诉讼需积极与检察机关、行政机关协调

《解释》第 11 条规定："检察机关、负有环境保护监督管理职责的部门及其他机关、社会组织、企业事业单位依据民事诉讼法第十五条的规定，可以通过提供法律咨询、提交书面意见、协助调查取证等方式支持社会组织依

法提起环境民事公益诉讼。"司法实践中，还需进一步探索，更好地调动检察机关、政府行政部门参与环境民事公益诉讼的积极性，保障案件审判质量，更好地发挥环境资源审判联防联治的法律效果。

综上，环境资源案件诉讼成本高、诉讼期限长、审理难度大，具有专业性强的特点，还可能存在同一事实中民事、行政、刑事问题交织在一起的情形，为保障环境资源案件审理的高效和质量，除了推行环境资源案件审判机构和人员专业化，建立相应审判机制和配套协作制度必不可少。

三　展望——环境资源审判机制的构建

推进环境资源审判专业化，必须加强环境资源审判机制探索。我国环境资源审判专业化建设还处于起步阶段，突出问题在于符合环境资源审判特点和规律的专业化审判运行机制还未真正建立，一定程度上影响了人民法院在促进生态文明建设和环境资源保护中司法职能作用的有效发挥。因此，珠海法院将立足区域经济社会发展、生态环境保护需要以及案件数量、类型特点等实际情况，结合司法审判实践，重视加强环境资源审判机制专业化探索，推动建立更加科学完善的环境资源审判机制和审判模式[①]。

（一）先民后刑，创新环境资源案件审理路径

污染环境犯罪刑事案件较之普通刑事案件，除了实现惩罚犯罪的目的外，还需关注后续生态修复问题。在案件审理过程中，应将平衡把握惩治犯罪和生态修复作为需要考量的重要问题，既要避免判决实刑后司法令状无法履行的问题，也要避免为了生态修复而不当减轻刑罚的情况出现。例如，针对同时具有民事违法和刑事犯罪双重属性的环境资源案件，湖州中院在审判实践中探索"先民后刑"审理机制，先行审理案件民事公益诉讼部分，惩罚与修复并重，不仅有助于优化公益诉讼的履行效果，也有助于建立刑事制

---

① 骆锦勇：《推进环境资源审判专门化》，《人民法院报》2017年3月5日，第2版。

裁、民事赔偿与生态补偿有机衔接的环境修复责任制度，起到降低环境治理成本、提高生态修复实效的双重作用①。

（二）设立专家陪审员、技术调查官，创新环境资源案件专家辅助制度

环境民事公益诉讼的疑难问题在于损害结果是否存在，侵权行为与损害结果之间是否存在因果关系，以及损害结果的量化即修复费用的多少，上述问题的关键在于鉴定。关于损害数额的鉴定，在实际审理中存在两种情况：一种是无法鉴定②，一种是可以鉴定，但鉴定方法多样，如何确定鉴定报告的合理性与准确性存疑。除上述问题外，审理案件过程中，审判人员在个案中往往遇到生态环境保护领域的专业性问题。

面对上述状况，结合环境民事公益诉讼审判程序中人民陪审员多达4名的情况，应优先选择有环境资源专业知识的陪审员参与审理，探索专家陪审员制度，遴选、聘任高级工程师、环保部门技术人员、大学教授等专业人员担任人民陪审员，充分发挥人民陪审员制度优势，为审判提供专业意见。要建立专属专家咨询委员会，拓宽专家辅助人员参加诉讼渠道，助力环境资源案件高质量审理。还可以加强与高校的互动，明确环境法律专业人才培养的要求和目标，从人才储备上打好基础。

---

① 马俊俊、沈倩颖：《探索生态修复先行 提高环境治理效果——浙江湖州两级法院利用环资审判守护大运河碧水长流》，《人民法院报》2021年3月15日，第3版。例如，在浙江某环保科技有限公司土壤污染案中，湖州中院先行审理检察机关提起的环境民事公益诉讼案件，被告当庭与公益诉讼起诉人达成调解并在当天履行，在后续的刑事案件中，法院在量刑上综合了前期公益诉讼案件的履行情况、土壤污染治污效果及当事人的承受能力，酌情从轻处罚。湖州市两级法院将民事公益诉讼中赔偿义务人的生态环境损害赔偿责任履行情况、生态环境修复情况等作为审理刑事案件量刑的参考依据，引导其更积极主动地采取修复措施、履行赔偿义务，达到了较好的生态修复效果，实现了刑罚惩罚与生态修复效果的统一。
② 如在珠海中院审理的某社会环保组织提起的网络平台商铺售卖电击蚯蚓机器案件中，因购买电击蚯蚓机器的买家分布在全国各地，鉴定机构难以取材并准确鉴定土地受损情况，无法鉴定。

（三）一案一总结，创新环境民事公益诉讼案件审判经验累积工作机制

如前所述，生态环境损害公益诉讼案件属于典型的环境侵权案件，是环境资源审判的重中之重。近三年珠海法院审理刑事附带民事公益诉讼案件16件，涉及多种破坏生态环境方式；珠海中院已审结的5件案件亦涉及污染环境、破坏生物多样性等不同方面，在起诉主体、侵权方式、处理结果等方面均不相同。由于环境民事公益诉讼案件数量相对较少，具有专业和新型的特点，珠海中院2021年审理的15件案件，每个案件均遇到不同的疑难问题①。

鉴于生态环境损害公益诉讼案件具有类型纷繁复杂、问题疑难多样等特征，加上法官审判中面临的实际问题，珠海法院将充分发挥公益诉讼案件少而精的优势，建立一案一总结制度，法官在个案中找到处理方法，及时总结并统一裁判尺度，为今后环境资源案件的审理总结裁判标准和审判规则，形成环境资源审判特有的审判理念。

（四）加强司法协作，创新环境资源审判司法协作机制

1. 落实重大疑难复杂案件联席会议制度

生态环境公益诉讼案件涉及公共利益，检察机关作为公益诉讼起诉人，应探索突破私益诉讼的限制，将重大疑难复杂案件联席会议制度贯彻诉讼程序的始终。法院在诉讼前即介入相关案件，指导环保部门或公安机关固定证据，引导检察机关妥善提起诉讼，避免诉讼中出现追加被告、私益诉讼与公益诉讼竞合等程序问题，导致社会公众利益受损。在诉讼中遇到疑难复杂问题，亦可通过召开联席会议，多方力量相互融合，共同助力生态环境资源案

---

① 如在审理某非法开采案件中，对鉴定报告的准确性如何认定；在某社会环保组织提起的诉讼中，对该环保组织是否符合法律规定的起诉条件的认定问题；在审理某破坏文物案件中，在无法鉴定的情况下人民法院应当如何认定损失大小；在审理某倾倒垃圾案件中，环境私益诉讼和公益诉讼同时提起如何处理的问题。

件妥善处理，护卫珠海青山绿水蓝天。

2. 开展跨区域司法协作

鉴于生态环境民事公益诉讼一审案件已跨区域进行集中管辖，法检之间跨区域办案已成为生态环境民事公益诉讼的工作常态。参考深圳市中级人民法院与其集中管辖的五地市检察院签署的《东江流域环境资源司法保护协作备忘录》，建议珠海中院牵头与西江流域管辖生态环境民事公益诉讼一审案件的中院和市检察院签署西江流域生态环境资源司法保护协作文件，就环境民事公益诉讼协作联动机制、风险防控预警机制、诉前会商机制、强制执行机制、生态环境公益基金的构建制定实施意见，形成强大合力，共同促进珠海率先打造建设美丽中国的典范。

（五）强化科技赋能，实现生态环境司法线上保护

构建从前端线索发现到后期修复效果实现、从部门协同到第三方资源整合、从行政职能行使到司法赋能的生态环境司法保护线上一体化平台，是从源头治理生态环境侵权案件，督促环保部门切实履行职能的有效途径，也是落实以生态环境修复为中心的损害救济制度，健全环境资源纠纷多元共治格局的重要手段。

生态环境司法保护线上一体化平台可实现以下功能。一是全流程互通。群众可通过随手拍上传照片与视频，涉及违法犯罪的，由有关部门及时处理。线索发现—处理流程—环境修复全程线上展示，切实让人民群众及各环保执法部门参与到生态环境保护中来，努力打造生态环境保护共建共治共享的治理新格局。二是实现全流程在线协同办案。公检法环等多个部门可在线上共享线索，法检部门可提前介入，为环保执法部门提供咨询或线上调解等服务，在生态环境侵权行为发生之初即得到及时解决，缓解司法资源紧缺困难。同时，线上全流程办案有利于环境资源跨区域集中管辖，减少各部门路途奔波，提升案件处理效率。三是全方位资源整合。逐步整合评估机构、鉴定机构、环资专家等第三方社会力量，实现在线委托申请、签订合同、查看进展等服务，并利用大数据技术形成环资专业的法规库、案例库，切实解决

审判人员在审理环境资源案件中面临的疑难问题，促进环境资源案件快速高效化解。

（六）注重宣传，创新环境资源审判社会效果放大模式

让公众见到正义的实现过程，需要法院在司法过程中发挥法治宣传作用。环境公益诉讼案件具有小而精的特点，因涉及环境公共利益往往受到社会的关注，司法应往前延伸，通过多种途径，加强对社会关注度高、具有示范意义的重大典型案件的公开审判，增强人民群众的环保意识，在全社会营造人人、事事、时时崇尚生态文明的氛围①，从源头上减少生态环境违法犯罪案件。

1. 巡回审判

巡回审判是法院公开审判的形式之一。巡回审判的重要特征是就地办案，方便群众在家门口旁听案件审判，而旁听的过程也是学习法律知识、全面认识司法的过程，贴近性更强，距离感更近，也更直观与生动。在生态环境侵权行为发生较多的自然资源保护区或旅游区设立巡回审判法庭或审判点，使群众能在旁观中学习法律知识，规范自身行为②。

2. 环境资源审判白皮书

珠海中院将适时发布全市环境资源审判情况白皮书，全面展示全市环境资源审判工作情况，展示法院在推动审判制度体系创新和审判能力现代化方面取得的成就，反映当下辖区生态环境侵权案件的特点和动向，就下一阶段如何更好地在司法工作乃至法院与其他机关的协作中发展环境司法理念，提高环境司法保障水平提出针对性意见和建议。

---

① 江必新：《新时代环境资源审判工作的方向与定位》，《中国地质大学学报》（社会科学版）2018年第2期。

② 如三亚中院在"天然氧吧"育才区设立环境资源巡回审判法庭并巡回审理黄某滥伐林木案件，在庭后为群众普及生态环境保护相关法律知识，让更多当地群众了解法律，牢记法律红线不可逾越，从源头上遏制生态环境侵权案件。详见洪光越《环境资源巡回审判法庭 助力三亚生态保护》，《三亚日报》2019年10月29日，第4版。

（七）延伸职能，促进法院不断提升司法对绿色发展理念的保障水平

1.建立生态环境司法修复基地

环境资源审判应当在审判实践中，探索一案一修复的个性化修复方案和"恢复性司法实践+社会化综合治理"审判执行机制，将环境公益诉讼中的赔偿款项切实用到环境保护中，以一种群众看得到的方式展现环境资源审判成果。生态环境司法修复基地能够提供补植复绿、增殖放流、劳务代偿、野生动物保护等替代性修复的场地，根据需要签订修复工作实施合作协议①。

2.建立生态环境司法保护示范基地

生态环境司法保护示范基地选取具有示范效应的自然保护区、风景名胜区、古文化遗址等，树立基地标志牌，建设富有特色的生态宣传展示室、橱窗、廊道或宣传设施，以生动、直观的形式展示美好生态环境②。

3.建立生态环境保护司法实践基地

生态环境司法实践基地借助基地特有的环卫教育开展法治宣传，或设立巡回审判庭室和法律咨询室。例如，南太湖法院在某科技公司设立生态环境司法保护实践基地，邀请中小学生走进垃圾分类教育基地，学习环保和环境司法相关知识。

---

① 如湖州市老虎潭水库修复基地集生态司法修复、法治宣传、警示教育等功能为一体，主要针对破坏环境资源刑事案件、生态环境民事和公益诉讼案件、生态环境损害赔偿诉讼案件，通过责令负有生态环境修复义务的当事人从事劳动，或在无法修复被破坏的生态环境和自然资源时，由其缴纳生态环境修复费用，以"增殖放流""补植复绿"等方式，修复受损生态环境，从而达到生态环境"异地修复、恢复生态、总体平衡"的司法修复效果。

② 如长兴仙山湖生态环境司法保护示范基地，在示范基地展览橱窗发布典型案例，为群众提供涉农业、邻里权益、湿地保护等法律咨询，加强环境资源治理的警示教育，提高社会公众对环境资源保护的重视程度和参与意识，从根源上预防和遏制破坏生态环境案件的发生。

B.9
香洲法院涉银行金融商事审判的
实践探索

珠海市香洲区人民法院课题组 *

摘 要: 珠海市香洲区人民法院坚持守正创新,立足司法实践。本文以近
年受理的涉银行金融商事案件为样本,全面梳理当前涉银行金融
审判特点,系统性地深挖问题与归因,努力开拓审执工作思路,
打造金融审判专业团队、优化执行力量配置、相对固化金融类案
审判模式、全面推进金融审执智慧化及"一站式"金融多元解
纷机制建设,努力提高金融审执司法保障能力,延伸司法职能,
积极引导银行规范诉讼行为,充分发挥司法在化解矛盾纠纷、防
范化解重大金融风险、推进协同治理中的重要作用。

关键词: 金融案件 类案审判模式 纠纷化解 协同治理

习近平总书记指出,金融是国家重要的核心竞争力,金融安全是国家安
全的重要组成部分[1]。规范金融秩序,防范金融风险,维护金融安全,不仅
是今后一个时期国家金融改革发展的主要任务,也是人民法院为推进金融改
革提供司法保障的重要工作。

---

* 课题组负责人:黄伟锋,珠海市香洲区人民法院党组书记、院长、三级高级法官;游永威,
珠海市香洲区人民法院党组成员、副院长、四级高级法官。课题组成员及执笔人:崔少俊,
珠海市香洲区人民法院法庭庭长、一级法官;刁梅,珠海市香洲区人民法院法庭副庭长、
一级法官;练中青,珠海市香洲区人民法院法官助理;李宇欣,珠海市香洲区人民法院一
级科员。

[1] 详见习近平 2017 年 7 月 14 日至 15 日在全国金融工作会议上的讲话。

粤港澳大湾区作为全球经济发展最迅速的区域之一，集聚了众多金融机构和小贷公司，仅珠海市以银行为代表的金融机构就多达 63 家。香洲区系珠海市金融中心及绝大部分金融机构的注册地或主要办事机构所在地。珠海市香洲区人民法院（以下简称"香洲法院"）承担了全市 90%以上涉银行金融商事案件的审判工作。

随着金融交易和创新活动愈发活跃，金融市场的司法需求也日渐增多，为应对金融商事案件暴发式增长问题，香洲法院在南湾法庭设立了全市首个金融审判专业团队，开始金融审判组织专业化的主动探索，在实践中总结积累经验，着力打造金融审判"香洲"品牌。近年来，香洲法院充分发挥金融审判延伸职能，主动搭平台、建机制，积极引导商业银行规范诉讼行为，联合金融监管机构及各大银行建立对接工作机制，与多家调解组织协同推进诉调对接和多元解纷机制建设，精准发力，有效防范化解金融风险，为粤港澳大湾区经济健康蓬勃发展提供有力的司法服务和保障。

一 香洲法院涉银行金融纠纷案件的基本特点

2017 年 3 月，香洲法院在南湾法庭设立了全市首个金融审判专业团队，依托金融审判组织的专业化发展，集中审理涉银行金融商事案件，以提高金融案件的审判效率、统一金融案件的裁判标准，提升金融司法的权威和公信力。2017 年至 2022 年共受理涉银行金融诉讼案件 33711 件，占全部民商事案件的 32.69%，收案量呈快速增长态势。其中，2018 年受理案件数量较 2017 年上升 59.70%，2019 年受理案件数量较 2018 年上升 52.11%，2020 年收案数量较 2019 年上升 62.93%，2021 年受理案件数较 2020 年上升 6.88%，2022 年受诉源治理及疫情防控等影响，受理的案件数较 2021 年下降 11.94%（见图 1）。金融审判团队法官人均结案数由 2017 年的 471 件增至 2022 年的 1773 件（见图 2）。

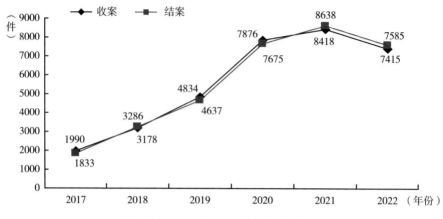

图1　涉银行金融诉讼案件收结案增长情况

数据来源：珠海市香洲区人民法院。

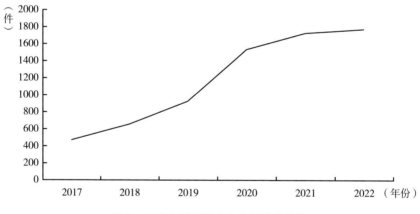

图2　金融审判团队法官人均结案件数

数据来源：珠海市香洲区人民法院。

（一）案件类型相对集中，衍生案件增长快

涉银行金融案件中数量居前列的案件类型为信用卡纠纷、金融借款合同纠纷。2017年至2022年，香洲法院共受理信用卡纠纷案件20061件，约占涉银行金融纠纷案件的59.51%；金融借款合同纠纷案件13528件（其中信用贷款案件9850件），约占涉银行金融纠纷案件的40.13%，其他类型案件

122 件（主要包括借记卡纠纷、储蓄合同纠纷、金融债权转让纠纷、储蓄存款合同纠纷及涉金融机构侵权纠纷等），只占涉银行金融纠纷案件的 0.36%（见图 3）。

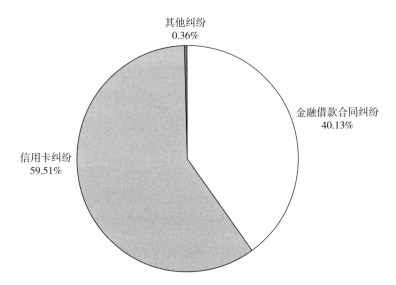

图 3　2017 年至 2022 年金融商事案件类型收案占比情况

数据来源：珠海市香洲区人民法院。

近年来，保险公司为银行和借款人的贷款提供保证保险的交易模式增长迅速，在借款人逾期不能还款时保险公司代为向银行清偿，之后再向借款人追偿。2017 年至 2022 年，香洲法院共受理保证保险合同纠纷 3162 件，其中仅 2021 年至 2022 年就受理 2066 件，占比 65.34%。

（二）起诉主体多为国有商业银行，系列案比例大

香洲法院受理的涉银行金融商事案件中，以国有商业银行居多。以 2022 年为例，工、农、中、建四大国有商业银行作为起诉主体的案件共 3400 件，占涉银行金融商事案件的 45.85%（见图 4）。此外，在 2022 年受理的涉银行金融商事案件中约有 730 批次 6435 起案件为银行批量提起诉讼的系列案。

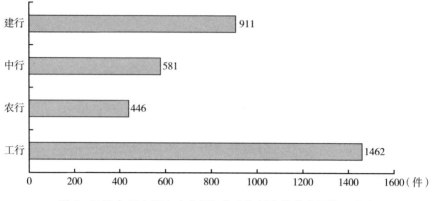

图 4　2022 年四大国有商业银行作为起诉主体的案件情况统计

数据来源：珠海市香洲区人民法院。

（三）违约主体以中青年和外地户籍的个人为主

香洲区法院受理的涉银行金融商事案件，被诉主体从年龄段来看，以中青年为主；从区域来看，以外地户籍人员为主。以 2022 年为例，被诉主体中 30 岁至 50 岁人员占比 70%，外地户籍人员占比 95%，排名前三地区为广东（珠海市户籍为 5%、广东其他市县户籍为 80.47%）、湖南（8.87%）和广西（5.66%）。以上数据反映了现代社会的普遍问题：中青年人往往承受家庭生活负担较重、流动资金紧缺，导致逾期还款的概率较其他年龄段的人群更高；外地户籍人员流动性大，不少人为了躲债经常更换手机号码和住所，给银行追讨债务带来较大困扰。

（四）案件标的额偏小但简易程序适用率低

2017 年至 2022 年，香洲法院受理涉银行金融商事案件立案标的额在五万元以下的案件共 13748 件，占涉银行金融商事案件的 40.78%。其中，以信用卡及小额贷款纠纷为主。上述案件中，约定的资金用途多为购车、装修、旅游、经商、奢侈品消费等。由于涉银行金融商事案件公告送达比例较高等，简易程序适用比例偏低。2017 年至 2022 年审结的涉银行金融案件中，适用简易程序的案件 9743 件，约占 28.95%，其中小额程序 2403 件，适用比例 7.14%，普通程序的适用比例约为 71.05%。

（五）案件违约成本较高

在信用卡纠纷和金融信用借款合同纠纷中，合同约定的因违约需承担的费用名目繁多，包括罚息、违约金、手续费、迟延履行金、律师费等等，息费总额年化利率超过 24%，甚至超过 36% 的现象普遍存在。2017 年至 2022 年，香洲法院共受理金融信用贷款及信用卡纠纷案件 29911 件，其中合同约定违约成本超过年化利率 24% 的案件占比 66.04%。

（六）预期违约诉讼案件有所增加，标的额大

近年的疫情对社会经济产生的影响仍然存在，有的银行未全面落实纾解企业困难、保障基本民生的政策，对轻微异常情况不能个性化对待，动辄提起诉讼要求解除借款合同、偿清全部欠款，给个体工商户、民营企业特别是中小微企业造成经营困扰。比如，担保人涉及其他诉讼、产生不良征信记录时，银行因担心债权无法实现，为取得财产的首封权，即使借款人不存在逾期还款等违约行为情况，仍以违约为由提起诉讼。甚至出现借款人违约情形轻微，事后短期内偿还逾期欠款仍被起诉要求全额还款等情形。2022 年此类案件新收案 4 件，涉案金额达 2.1 亿元。

（七）刑民交叉案件呈现多元特性

1. 案件审判复杂化、涉众特征明显

涉银行金融商事案件刑民事实及法律关系交织、错综复杂，涉案主体多，标的额大，审判周期长。以某银行被诉侵权 10 件系列案为例，所涉 312 名刑事被害人，涉案金额高达 2113.85 万元，案件分别历经刑事初审、终审、民事初审、终审、再审多重审判程序，审判周期历时超过五年。

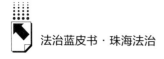

2.违法行为呈现隐蔽特性

金融领域犯罪影响面广,犯罪手段呈网络化、专业化发展,较前更具隐蔽性。犯罪分子通常与实际用款人内外勾结、违规放贷,或通过暴利引诱、短期兑付、宣传造势等方式迷惑群众落入圈套。常见的刑事犯罪以非法吸收公众存款、贷款诈骗、信用卡诈骗等为主。以香洲法院受理的某银行诉刑事被害人金融借款合同纠纷 33 件系列案为例,犯罪分子冒充银行工作人员,以虚构事实、隐瞒真相的方式,骗取刑事被害人银行卡信息资料,进而通过操作网银、冒用刑事被害人的银行卡,骗取刑事被害人贷款账户内资金。而在案例中,刑事被告人内外勾结,以承诺高额回报为诱饵,并利用银行工作人员身份在银行营业场所宣传理财产品对外贸易的盈利能力、发展前景,违规向他人推介未经银行、证券监管部门授权及许可的理财产品,非法吸收公众存款。

二 涉银行金融案件存在的问题与归因

(一)送达难,审理周期长

长期以来,"邮寄送达"是法院案件送达的主要方式,邮寄送达本就耗时较长,签收程序不规范,为确保送达的有效性,有时不得不反复邮寄。加上涉银行金融商事案件所涉被告人数众多,住所地分散、偏远,留存地址不详、迁移,甚至故意隐匿,进一步降低了送达效率。绝大部分涉银行金融商事案件在穷尽其他送达方式后只能采取公告送达,大量审判时间消耗在送达部分,降低了审判效率,客观上延长了审理周期。加上电子送达的接受程度不高,普及性不够,效用发挥不及预期。2017 年至 2022 年,香洲法院审结的涉银行金融商事案件中对被告方采取的有效送达方式,有 30.7% 为邮寄送达,有 68% 为公告送达,电子送达适用率仅为 1.3%,平均审理期限为92 日。

（二）调解、撤诉难

涉银行金融商事案件多因借款人无偿还能力或逃避债务致使银行的债权得不到实现，偿还能力的缺失、借款人的缺席，降低了银行的调撤意愿，也导致法院推进调解工作举步维艰。另外，银行内部审批流程烦琐、息费减免政策缺失、调解方案"一刀切"等因素，进一步增大了法院调解工作的难度，导致金融商事案件调解、撤诉比例一直偏低。2017 年至 2022 年香洲法院审结金融案件 33654 件，调解结案 2523 件，调解率为 7.5%；撤诉结案 1986 件，撤诉率 5.90%；调解加撤诉率（以下简称"调撤率"）13.40%，低于全院民事案件调撤率。其中，2022 年调撤结案 1381 件，调撤率 18.21%（已是近五年最高比例），但与全部民商事案件相比，仍低 11.79 个百分点（见表 1）。

表 1 涉银行金融商事案件调撤结案情况

单位：件，%

年度	结案件数	调解结案数	调解率	撤诉结案数	撤诉率	调撤率
2017	1833	57	3.11	133	7.26	10.37
2018	3286	106	3.23	239	7.27	10.50
2019	4637	188	4.05	290	6.25	10.30
2020	7675	363	4.73	422	5.50	10.23
2021	8638	785	9.09	545	6.31	15.40
2022	7585	1024	13.50	357	4.71	18.21
合计	33654	2523	7.50	1986	5.90	13.40

数据来源：珠海市香洲区人民法院。

（三）电子证据规范难

传统金融行业与互联网、移动通信技术深度融合，催生了互联网金融蓬勃发展，互联网金融纠纷也日益增多。近三年，香洲法院受理的涉银行互联网金融商事案件约占涉银行金融商事案件总数的 20%，使得电子证据的运用比例有所提升。但电子证据本身对存储要求高，银行常常因业务系统设计不完善、内部人员操作不当等，导致数据保存不规范、不全面、不及时，存在被灭失、转移和删除等风险。比如，香洲法院受理的某信用卡纠纷一案[1]，案涉银行因财务核销等致使系统内交易明细及账单显示停息挂账，银行主张的欠款金额超出了上述电子证据显示的金额，案涉银行被判败诉。此外，对于电子证据，银行倾向于将其书面化，如打印书面化、认证书面化，虽然举证方便，有利于提升庭审效率，但其真实性、关联性难以保证，亦存在举证不被采信的风险。

（四）债权实现难

涉银行金融商事案件通常案件事实清楚、证据充分，银行的诉讼请求基本能够得到支持。但一些银行片面追求经济利益，对信用资质和偿债能力审查不严、门槛过低，业绩考核、激励机制不科学、不合理，过于强调发卡量、放贷量的重要性，不合理运营导致债权回收风险放大，债权实现难度增加。社会信用共享体系过于保守，发展相对滞后，导致案件进入执行阶段被执行人难找、可供查控的财产少、主动履行率低等问题突出。例如，机动车等动产，法院常常因无法获知现状及去向，而无法进行有效的实际扣押、控制，导致大量小标的案件无法执行到位。

2017 年至 2022 年，香洲法院共受理涉银行、保险、融资公司、资产管理公司等主体的金融执行案件达 29733 件，其中银行作为执行主体的案件 27179 件，占全部涉金融执行案件的 91.41%，申请执行标的 136.58 亿元，执行到位金额 41.49 亿元，执行到位率仅为 30.38%（见表 2）。金融借款衍生的保证保险案件执行到位率在 2021 年为 45.27%，但在 2022 年仅有 31.93%，同比下降 13.34 个百分点。

---

① 详见（2021）粤 04 民终 2513 号民事判决书。

表 2 涉银行金融商事案件执行情况

年份	立案数（件）	立案标的（元）	诉讼保全数（件）	结案数（件）	执行到位金额（元）	执行标的到位率（%）	执行完毕数（件）	未执行到位数（件）
2017	1598	5657182995	481	1598	1683791978	29.76	267	1331
2018	2705	1251087537	768	2705	384119720	30.70	436	2269
2019	2594	1053270928	999	2594	471028189.3	44.72	540	2054
2020	3613	1649427505	1203	3595	348092300.7	21.10	692	2903
2021	7653	1799750722	1485	6115	747952061	41.56	1101	5014
2022	9016	2247727078	1353	7079	514452423.9	22.89	1048	6031
合计	27179	13658446765	6289	23686	4149436673	30.38	4084	19602

数据来源：珠海市香洲区人民法院。

三 涉银行金融商事审判的创新实践

涉银行金融商事案件的审理，对法官的法律专业素质和综合能力提出了更高的要求。为切实提高涉银行金融商事审判质效和法治保障能力，香洲法院秉持以人民为中心的司法理念，高度重视涉银行金融审判工作，从金融审判工作的现状及特点出发，不断开拓思路，创新理念、多措并举，涉银行金融审判工作逐步进入快车道，形成金融审判"香洲模式"。

（一）打造专业审判团队，提升审判专业化、精细化

金融案件与传统的民商事和刑事案件不同，从审判到执行的各个环节都涉及很多复杂而又专业的问题，衍生案件的增多，更是加大了金融案件的审理难度，需要审判人员具备一定的金融专业知识和相关审判经验才能更精准地认定事实，适用法律。审判组织的专业性决定了金融案件审判结果的公正性，是维护当事人合法权益以及司法公正的重要一环。自 2017 年 3 月组建金融审判团队以来，香洲法院不断优化审判资源配置，推进集约化管理。团队以员额法官为核心，书记员分工协作、紧密配合，构建相对固定的"1+

3"专业化审判团队模式。团队内部制订金融案件审判操作流程规范，确保团队成员各司其职，通力合作，使审判任务按计划保质保量完成。通过团队会议或法官会议等形式统一裁判尺度，维护司法公信力。目前，金融团队成员平均年龄不到30岁，法官本科学历以上的占比为100%。金融团队法官结案数量连年创历史新高，发改率仅为1%，审判质效明显提升。

（二）改革金融审判模式，创新要素式审判

香洲法院采取类案相对固定化审理模式，调整随机分案模式，对同一原告且同一案由的案件，由法官直接对接相关银行，根据案件特点引导银行规范诉讼行为，提高审判效率。对于事实清楚、法律关系明确、当事人争议不大的类案，在立案初期，指引当事人填写固定事实要素、提供证据。庭审时，类案同审。法官结合要素表，以要素式审理方式理清争点、固定事实，在加快审理节奏的同时最大程度避免遗漏要点。庭审结束后，类案同判。以表格的形式统一撰写简易裁判文书，围绕类型化案件的固定要素概括当事人意见、法院认定的理由和依据，只对所认定基本事实及法律关系进行模块化、概括性的论述，不再罗列双方详细诉辩意见、各方提交证据等，实现裁判文书"瘦身"。表格式文书格式规范、结构标准、要素完整，且内容精简、说理清晰，避免了传统文书常见的书写错漏、要素缺失以及结构烦琐、重点模糊等弊端，同时节省办案人员大量文书校对时间和精力。

（三）推进金融审判智慧化建设，促进金融审判"减负增效"

依托大数据、云计算、人工智能等现代科技手段，香洲法院上线全市首个金融智审平台，实现批量立案、排期、送达、庭审全流程网上办理，还具有法律文书一键生成、修复失联当事人信息、AI智能调解等强大功能，有效促进金融纠纷高效、便捷、专业化解决。为化解送达难，香洲法院全面改革金融审判送达方式，由传统的单独、递进式送达升级为集约、同步送达。同时，附以现代化科技手段，在修复了失联当事人手机号码的同时，以短信形式秒速完成送达任务，将电子送达的快捷、精准、低成本优势全面释放。

对于不符合电子送达条件的案件，通过与邮政公司的合作及系统对接，实现系统内"EMS 一键送达"。

金融智审平台的数据采集标签和数据分析功能，可以准确研判金融案件态势及特征，便于法官及时发现风险点，合理调整工作安排，为区域性、行业性、系统性金融风险防范起到预警作用。自 2020 年 6 月正式上线以来，线上个案操作用时大大缩短，送达效率得到很大提高，同时极大精简了工作量，促进金融审判"减负增效"。截至 2022 年，香洲法院运用该平台审结案件 16302 件，涉案金额 31 亿元，电子送达 28007 人次、EMS 一键送达 38281 人次，金融审判质效明显提升。

（四）加强多元解纷机制建设，搭建"一站式"金融解纷平台

香洲法院在涉银行金融纠纷案件中主动融入党委和政府领导的诉源治理机制建设，发挥法院在诉源治理中的参与、推动、规范和保障作用。通过源头预防、非诉挺前、多元解纷、诉调对接、繁简分流、立案速裁的一站式分层递进解纷改革措施的实施，充分释放多元解纷与诉讼服务"1+1＞2"的体系效应，全面推进金融纠纷多元化解机制建设。着力推行调解前置，建立"多元调解+立案速裁"前端分流机制，促使部分金融商事案件在诉讼外或立案后尽快得以化解。先后与香洲区南屏镇司法所、珠海市金融纠纷调解委员会、珠海市银行业纠纷人民调解委员会和彩虹调解服务中心建立诉调对接机制。充分发挥行业协会、调解组织等机构的专业优势，努力从源头上防范和化解金融纠纷。2017 年至 2022 年，上述调解组织和调解员共成功调解涉银行金融纠纷 3255 件，切实保障了各方当事人的合法权益。

（五）积极延伸审判职能，助力金融业健康发展

近年来，香洲法院与金融监管机构、珠海市银行协会、珠海市金融消费权益保护联合会、各大商业银行等单位建立了长期稳定的对接工作机制，引导各银行多元化解纠纷，拓宽纠纷解决途径，规范诉讼行为，对于审判中发

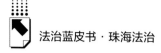

现的普遍性问题积极提出建议，协同防范金融风险。2017 年至今，香洲法院共向银行机构发送司法建议 8 份，举办或参加各类金融审判联席会、研讨会和专题讲座共 39 场次，多次获得有关单位赠送锦旗和牌匾。

（六）优化司法机关执行力量配置，做好执行信息公开与查询工作

长期以来，执行工作中存在的突出问题是申请执行人对执行进程参与度不足，无法及时提供财产线索，难以充分了解财产的现状和去向。近年来，香洲法院建立以财产为核心的繁简分流、分段集约执行模式，以财产查询、财产甄别、财产控制、财产处置、财产交割为流程节点，分配执行力量，下一步将在工作中进一步优化执行力量配置。2020 年香洲法院上线智慧执行系统，已将上述执行流程节点纳入信息化系统，显著提升了工作质效。在今后的执行过程中，可通过智慧之星系统建立个案专属执行信息查询渠道和界面，将执行信息向金融机构等申请执行人公开，为申请执行人提供财产执行查询公开界面，实时反馈执行进展，提升执行工作的公信力。

四 对银行及相关监管机构的建议

上述工作机制固然在涉银行金融商事案件的纠纷化解中发挥了一定效用，但金融风险化解防范是一个系统工程，仅依靠司法审判"单打独斗"具有一定局限性，调解难、债权实现难等问题在短期内无法根本解决。为使金融纠纷处置难题得到根治，提高社会综合治理能力，助力金融业高质量发展，还须银行及相关监管机构参与共治，形成合力。

（一）加强信用共享体系建设，树立共享意识

数据是信用体系建立的前提，是银行制胜的核心"资产"和竞争力，也是金融安全的保障，银行并不会轻易共享。但传统银行数据主要来源于交易过程中的收集，类型单一、数据量不足，导致银行的贷款审核多停留在个人信用记录和还款能力等静态信息上，不足以准确判断风险，信用评价体系效

用发挥不全面，间接影响了日后银行债权回收。只有通过数据整合，才能使数据价值得到充分释放，不仅有助于银行信用评价体系进一步完善，也为法院破解涉银行金融案件胜诉易、兑现难窘境打下坚实基础。优化数据归集。建议在市辖范围内整合中国人民银行征信记录、商业银行开户信息记录、工商营业信息、税务信息、房地产权备案信息、交管车辆备案信息、法院失信名单等各类信用信息资源，创建公用信用信息数据库，实现信息及时、定时共享、交换、更新和修复，以便于银行监管部门综合判断个人信用状况、还款能力等特征，合理确定个人金融产品可申请额度（总额上限），杜绝信用卡滥发和过度授信等问题，降低银行风控成本。同时，亦便于法院做好各项财产的查控、扣押工作。

（二）完善银行内控管理和考核机制、强化机制建设，增强内控实效

银行要切实增强合法合规经营意识，严禁以金融创新之名，行逃避监管之实。加强内控机制建设，及时修订完善规章制度；加强流程制约，严格规范审核、发放、监管一系列程序规则；完善合同文本，确保内容明确具体。做实做细合规审查，杜绝经营失范导致的法律风险。特别是在开展信贷和信用卡业务时，应针对重点群体的年龄、学历、职业、收入状况和还款能力等因素综合考量，常态跟踪、抽查，着重核实大额消费、现金分期交易去向，严控信用卡信贷资金流入股市、房地产等领域。关注员工培育，筑牢内控基础。银行往往通过多种方法加强对目标用户群的贷款控制，而轻视对内部工作人员信用规范的审查与培训。近三年，香洲法院审理的刑民交叉涉银行金融商事案件中，因内部人员管理过错、风控措施不到位被判定银行承担民事过错责任的比例为99%。亟须在员工的安全防范意识上"做文章"，加大从业人员职业道德和法律知识培训力度，引导广大员工把握基本定位，增强底线思维，全面规范自身行为，将员工行为守则中的禁止性规定和罚则中的违规行为作为不可触碰的红线，切实防范业务风险、信用风险、诉讼风险、违法犯罪风险。完善业绩考核，提升内控水平。多种银行风险发生的根本原因是银行追求信用卡、小额信用贷款等金融产品带来的高额经济利益，而放松

了对金融风险的防控，以放贷、发卡量作为唯一或主要业绩考核因素，资金贷出只重视规模而忽略了质量，使得员工更多地专注于业务摊派和指标绩效。银行追求经济效益无可厚非，但保证银行债权有效回收才是长期健康发展的关键。除了数量，贷款质量更能代表员工的履职状况。银行可根据对员工的考察，建立内部人才储备库，进一步开放人才培养和晋升通道，促进金融专业人才的价值发挥。此举不仅有利于员工专业化建设，而且能够有效提升放贷资产回收的安全性。

（三）加大银行对实体经济的支持力度

建设现代化经济体系，必须把发展经济的着力点放在实体经济上。为此，要进一步加强金融服务实体经济理念，把提高供给体系质量作为主攻方向。适当提高不良贷款容忍度。商业银行在做好自身发展的同时应高度重视并积极践行肩负的社会责任，始终把支持经济领域及民生领域薄弱环节作为履行社会责任的重点，公平设定合同双方的权利义务，积极服务企业，特别是要扩大对民营企业、中小微企业的有效金融供给。积极贯彻国家减费让利、降低实体经济融资成本的相关政策，适当提高不良贷款容忍度。畅通沟通协调机制。商业银行要不断优化风险管理，在守住风险底线的前提下，对于出现短期资金困难但有经营前景的企业，主动了解企业融资需求及项目发展前景，调整合理的授信方案，帮助企业渡过难关，避免仅因债务人一期利息未付或者其他担保充足的情况下即起诉要求提前收回全部贷款等行为。

（四）加强金融消费风险提示和防范宣传

金融消费者无法像实体商品消费一样，通过外观确定金融商品的品质，也无法凭借一般常识对金融商品作出准确的理解与判断，只能依赖金融服务者提供的交易信息[①]。强调披露充分。金融机构须对包括金融投资商品本身

---

① 参见王伟《我国金融服务者缔约说明义务之立法完善》，《甘肃政法学院学报》2016 年第5 期。

的性质、结构与风险等在内的，可能会导致金融消费者损失的事项进行披露，避免过度或夸大宣传。其具体内容可以包括销售者或其他人的业务或财务状况的变化以及法律政策的变化等，可能导致本金损失的风险，以及明确息费的收取标准、违约后果，减少催收过程中的息费信息模糊、计收不合理现象，保障金融消费者的知情权。突出适合性原则。大力宣传"买者自负"交易原则，引导投资者选择与其自身认知水平和风险承受能力相匹配的金融产品。警惕高息揽储、过度消费行为，倡导正确投资和适度消费的理念。丰富宣传方式和内容。统筹传统媒体和新媒体，可以通过官方微博、微信等媒体，精准把握"时、度、效"，发布重大会议精神、推送宣传金融常识及法律法规。也可以通过邀请专业人员开展专题培训等传统方式，推动教育宣传工作的常态化、多样化。切实提高广大人民群众识别、防范非法金融活动及金融消费风险防控能力。

（五）完善电子、邮寄送达条款内容

送达难问题已经成为制约金融案件审判效率的最大瓶颈。《最高人民法院关于进一步推进案件繁简分流优化司法资源配置的若干意见》第3条规定，当事人在纠纷发生之前约定送达地址的，人民法院可以将该地址作为送达诉讼文书的确认地址。银行机构应坚守金融为民、践行责任担当，充分发挥现代化科技在金融业务送达领域的积极作用，降低诉讼成本、减少群众诉累。完善合同送达条款内容（包括线上及线下送达）。在保障合同相对方选择权和知情权的前提下，引导合同相对方签署送达地址条款，明确该地址可以用于接收诉讼文书，提醒签署人送达地址发生变更时，应当及时与金融机构联系并办理变更手续。如本级银行无法修改合同文本的，也可考虑另行签订补充协议或送达地址确认书，在补充协议或送达地址确认书中约定上述内容，由合同相对方在补充协议或送达地址确认书上签字确认。

（六）规范电子数据，防范交易风险

电子数据在安全性等方面有自身特性，存在易被伪造、篡改、损毁等问

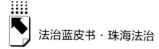

题。因此，银行还须在数据安全防范上多"下功夫"。首先，应增设计算机专业岗位，增加信息人才储备。其次，各金融机构应当制定电子数据取证规范，并组织员工培训学习。避免取证失范，导致电子证据不被法院采信的后果。最后，加强互联网、云计算、区块链、人工智能等新技术在银行、保险证券、信托等领域的运用。金融机构应加强涉互联网金融产品和经营行为的管理，强化网贷监管监控，严格审查格式合同的条款内容，完善电子合同的签订流程和电子证据的留存，引入有资质的第三方服务机构提供电子签名认证、电子数据固定、保存等服务，并在电子合同形成时进行提取和储存，以确保电子签名和电子合同等证据在信息传递过程中的完整性和准确性①。

（七）积极推进金融纠纷多元解决机制建设

制度是推动建立长效纠纷调解机制的根本保障。银行内部可制订金融纠纷多元化解工作实施细则，从优化工作流程、细化协同机制、强化消费者权益保护等方面，全方位为金融纠纷高质效调解保驾护航，深入贯彻落实最高人民法院、中国人民银行、中国银行保险监督管理委员《关于全面推进金融纠纷多元化解机制建设的意见》，打通金融纠纷解决"最后一公里"。加大诉调对接力度。充分发挥金融行业协会、金融消费权益保护协会和专业调解组织对金融纠纷化解的促进作用，专人负责协调对接工作，择优选拔、持续选送优秀调解人员，配齐配强专业调解力量。推进非司法处置力度，整合调解资源，充分发挥仲裁、公证等机构化解金融纠纷的作用。

---

① 参见孟丹阳、彦君、周峰《电子化材料真实性审查规则的构建——以审查认定的层次化分析为视角》，《审判体系和审判能力现代化与行政法律适用问题研究——全国法院第32届学术讨论会获奖论文集（下）》，第1169页。

B.10
检察公益诉讼助力"无废城市"
建设的实践与思考

珠海市金湾区人民检察院课题组*

摘　要： 建设"无废城市"是深入贯彻落实习近平生态文明思想、建设美丽中国、推动实现经济社会高质量发展的重要举措。"无废城市"建设需要政府、企业、个人等众多主体共同参与，各地在试点实践中探索了许多行之有效的举措，但在战略规划、顶层设计和管理体制运行方面暴露了诸多现实问题。珠海市金湾区人民检察院在探索公益诉讼助力"无废城市"建设中，坚持协作联动，深化"刑事+公益诉讼"融合；以主动作为，保证责任追究落到实处；以系统推进，全面提升检察监督效能；并通过改革创新，探索推进公益保护不断深化。

关键词： "无废城市"　固体废物　生态环保　检察公益诉讼

一　引言

　　固体废物，是指在生产、生活和其他活动中产生的丧失原有利用价值或者虽未丧失利用价值但被抛弃或者放弃的固态、半固态和置于容器中的气态的物品、物质以及法律、行政法规规定纳入固体废物管理的物品、物质。经

---

　　* 课题组负责人：容海春，珠海市金湾区人民检察院党组副书记、副检察长。课题组成员及执笔人：李军，珠海市金湾区人民检察院第五检察部主任；朱文杰，珠海市金湾区人民检察院第五检察部检察官助理。

无害化加工处理，并且符合强制性国家产品质量标准，不会危害公众健康和生态安全，或者根据固体废物鉴别标准和鉴别程序认定为不属于固体废物的除外①。固体废物包括工业固体废物、建筑垃圾、生活垃圾等，不仅会占用土地资源，造成土地污染，其分解物及渗滤液还会污染江河湖泊及地下水，尤其是危险废物对人类的身体健康和生态环境造成巨大威胁。

"无废城市"是以创新、协调、绿色、开放、共享的新发展理念为引领，通过推动形成绿色发展方式和生活方式，持续推进固体废物源头减量和资源化利用，最大限度减少填埋量，将固体废物对环境的影响降至最低的城市发展模式②。"无废城市"建设是以习近平同志为核心的党中央坚持以人民为中心的发展思想，落实新发展理念，牢牢把握我国生态环境保护工作形势，顺应人民群众对美好生态环境期待作出的重大决策部署。为深入贯彻习近平生态文明思想，加快形成绿色发展方式和生活方式，大力推进固体废物减量化、资源化、无害化，促进城市可持续发展和绿色转型，2022年4月2日，珠海市人民政府印发《珠海市"无废城市"建设试点实施方案（2021~2023年）》，全面开启"无废城市"建设进程。在建设"无废城市"过程中，检察机关可以通过开展检察公益诉讼发挥一定作用。

非法处置固体废物会破坏生态环境，侵害社会公共利益。检察机关是公共利益的代表，《民事诉讼法》《行政诉讼法》明确赋予检察机关对破坏生态环境和资源保护等领域损害公共利益的行为提起公益诉讼的职权，为检察机关更好地发挥公益保护作用提供了法律保障。检察机关在履职过程中发现非法处置固体废物、破坏生态环境的违法行为，可以根据实际情况启动公益诉讼程序，制止违法行为，保护生态环境。

2020年修订的《固体废物污染环境防治法》施行以来，全国检察机关认真贯彻落实，依法履行公益诉讼检察职能，聚焦工业固体废物、生活垃圾污染等突出问题开展监督，有力促进法律实施。2021年1~9月，全国检察

① 《固体废物污染环境防治法》第124条。
② 《国务院办公厅关于印发"无废城市"建设试点工作方案的通知》（国办发〔2018〕128号）。

机关共办理生态环境和资源保护领域公益诉讼案件 65505 件，督促处理各类生活垃圾 23.3 万吨，督促回收和清理生产类固体废物 89.9 万吨，督促清除处理违法堆放的生活垃圾占地面积 2095.6 亩[①]。实践证明，检察机关依法履行公益诉讼检察职能，主动融入固体废物治理制度体系，助力"无废城市"建设具有现实可行性。

二　金湾区检察院公益诉讼助力"无废城市"建设的实践

珠海市金湾区人民检察院（以下简称"金湾区检察院"）始终坚持以人民为中心的发展思想，围绕经济社会发展大局，紧扣最高人民检察院关于市县两级检察机关要实现生态环境领域公益诉讼办案常态化的要求，通过拓宽线索渠道、综合运用检察手段、依法能动履职，针对固体废物处置问题办理了一系列有代表性的案件，有效助推固体废物污染环境防治，是检察公益诉讼助力"无废城市"建设的生动实践。

（一）多措并举，强化内外联动拓宽线索渠道

线索是公益诉讼案件的起点，也是至关重要的基础性工作，这就决定了公益诉讼检察相较于传统的刑事检察更需要发挥主观能动性，积极"找案件"。金湾区检察院充分整合内外部资源，提高线索研判能力，积极拓宽线索渠道。

1.加强内部信息互通

金湾区检察院牢固树立全院"一盘棋"思维，加强公益诉讼部门与刑事、民事、行政、控告申诉、综合业务等部门的信息互通，建立线索移送、反馈机制。各业务部门在办案过程中严格落实"一案双查"要求，将发现

[①] 《依法履行公益诉讼检察职能促进固体废物污染环境防治法深入实施》，最高人民检察院网站，https：//www.spp.gov.cn/spp/xwfbh/wsfbh/202110/t20211018_532415.shtml，最后访问日期：2022 年 11 月 10 日。

的固体废物非法处置污染环境线索通过综合业务部门移送公益诉讼检察部门，公益诉讼检察部门及时对线索进行评估、审查，并将办理情况反馈给业务部门。同时，根据对近年来公益诉讼案件线索的汇总分析，梳理可能涉及固体废物处置污染环境的罪名，由综合业务部门在受理案件过程中进行初筛并将可能涉及公益受损的线索提前通报公益诉讼检察部门，确保无"漏网之鱼"。金湾区检察院办理的邓某某等 54 人非法倾倒固体废物污染环境刑事附带民事公益诉讼一案（以下简称"邓某某等人污染环境案"）就是来源于刑事检察部门移送的线索。

2. 优化外部联动协作

一是加强上下级联动，畅通线索双向移送渠道。2022 年以来，金湾区检察院向上级检察机关移送涉固体废物非法处置线索 1 条，上级检察机关向本院移送相关线索 3 条①。二是优化内外部协作，促进公益保护多元共治。根据最高人民检察院《行政机关专业人员兼任检察官助理工作办法（试行）》通知要求，金湾区检察院聘请了生态环境等部门业务骨干作为特邀检察官助理，双方密切协作，定期交流、分析、研判日常工作中发现的相关线索。通过充分发挥"外脑"作用，利用行政机关工作人员的专业知识和行政执法实践优势辅助司法办案，帮助检察官解决了办案中遇到的专业性问题，拓宽了线索来源。三是依托"两法衔接"平台，完善案件信息共享机制。充分发挥检察机关在"两法衔接"工作中的法律监督职能，重点关注生态环境领域行政执法信息，在不影响刑事案件办理的情况下，及时督促相关行政机关依法履职制止不法行为，避免生态环境损害后果进一步扩大。

3. 注重深度分析研判

一是切换"群众视角"。持续关注市民热线、"两微一端"、新闻媒体报道等，注重从中发现和筛选公益诉讼线索，将社会关注的热点问题转化为公益诉讼案件，切实解决人民群众"急难愁盼"问题，守护美好生活。金湾区检察院办理的督促监管垃圾分类案、督促清理非法倾倒垃圾案等，均来源

---

① 以上数据统计至 2022 年 12 月 31 日。

于群众关心的身边"小事"。二是摒弃"就案办案"思路。在与相关职能部门日常对接中,"跳出案件看案件",敏锐发掘公益诉讼线索。例如,金湾区检察院办理的相关职能部门对机动车维修行业非法处置危险废物等怠于履职一案,就是办案人员在与镇政府工作人员沟通另一起案件时发现的线索,经过摸排、分析研判后成功立案。

(二)因案施策,综合运用检察手段全面守护公益

1. 充分运用行政公益诉讼手段凝聚公益保护合力

检察机关提起公益诉讼是为了有效发挥司法在监督行政、维护公益中的治理效能,推进国家治理体系和治理能力现代化,这就决定了行政公益诉讼是检察公益诉讼的核心,也是金湾区检察院助推"无废城市"建设的重要手段。

固体废物污染防治问题涉及众多职能部门,而行政机关在保护公益中肩负第一顺位的责任,绝大多数固体废物污染环境问题可以依靠行政机关高效、专业的行政手段予以解决。金湾区检察院在理顺各部门职能的基础上,积极履行公益诉讼检察职能,主动加强与生态环境、自然资源等部门的工作衔接配合,借助外力和专业力量,破解办案中遇到的难题,提高办案质量和效率;充分运用政治智慧和法律智慧,用足用好诉前程序,积极推动行政机关主动履职纠错,达到双赢多赢共赢的效果。

一是聚焦问题主动出击。金湾区检察院在履职过程中发现非法处置固体废物等线索,积极主动跟进,找准相应职能部门,积极展开调查固定证据,加强与职能部门沟通,努力实现诉前保护公益的最佳司法状态。目前金湾区检察院办理的行政公益诉讼案件全部通过诉前程序解决保护公益问题,无一起诉到法院,实现了"三个效果"相统一。二是协同整改促进落实。积极发挥诉前磋商、圆桌会议在问题整改中的作用,借助专家意见,与行政机关共谋整改思路,共商落实方案,共促问题整改。例如,对邓某某等人污染环境刑事附带民事公益诉讼立案后,为解决固体废物污染问题,对生态环境、城市管理和综合执法、土地储备中心等五家单位行政公益诉讼立案,督促、

协调相关职能部门依法履职，强化部门联动，有力推进了固体废物清理工作进度，有效修复了生态环境。三是实质评估确保成效。针对行政机关已完成整改的问题，金湾区检察院采取"书面+实地"审查方式，不仅审查行政机关的复函及相关书面材料，还通过实地走访、现场核查等方式实质性审查评估整改效果。在办理督促监管垃圾分类案、督促清理非法倾倒垃圾案中，均通过实质审查后才予以结案，确保公益保护不落空。四是持续跟进监督。检察建议不能一发了之，持续跟进监督才是检察公益诉讼秉持的重要工作理念之一。例如，针对非法倾倒垃圾案向辖区镇政府等发出检察建议，督促其依法履职并建立长效监管机制，有效推动固体废物污染环境问题彻底解决，结案后仍不定期开展"回头看"工作，防止反弹回潮，巩固公益保护成果。

2. 切实发挥民事公益诉讼功能解决公益保护困境

民事公益诉讼作为行政公益诉讼的有效补充，具有独特的功能价值，可以有效解决公益保护困境、弥补行政监管手段不足。根据《最高人民法院、最高人民检察院关于检察公益诉讼案件适用法律若干问题的解释》的规定，第一审民事公益诉讼案件由中级人民法院管辖；人民检察院对破坏生态和资源保护等损害社会公共利益的犯罪行为提起刑事公诉时，可以向人民法院一并提起附带民事公益诉讼。因此，基层检察机关一般是通过提起附带民事公益诉讼的方式办理民事公益诉讼案件，追究违法行为人的民事责任。金湾区检察院建立了"刑事与公益一案双查"机制，注重加强刑事检察与公益诉讼检察的协同，既要严惩非法处置固体废物污染环境的犯罪行为，也要让违法者付出惨痛的经济代价，刑事追责与生态修复同步推进，形成惩治不法、维护公益的合力。

一是准确把握刑民差异。由于证明标准、举证责任分配方式等不同导致民事认定的事实范围、主张的损害结果和程度大于刑事，特殊侵权情况下侵权主体与责任主体也可能不同，对于不构成犯罪但依法应承担民事责任的违法单位或个人，一并追究责任，杜绝"企业污染、公众受害、政府买单"的现象。例如，金湾区检察院在办理非法倾倒固体废物污染环境案件中，除对被告人提起公诉外，同时启动公益诉讼程序，对未被追究刑事责任的涉案上游产废企业及相关个人一并提起刑事附带民事公益诉讼，诉请被告共同承担环境修复费用，为更好地修复受损环境奠定了坚实基础。二是合理提出诉讼请求。民事公益诉讼的诉讼请求，是检察机关基于民事法律关系提出的具体权益主张，是对侵害公益行为民事责任承担方式的具体化。诉讼请求应根据个案的具体情况综合权衡后按最有利于保护公益的原则予以确定。金湾区检察院牢牢把握民事公益诉讼功能定位，在提出诉讼请求时坚持以恢复性责任方式为原则、其他责任方式为补充，综合考虑行为人的主观恶意、违法性大小、损害后果、生态修复难易程度及行为人的经济条件等，向法院提出合理的诉讼请求，起诉前充分预判分析，把公益诉讼办案效果切实体现到恢复被破坏的生态环境上来。

（三）注重质效，依法能动履职提升监督实效

1. 以听证促公正赢公信

金湾区检察院认真贯彻落实最高人民检察院关于听证工作的部署要求，将生态环境和资源保护等公益损害突出且群众反映强烈的问题作为听证重点，积极稳妥开展公益诉讼听证工作，以看得见的方式守护公共利益，实现维护公益和推动社会治理的双赢多赢共赢。例如，在邓某某等人污染环境案听证会中，由金湾区人大代表、政协委员和退休法官担任听证员，邀请生态环境、城市管理与综合执法、属地镇政府等八个行政单位及相关企业代表参加会议，就固体废物处置、生态损害赔偿事宜广泛听取各方意见，不仅有利于检察机关更加准确地认定事实、正确适用法律，获得被监督行政机关的理解与支持，形成监督者与被监督者的良性互动，促进严格执法，共同维护国家利益和社会公共利益，也保障了群众的知情权、参与权、监督权，放大教育意义，促进"无废城市"理念更加深入人心。

2. 发挥检察一体化办案优势

固体废物污染环境问题既有不同行政区的特点，也在全市甚至更大范围内呈现共性，检察机关开展公益诉讼工作，不仅要办好个案，还要注重从点到面的拓展，更好地提升监督效果。例如，在办理相关职能部门对机动车维

修单位非法处置危险废物等怠于履职一案中，金湾区检察院认为该问题在一定区域内具有多发性和普遍性，在办理案件的同时，及时将线索向上级检察机关报告，充分发挥一体化办案优势同步推进案件办理，通过两级检察机关联动，集中解决区域或者行业内普遍存在的问题，促进自上而下系统性整改，实现溯源治理。

3. 积极参与社会治理

金湾区检察院在履行公益诉讼职责过程中，结合案件办理查找社会治理漏洞，找准履职的切入点和着力点，切实做到举一反三，有效促进社会治理，进一步彰显了检察机关在保障服务大局中的积极作用。一是运用整体思维，扩大办案成效。金湾区检察院在办理相关职能部门对机动车维修单位非法处置危险废物等怠于履职一案中，针对区一级交通主管部门无具体执法权限的问题，对其制发社会治理检察建议，促使其牵头协调应急、生态环境、属地镇政府等部门，整合执法力量展开联合行动，深度治理行业顽疾。二是坚持全面排查，解决衍生问题。在办理上述案件解决机动车维修行业非法处置危险废物问题的同时，以点带面，延伸监督解决非法处置其他固体废物、消防安全等安全生产问题，促进了行业规范经营。三是着眼机制建设，助推长效治理。督促行政机关建立健全日常监管机制、指导相关企业完善危险废物处置台账、加大对从业人员危险废物处置的宣传与培训，促进实现系统治理、长效治理。

三 面临的主要问题及原因分析

随着城市化的迅速发展，工业建设步伐加快，城市人口增多，工业固体废物、生活废物等固体废物随之增多，但处置能力结构性失衡。固体废物处置费用高，不法分子为牟取利益铤而走险，而部门间监管联动机制不完善，对违法行为打击不力，给"无废城市"建设带来了一定挑战。

1. 非法处置固体废物现象屡禁不止

近年来，金湾区生态环境部门立案查处了多起涉固体废物污染环境违法案件，还应急处理了非法丢弃桶装废液、堆存污泥、非法倾倒填埋垃圾等多起突发事件，上述违法违规行为频繁发生，近期更是出现有计划、有组织、大规模倾倒、填埋固体废物事件，给相关监管工作敲响了警钟。

究其原因主要有以下几点。首先，一些产废企业出于节约处置成本考虑，明知他人无处理资质，仍然私下将固体废物交由他人随意处置；一些企业虽然按照法定流程将固体废物交由他人处理，但未谨慎审核对方是否具有处理能力、处理资质，也未签订书面合同，导致固体废物从源头上游离于监管之外。其次，一些违法犯罪人员法律意识淡薄，以为帮助他人倾倒垃圾行为最多只是违法而不构成犯罪，且手段较为隐秘，查处难度大，以较小的违法成本而获得巨额的经济回报，经济利益驱动也是此类案件屡禁不止的关键。最后，部分土地长期无人监管，土地使用权人、土地监管部门及相关受托管理单位履行监督管理职责明显不到位，甚至有施工人员或看守人员充当内线给犯罪分子指点倾倒地点、牟取不法利益的情况。

2. 查处修复成本高、难度大

非法处置固体废物事后处置涉及调查取证、应急处置、生态环境损害鉴定与修复、费用追偿等一系列问题，耗费时间长、成本高、难度大。

一是作案手段隐秘，查处和取证困难。金湾区常住人口相对珠海市其他辖区少，有较多地段人烟稀少，这就为不法分子倾倒固体废物提供了可乘之机。倾倒、填埋固体废物主要集中于未开发利用的土地、天桥底下等人流稀少、不易被发现的偏僻地段，甚至有公司将公司内部土地作为填埋场所，由于没有明显的受害者，也很少有群众主动举报此类问题，而作案时间主要在夜深人静、执法力量相对薄弱的时段，具有极强的隐蔽性，监管部门较难现场执法，司法机关办案中也难以查处和取证。另外，非法处置固体废物，涉及产废企业、环保公司、运输企业、司机等众多单位和个人，且时间跨度长，作案次数多，很难查清全部犯罪事实及认定相关人员的主观故意。

二是治理难度大，修复费用高。生态环境污染具有公共性、广泛性、不可逆性，一旦造成污染，想要修复到之前的状态，就目前的科技、财力等而言还存在较大困难，非法处置固体废物不仅影响市容市貌，更会对生态环境和国土资源造成难以逆转的损害,后期治理难度大,可能涉及生态环境修复费用、服务功能丧失费用、生态环境功能永久性损害费用、应急处置费用等,修复费用高昂,追偿难度大。例如,2020年底至2021年初在珠海某项目工地等多处地块发现非法倾倒固体废物六万余吨,造成一万多平方米土地、六万多立方米土壤、一万多平方米地表水及三千多立方米地下水被污染,经鉴定环境损害金额四千多万元,作为清理工作主体的镇政府资金紧张,部分倾倒点清理工作相对滞后,存在二次污染风险。

3. "九龙治水"现象突出

地方人民政府生态环境主管部门对本行政区域固体废物污染环境防治工作实施统一监督管理。地方人民政府发展改革、工业和信息化、自然资源、住房城乡建设、交通运输、农业农村、商务、卫生健康等主管部门在各自职责范围内负责固体废物污染环境防治的监督管理工作。从案件涉及的固体废物种类分析,既有建筑垃圾,也有生活垃圾,更有危险废物。而依据相关规定,城市管理和综合执法局负责对生活垃圾和建筑垃圾处理的监督管理,交通运输主管部门在职责范围内负责道路危险废物运输管理工作,一般工业固体废物、危险废物由生态环境部门负责监管,乡镇人民政府应当加强对本辖区固体废物污染环境防治的日常巡查和隐患排查。对不同种类垃圾和垃圾产生、处理的不同阶段,监管责任分属不同职能部门,由于缺乏专门管理机构,多头管理,各管一段,导致管理效率不佳、责任不清。

在实践中,特别是生态环境部门垂直管理改革后,属地县区和乡镇政府权责边界不清晰,职能部门对生态环境保护责任认识水平不一,对遏制、查处相关违法行为的政策法规、具体措施缺少深入研究。基层生态环境管理工作涉及的多个部门常常存在联动合作机制不健全、常态化信息共享机制不完善的问题,部门联动以运动式为主,难以形成持久的整治合力,造成固体废物监管的有效性大打折扣。

4. 检察履职覆盖面不足

"无废城市"建设涉及的固体废物包括一般工业固体废物、农业固体废物、生活垃圾、危险废物,需要通过大力推进固体废物减量化、资源化、无害化，促进城市可持续发展。但目前金湾区检察院办理的案件涉及的主要是生活垃圾、生产类固体废物，较少涉及农业固体废物，危险废物也不多，而且更多关注固体废物的后端治理，即环境监管、污染治理等，主要涉及生态环境、城市管理、综合执法等职能部门，较少关注源头的减量化、资源化利用，未能有效督促发展改革、工信、住建等部门积极参与，形成固体废物治理合力。

四 完善检察公益诉讼助力"无废城市"建设的路径

（一）坚持协作联动，深化"刑事+公益诉讼"融合

刑事案件是固体废物破坏生态公益诉讼线索的重要来源，必须强化公益诉讼检察与刑事检察深度融合，形成打击固体废物刑事犯罪的合力，从严打击重大犯罪行为，坚决守住保护生态环境的"最后一道防线"。一是建立重大案件"双介入"机制。重大复杂案件由刑事和公益诉讼部门联合派员提前介入，及时与公安机关、生态环境部门就取证方向、证据标准、法律适用进行研判，确保步调统一，对需要委托鉴定的，同步提出鉴定要求，避免重复鉴定造成资源浪费，延误办案时机，确保案件如期顺利办理。二是严格落实"一案双查"机制。在办理刑事案件过程中，同步审查民事部分的事实和证据，注重证据互通转化，使刑事侦查搜集的证据为民事公益诉讼奠定坚实基础，公益诉讼调查搜集的证据为准确定罪、量刑提供有力支撑。三是刑民责任追究同步解决。在讯问犯罪嫌疑人的过程中，同步做好生态环境损害赔偿沟通协调工作，掌握被告对于修复生态、赔偿损失的意愿，为提出具体诉讼请求、顺利办理案件打下坚实基础。

（二）坚持主动作为，保证责任追究落到实处

无论是民事违法、行政违法还是刑事犯罪，违法者的责任不追究就会产生"破窗效应"，让违法者更加"肆无忌惮"，因此，必须严格落实责任追

究，发挥法律威慑效果，遏制潜在违法行为。一是督促压实主体责任。据法律规定，产废企业应落实企业主体责任，建立固体废物处置台账，对固体废物的流向进行全程跟踪，所有处理的固体废物都必须有明确的去向和合同依据。要督促行政机关依法全面履职，进一步压实产废企业主体责任，从源头上堵住非法处置固体废物的出口。二是提高违法经济成本。非法倾倒固体废物已日益呈现规模化、产业化，要确保打深打透打源头，彻底瓦解犯罪利益链条，对于故意实施非法处置固体废物的行为造成严重后果，适用财产刑仍不足以惩治遏制不法行为的，要大胆提出惩罚性赔偿金的诉讼请求，真正让违法者"痛到不敢再犯"。三是确保追责执行到位。加大案件查处过程的资产控制和追偿力度，运用替代性修复等策略，多元化生态修复责任承担方式，积极推动与人民法院、行政机关建立"公益诉讼+民事执行+代替修复"联动配合机制，既考虑了生态环境受损后的及时修复问题，也兼顾个案的实际情况，实现"三个效果"有机统一，避免处罚成为一纸空文。在起诉时可提供多种诉讼请求方案供法院选择，如可诉请被告修复生态环境，同时被告需缴纳履约保证金，如按期主动修复生态环境并经相关部门验收合格，保证金予以退还，如逾期未主动修复或修复不合格，保证金折抵为修复金。

（三）坚持系统推进，全面提升检察监督效能

检察机关要坚持系统观念、一体推进，全方位助力"无废城市"建设，才能最大程度节约成本、提高效率、增强效果。一是拓宽案件覆盖面。"无废城市"建设是一项系统工程，对工业固体废物、生活垃圾和危险废物等重点领域系统施策、全面监督，强化综合治理、系统治理、源头治理。同时，要发挥公益诉讼"协同之诉"的作用，完善协作体系，促进生态环境、发展改革、农业农村和卫生健康等有关部门联动，克服多头管理的弊病，全过程、全链条贯通固体废物从源头到最终处置的关键环节，形成固体废物监督管理"一张网"。二是充分运用监督手段。保持适度谦抑，充分运用支持起诉、督促起诉等手段，发挥行政机关第一顺位的专业、高效优势，激发有关社会组织参与的积极性，形成共创"无废城市"的合力。三是积极参与

社会治理。在办理案件中发现固体废物治理工作存在漏洞的，如土地使用权人疏于管理导致土地被倾倒固体废物，可以向有关单位和部门提出改进工作、完善治理的检察建议，堵塞漏洞，以公益诉讼检察担当助力社会治理。

（四）坚持改革创新，探索更优公益保护方案

"无废城市"需要一边建设一边探索，制度改革完善一直在路上，要在"四大检察"融合发展中探索体现发挥公益诉讼检察独特职能作用的体制机制。一是融入少捕慎诉慎押刑事司法政策。对于非法处置固体废物污染环境的案件，检察机关要从犯罪手段、损害后果、主观恶性及事后是否悔罪、履行修复义务、退赃退赔等方面综合考量，准确评估羁押必要性与起诉必要性，依法作出是否逮捕、变更强制措施、起诉的决定。二是将固体废物污染环境生态修复作为量刑的重要考量因素，灵活运用认罪认罚从宽制度，通过耐心细致释法说理，促使当事人认罪伏法，主动承担环境修复责任，将主动修复环境作为犯罪嫌疑人认罪认罚从宽处罚情节之一，探索在认罪认罚具结书中加入生态修复条款，将涉嫌污染环境罪的单位是否修复生态环境作为开展企业合规考察的条件。三是结合案件特点，创新责任承担方式。根据案件特点，结合侵权人赔偿能力，探索通过"劳务代偿"方式要求侵权人提供生态公益劳动，督促当事人履行修复义务，教育与惩治并重，同时要加强与审判机关的沟通，取得共识，保证案件顺利办理。

B.11
个人信息保护检察公益诉讼的珠海实践

珠海市人民检察院公益诉讼课题组*

摘　要： 　大数据时代数字经济的发展应用，凸显了个人信息数据资料的生产要素价值，也给个人信息保护行政治理带来重大挑战。私益诉讼和消费民事公益诉讼存在固有局限，无法全面支持个人信息权益救济。个人信息保护检察公益诉讼制度具有社会治理的独特优势，因应了个人信息保护和利用的双重需要。纵观个人信息保护的珠海实践，检察机关应顺势而为，以检察大数据战略赋能个人信息保护法律监督，切实保障区域数字经济产业发展。

关键词： 　大数据　个人信息保护　检察公益诉讼　检察监督

互联网时代，网络服务蓬勃发展带给消费者极大便利，但利用信息网络侵害人身权益行为也不断增多，个人信息泄露严重危害公民个人信息安全，甚至引发电信网络诈骗等犯罪，社会危害日益突出。传统监管重视特定群体的特别保护，注重事后惩戒。如何全面保护个人信息权益，督促履行政府监管责任和企业主体责任实现事前预防，成为立法必须回应的现实问题。

一　个人信息保护领域检察公益诉讼制度的确立

2021年11月1日，《个人信息保护法》开始实施，其中第70条规定，

---

* 课题组负责人：李红平，珠海市人民检察院党组副书记、副检察长。课题组成员：罗成、黄耀佳、刘鹏鹏。执笔人：刘鹏鹏，珠海市人民检察院科员、检察官助理。

个人信息处理者违反本法规定处理个人信息，侵害众多个人权益的，人民检察院、法律规定的消费者组织和由国家网信部门确定的组织可以依法向人民法院提起诉讼。个人信息保护领域正式被纳入检察公益诉讼法定办案领域，检察机关依法可以提起个人信息保护民事公益诉讼，办理行政公益诉讼监督案件。这不仅仅是公益司法保护制度积极稳妥探索的结果，更是数字经济时代数据信息利用与个人信息保护多元价值平衡下的现实选择。

（一）大数据时代个人信息的多元价值体现

随着信息技术的不断发展，人类逐渐迈入大数据时代。数据信息正以前所未有的速度和广度被开发利用，成为和物质、能量同样重要的资源，个人信息的商业价值和公共管理价值也日益显现出来[①]。提供商品或者服务的经营者可以借助商务智能技术，精准了解消费者需求和偏好，并通过算法等自动化决策方式向个人进行信息推送、商业营销，实现经营者与目标消费群体的精准对接，从而降低交易成本。在政务服务和行政管理活动中，仅个人信息资料的线上采集办理就降低了市民办事所需的资源投入，也极大提升了行政效率。政务服务过程中积淀的巨量数据反过来进一步为确定社情民意提供广泛的分析样本；通过专门的政务服务数据管理活动，政府借此可以实现科学规划和理性决策，更好地推进"法治政府"和"数字政府"建设。

党中央高度重视大数据战略价值。习近平总书记强调指出，"大数据是信息化发展的新阶段""谁掌握了数据，谁就掌握了主动权"。党的十八届五中全会提出实施"国家大数据战略"，党的十九大报告提出建设数字中国，国家"十四五"规划纲要更是用专篇对"加快数字化发展 建设数字中国"作出战略规划。

（二）个人信息保护行政监管乏力

然而，数字经济产业发展的同时，不可避免地带来包括信息网络安全风

[①] 张新宝：《从隐私到个人信息：利益再衡量的理论与制度安排》，《中国法学》2015 年第 3 期，第 38~59 页。

险在内的非传统安全风险，以信息网络为手段的犯罪形势突出，特别是侵犯公民个人信息犯罪，不仅严重侵害公民个人信息安全，而且通常作为上游犯罪手段，与电信网络诈骗等财产犯罪活动相伴相生。尽管《关于加强网络信息保护的决定》《电信和互联网用户个人信息保护规定》《网络安全法》《消费者权益保护法》《电信条例》《儿童个人信息网络保护规定》等前置规范已经明确了电信业务经营者、互联网服务提供者以及有关部门收集、利用个人信息的原则和数据安全保障义务，强化消费者和未成年人等群体的个人信息保护，但这些个人信息保护规定只是散见于不同效力位阶的法律规范，零散不成体系，且适用于特殊领域中的个别保护，对其他个人信息处理活动的行政监管不足；再者，个人信息主体和个人信息处理者的权利义务以及处理个人信息的免责事由缺失，亦难以维系个人信息保护与维护公共利益之间的平衡。

（三）私益诉讼和消费民事公益诉讼对个人信息权益救济具有局限性

个人信息保护体系规制的侵权行为方式具有外部性特征，只有当违法行为人利用信息网络或者电信信息侵害个人信息权益时，信息主体才知道自己的个人信息权益受到侵害，并决定是否提起民事诉讼。然而，对于侵害个人信息权益更为普遍、更为隐秘、更为内部的非法收集、利用等侵权行为方式，个人信息主体则无从知晓，遑论提起诉讼维护权益。即使个人信息主体知道侵权事实和侵权主体，损害的轻微性、维权成本高、赔偿数额低等现实原因，也会消解权利主体提起诉讼的意愿。事实上，笔者以"个人信息保护""民事案件""人格权纠纷""侵权责任纠纷"为关键词在中国裁判文书网筛选出的案例中，侵犯公民个人私密信息、扰乱公民私人生活安宁的隐私权侵权纠纷案件占32.4%（2022年10月26日查询：隐私权案件198件，个人信息保护案件612件），单纯就侵犯公民敏感信息以外的其他一般信息提起的诉讼很少。个人信息保护民事诉讼裁判数据在一定程度上反映了个人信息民事诉讼救济的局限。

省级以上消费者委员会提起消费民事公益诉讼也是维护众多不特定

消费者个人信息权益的重要形式①，尤其是针对非法收集、利用公民个人信息等行为类型，比较符合民事司法保护个人信息的内在制度要求②。然而提起消费民事公益诉讼面临三个困境：一是此类案件线索多涉及刑事犯罪，案件线索来源渠道窄（《个人信息保护法》施行以前）；二是此类案件局限于消费领域，其他领域中的侵权行为无从规制；三是单纯违法收集个人信息会造成何种损害、应该提供何种赔偿、是通过行政手段治理更加有效还是通过民事诉讼手段更加合理，也需要立法上予以明确。尽管江苏省消费者委员会针对百度公司过度收集消费者个人信息尝试提起消费民事公益诉讼，但从国家互联网信息办公室、工业和信息化部、公安部、国家市场监督管理总局联合制定的《App 违法违规收集使用个人信息行为认定方法》来看，对违法违规收集使用个人信息行为采取行政监管显然更为经济有效。

（四）个人信息保护和公益诉讼检察制度的契合

《个人信息保护法》回应了个人信息权益保护和数据利用的现实需要，全面规定个人信息处理活动各参与主体的权利义务、个人信息处理规则以及免责事由，在个人信息保护和个人信息处理利用之间建立起基本的制度保障体系。在侵犯公民个人信息权益的情形下，个人信息权益仅具有同个人信息主体人身权相关的人格权益属性。而在个人信息处理活动中，在侵害众多个人信息权益的情形下，社会公众的信息安全作为公共安全和国家安全的重要组成部分，就更多地凸显了公共利益属性。因此，对个人信息的大范围侵害行为，一般被认定

---

① 《最高人民法院关于审理消费民事公益诉讼案件适用法律若干问题的解释》第一条规定，"中国消费者协会以及在省、自治区、直辖市设立的消费者协会，对经营者侵害众多不特定消费者合法权益或者具有危及消费者人身、财产安全危险等损害社会公共利益的行为提起消费民事公益诉讼的，适用本解释"。《消费者权益保护法》第 14 条规定，"消费者在购买、使用商品和接受服务时，享有人格尊严、民族风俗习惯得到尊重的权利，享有个人信息依法得到保护的权利"。

② 参见最高人民法院民一庭负责人就《关于利用信息网络侵害人身权益民事纠纷案件适用法律若干问题的规定》答记者问（2014 年 10 月 12 日）。

是侵害公共利益的行为①。另外，公益诉讼检察制度全面推开以来，检察机关作为维护国家利益和社会公共利益的重要力量，具有相对的独立性、较强的取证能力、专业化队伍和丰富的公益诉讼经验。相较于其他法律规定的主体，具有公共利益司法保护的天然优势②。所以，《个人信息保护法》确立检察机关提起民事公益诉讼是大数据时代个人信息保护的有益补充。

二 个人信息保护检察公益诉讼的珠海实践

《个人信息保护法》明确了检察机关就侵犯众多个人信息权益的行为有权提起公益诉讼的规范根据，但个人信息保护领域检察公益诉讼工作早在2021年11月1日施行以前就已探索开展。2020年9月，最高人民检察院出台《关于积极稳妥拓展公益诉讼案件范围的指导意见》，明确将个人信息保护作为网络侵害领域的办案重点。2020年7月29日，《广东省人民代表大会常务委员会关于加强检察公益诉讼工作的决定》通过并公布施行，其中明确要求检察机关积极稳妥开展个人信息保护领域公益诉讼。为贯彻落实《广东省人民代表大会常务委员会关于加强检察公益诉讼工作的决定》和最高人民检察院有关指导意见，珠海检察机关积极稳妥开展个人信息保护领域检察公益诉讼工作。其中，2020年11月1日到2021年10月31日，全市检察机关个人信息保护领域立案12件，其中行政公益诉讼6件，刑事附带民事公益诉讼6件。《个人信息保护法》施行以来，全市检察机关个人信息保护领域提起刑事附带民事公益诉讼5件。

（一）聚焦个人信息保护突出问题，依法开展公益诉讼检察监督

"人脸信息"属于生物识别信息，具有不可更改性和唯一性，人脸与自

---

① 邵世星：《论"四大检察"对个人信息融合保护的适当性》，《中国检察官》2022年第7期，第66~69页。
② 唐守东：《网络时代个人信息保护的公益诉讼模式构建》，《行政与法》2021年第1期，第95~102页。

然人个体一一对应，无须结合其他信息即可直接识别到特定自然人身份，具有极高的"可识别性"。然而，各地一些住宅小区、学校、托管机构、工厂、房地产售楼部、游乐场等安装了"刷脸"门禁，涉及采集、管理个人信息是否合规的问题。为发挥公益诉讼职能、有效保护公民个人信息安全，规范"人脸识别系统"等设备的使用，2021年1月15日，珠海市检察机关根据广东省人民检察院《关于对人体生物学特征采集识别系统使用情况开展排查 保护个人信息安全的工作提示》，积极部署开展专项监督工作。珠海市人民检察院统一向市有关主管部门调取全市已备案审核的"人脸信息识别系统"等名录，分辖区、分行业梳理整理后，要求香洲区检察院、金湾区检察院以住宅小区，斗门区检察院以楼盘销售中心，横琴检察院以旅游景区为切入点，迅速在各自的辖区内进行摸排调查、收集固定证据。通过实地走访群众、网络信息搜索，并注重发挥特邀检察官助理等"外脑"的作用助力办案，积极拓展调查视野和摸排范围。经排查：香洲区、金湾区、斗门区、横琴合作区普遍存在相关企业擅自安装、未经有关主管部门审核验收或备案、未对采集的个人信息采取安全保障措施等问题。

另外，因个人信息泄露引发的侵犯公民个人信息犯罪也呈现上升势头。针对非法获取、出售公民个人信息行为侵犯公民个人信息权益，损害社会公共利益的情况，香洲、金湾区检察院及横琴检察院严格依法追诉犯罪，严厉打击通过手机App盗取相关个人信息、网上买卖个人信息、电信运营商工作人员与外部人员勾结非法提供买卖个人信息等犯罪行为，同时依托检察一体化办案工作机制，充分发挥公益诉讼检察职能，及时提起附带民事公益诉讼，强化对公民个人信息安全的保护。

（二）开展行政公益诉讼监督，督促行政监管部门依法履职

针对人脸信息识别系统使用中存在的个人信息安全保护不到位问题，珠海检察机关及时向有关行业主管部门提出了检察建议或进行诉前磋商沟通，要求其：一是全面严格依法履职，依照相关规定监督责任主体及时履行申报审核验收、备案、告知等手续，强化对采集的个人信息的安全保障措施，对

于擅自安装使用，不符合相关规定的，应责令其限期整改并依法作出相应的处理；二是以点带面、举一反三，加强对辖区内住宅小区、学校、托管机构、工厂、工地、房地产售楼部、游乐场、商场等的全面巡查监管，对各单位有关系统的申报、验收、使用等情况进行逐一梳理，定期或不定期开展专项执法监督；三是建立健全长效监管机制，严格有关系统的审核验收、备案及有关个人信息的安全保障；四是加强公民个人信息保护的普法宣传教育，完善执法公开、受理投诉举报制度，拓宽群众监督渠道。

收到检察建议后，各区行业主管部门高度重视，积极履职。香洲区制定了详细的《技防检查工作方案》，分阶段有重点地推进落实；斗门区有关楼盘销售中心带有"人脸信息识别"功能的监控摄像头已在限定时间内全部自行拆除完毕，该区还出台了《清理整治擅自安装人脸识别系统工作方案》，对售楼部、汽车4S店等易安装使用人脸识别系统的场所进行了巡查，并强化了相关的宣传告知工作；横琴及时督促有关景区整改落实，强化对有关个人信息的保护措施。

（三）依法提起附带民事公益诉讼，积极修复受损公共利益

互联网服务和电信运营过程中，非法获取、出售和提供公民个人信息问题突出，严重损害社会公共利益。珠海检察机关采用"一案三查"模式，对刑事案件犯罪事实、民事公益诉讼侵权事实和监管主体履职情况统筹把握，依法追究违法行为人刑事责任的同时，附带提起民事公益诉讼①，要求其承担赔偿损失、赔礼道歉等公益损害责任，加重侵犯公民个人信息违法犯罪成本，全面维护公民个人信息安全。例如，谢某某侵犯公民个人信息罪一

---

① 按照《人民检察院公益诉讼办案规则》规定，检察机关提起民事公益诉讼（包括附带民事公益诉讼）应当依法发布公告，告知法律规定的其他适格主体提起诉讼。没有适格主体，或者公告期满后适格主体不提起诉讼的，人民检察院应当提起民事公益诉讼。这里的适格主体即是法律规定的消费者组织和由国家网信部门确定的组织。前者要求是省级以上消费者委员会，提起消费民事公益诉讼的门槛较高，所以办案量极少。后者则是现有规范无法明确国家网信部门确定的组织范围。故司法实务中（附带）民事公益诉讼的提起主体多是检察机关。

案中，金湾区人民检察院对谢某某等人通过互联网编程开发 App 盗取并非法出售公民个人信息的行为，依法向法院提起刑事附带民事公益诉讼，请求判令被告谢某某等人赔偿公益损失共 304 万余元并公开赔礼道歉，诉讼请求得到法院全部支持。再比如，张某某侵犯公民个人信息罪一案中，香洲区人民检察院针对张某某通过信息网络非法出售公民个人信息行为，依法向法院提起刑事附带民事公益诉讼，请求法院判令被告承担公益损害赔偿责任并公开赔礼道歉，诉讼请求得到法院全部支持。案件办理有效震慑了其他潜在的不法行为人，有力维护了个人信息保护领域的社会公共利益。

（四）加强与审判机关交流，深入推动个人信息保护探索发展

司法实务中，检察机关和审判机关之间，甚至基层法院之间对侵犯公民个人信息领域能否提起民事公益诉讼、检察机关是否是该领域适格的（附带）民事公益诉讼主体、以行为人的违法所得来确定公益诉讼损害赔偿数额是否合适等问题均有不同认识。为统一裁量标准，规范个人信息保护领域公益诉讼案件办理，珠海市人民检察院主动走访珠海市中级人民法院，就办案问题同相关业务庭室进行深入探讨，着力推动检法两家形成办案共识。法院对检察机关个人信息保护领域诉权等问题并无异议，对于其他新出现问题，则表示要认真研究，加强对下指导工作。

三 个人信息保护珠海公益诉讼检察工作的未来展望

（一）以有力检察履职服务保障珠海数字经济发展大局

加强个人信息保护，既与个人利益密切相关，更关系到数字经济健康发展。数字经济发展是建立在个人信息保护基础上的，而不是以损害个人信息权益为代价的发展。2022 年 8 月，珠海市政府印发《关于支持数字经济高质量发展的实施意见》（珠府〔2022〕54 号），紧扣"产业第一"，以数字技术创新应用为驱动力，通过实施"十大工程"、22 项任务，全面推进数据

价值化、数字产业化、产业数字化、数字化治理，以数字经济创新发展推动珠海数字经济高质量发展。面对新时代数字经济发展形态，检察机关要积极融入大局，把数字经济发展中的个人信息保护难题作为检察履职保障数字经济发展的着力点，通过履职监督，深入推进数字经济健康发展。一是加强与市网信部门、工业和信息化局等部门沟通联系，建立健全个人信息保护领域检察公益诉讼协作配合机制，围绕线索移送、案件通报等方面加强合作，凝聚检察机关和行政机关公益保护合力。二是主动对接联系本市数字经济行业组织，调研了解数字经济行业发展现状，加强个人信息保护公益诉讼协作，引导行业组织发挥独特优势，推动行业自律与行业权益保护有机统一，不断促进数字经济产业健康发展。三是加强普法宣传，扩大个人信息保护社会参与度。以《个人信息保护法》出台宣传为契机，利用"两微一端"和新媒体平台，开展个人信息保护专题法律宣传，提高社会公众知晓度和参与度。

（二）以检察大数据战略赋能个人信息保护法律监督

个人信息保护难题是互联网大数据等高新技术发展过程中产生的新问题，具有涉众广、技术要素高等特点。权利主体受制于技术条件，在调查收集相关电子证据、核实个人信息权益受损手段上仍有很大不足，实质影响权益救济效果。大数据时代数字经济发展产生的问题需要运用大数据思维来回应解决。检察公益诉讼制度作为个人信息领域公共利益保护的有益方案，深入推进大数据法律监督，则是检察机关提升调查履职能力，推动检察工作高质量发展的能动自觉。依托检察信息化和智慧检察建设成果，立足检察监督工作，着眼于解决技术取证和鉴定难题，不断提升技术支撑法律监督的能力。具体而言，即发挥珠海市人民检察院国家电子数据司法鉴定实验室的技术平台优势，依据《App违法违规收集使用个人信息行为认定方法》，建构应用性监督模型，摸排梳理珠海市App过度收集公民个人信息情况，从中筛选出公益诉讼监督线索，并结合法律规定和技术规范，归纳分析行政监管和技术运营等方面存在的系统性漏洞，最后通过提出检察建议，弥补漏洞，推进社会治理，实现大数据赋能效果。

B.12
斗门区检察机关刑事直诉案件监督
工作实践与创新路径探索

珠海市斗门区人民检察院课题组*

摘　要： 近年来，刑事直诉案件呈逐年上升态势，但在实务中存在办案期限
过长导致诉累、怠于侦查导致案件质量不佳、办案执法观念未更新
导致司法能动性不足等问题。为加强新时代检察机关法律监督工作
的刚性和韧性，检察机关要着力推进监督诉源治理工作，充分发挥
"侦查监督与协作配合办公室"的职能作用，从合理规范办案期限、
更新执法办案理念、完善执行监管工作、探索创新监督机制、制订
规范监督标准等方面，加强新时代检察机关刑事直诉案件监督工作。

关键词： 检察机关　刑事直诉　法律监督

刑事直诉案件不是严格意义上的法律概念，而是从司法实践中总结出来
的案件类型。刑事直诉案件，亦称刑事非羁押直诉案件，一般是指公安机关
对犯罪嫌疑人不经过提请批准逮捕程序，采取取保候审、监视居住强制措施
后直接向检察机关移送审查起诉，或者经提请批捕程序，但检察机关作出不
批准逮捕决定后，公安机关采取取保候审、监视居住强制措施后移送起诉的
刑事案件。随着司法改革的不断深入、司法理念的不断更新，以及少捕慎诉
慎押刑事司法政策的全面贯彻落实，检察机关的诉前羁押率进一步降低，刑事

---

* 课题组负责人：白俊，珠海市斗门区人民检察院党组书记、检察长。执笔人：陆文杰，珠海
市斗门区人民检察院检察官助理。

直诉案件呈逐年上升态势，并逐渐成为刑事案件的主要案件类型。刑事直诉案件中存在案件办案期限过长导致诉累、怠于侦查导致案件质量不佳、办案执法观念未更新导致司法能动性不足等问题。为加强新时代检察机关法律监督工作的刚性和韧性，探索对刑事直诉案件质量监督的新路径显得尤为重要。

一　珠海市斗门区刑事直诉案件基本情况

以近四年珠海市斗门区刑事直诉案件办案数据和具体实践为样本，珠海市斗门区人民检察院（以下简称"斗门区检察院"）刑事直诉案件办理呈现以下特点。

1. 直诉案件逐年上升且案件类型相对集中

2019 年受理的刑事直诉案件占全年刑事案件总数的 22.9%，2020 年占 51.9%，2021 年占 67%，2022 年上升到 82.7%。受诉前羁押率大幅下降的影响，直诉案件数量大幅度增长（见图 1）。刑事直诉案件主要集中在危险驾驶、盗窃、故意伤害、交通肇事、诈骗、寻衅滋事等案件类型。其中危险驾驶占比 53.6%，盗窃占比 7.6%，故意伤害占比 5.7%，交通肇事占比 4.8%，寻衅滋事占比 3.8%，诈骗占比 3.7%（见图 2）。从犯罪形态来讲，共同犯罪案件占比低，全部刑事直诉案件中单独犯罪占比 87%，共同犯罪占比 13%。直诉案件中结伙作案情况较少，单独作案涉案人员相较于结伙作案涉案人员的人身危险性和社会危害性一般较小，提请审查逮捕的数量也较少，从而形成了单独犯罪占直诉案件比例较高而共同犯罪占比较低的现象。

2. 采取取保候审强制措施的比例高，且侦查办案期限较长

在所有采取强制措施的刑事直诉案件中，取保候审是直诉案件最为常用和普遍适用的强制措施，占案件总数的 99%，而监视居住的案件仅占 1%。但公安机关对犯罪嫌疑人采取取保候审强制措施的部分案件办案期限长达一年，更有部分案件在解除取保候审后继续侦查且办案期限超过一年。

3. 适用简易程序较多且判处轻缓刑比例高

刑事直诉案件中，适用简易程序案件占比 64.8%，速裁程序占比 31.4%，

普通程序案件占比 3.8%，可见大部分直诉案件为程序、案情均较为简单的刑事案件。因此，在实务中对涉案人员适用轻刑、缓刑的占比较高，所有直诉案件中，判处拘役的占比 63.6%，判处三年以下有期徒刑的占比 30.9%，其中缓刑适用率为 67.59%。

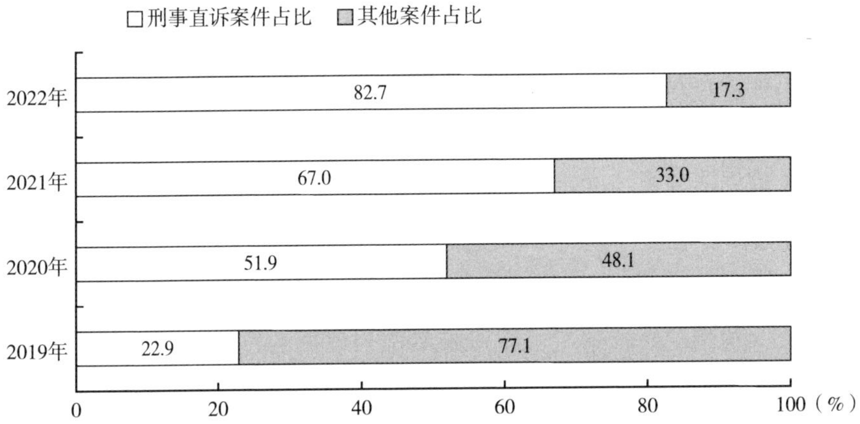

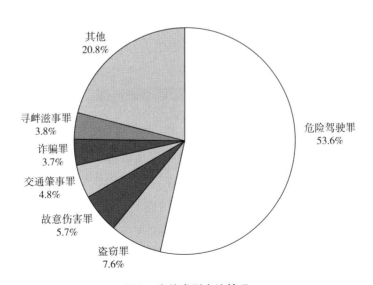

图 1　刑事直诉案件占比情况

数据来源：珠海市斗门区人民检察院 2019~2022 年度办案数据。

图 2　案件类型占比情况

数据来源：珠海市斗门区人民检察院 2019~2022 年度办案数据。

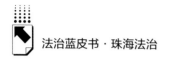

二 刑事直诉案件办理存在问题分析

（一）办案期限较长，侦查活动质效偏低

部分侦查人员认为直诉案件办案期限充裕，形成拖沓办案习惯，加上公安机关内部监督制约机制不够完善、检察机关监督力度不够，导致部分刑事直诉案件取保候审期限即将耗尽才移送审查起诉。侦查办案期限过长不仅影响到刑事诉讼的进程，极有可能造成以下后果。一是错失最佳补证时间，增加办案难度。根据法律规定，在取保候审、监视居住期间办案机关不得中止对案件的侦查，但实务中侦查活动可能存在不同程度的"保而不侦""侦查流于形式"等情况。检察机关在审查案件和证据的过程中，对需要补充的事项无法及时开展侦查，错失了最佳时机。二是案件处理时间过长无法彰显司法公信力，对被害人的工作生活也产生较大负面影响，更是影响到人民群众对司法机关公信力的直观感受。三是无法及时有效保障犯罪嫌疑人的合法权益，虽然刑事直诉案件采取的是取保候审、监视居住等非羁押强制措施，但是犯罪嫌疑人不能自由选择是否离开居住的市县、无法出国出境、需要定期报到等，对其人身自由的限制在一定范围内仍然存在。

（二）办案观念未能及时转变，影响准确把握立案条件

在强调犯罪控制和追诉模式下，侦查人员"重打击轻保护""重诉讼轻权利"的观念根深蒂固，虽然目前在推行降低诉前羁押率的大背景下，有"以非羁押为原则，羁押为例外"的工作要求，但部分侦查人员的观念仍未及时转变，过于顾虑犯罪嫌疑人到案情况、诉讼能否顺利进行等因素，加之被害人也担心若对犯罪嫌疑人采取非羁押强制措施，其自身的赔偿和安全问题无法得到保障而对侦查机关提出诸多诉求，导致公安机关在移送审查起诉的刑事直诉案件中存在不该立案而立案的情况，检察机关只能对其作出法定不起诉决定。斗门区检察院在办理某拒不支付劳动报酬案件

中，其中一名被不起诉人为该公司的"挂名"法定代表人，而欠薪行为发生在其担任法定代表人之前，但公安机关未核实清楚其在公司内的真实任职情况及其担任该职务的时间节点，最终检察机关因无犯罪事实，对其作出法定不起诉处理。

（三）证据收集问题突出，影响案件公正处理

羁押类案件在办理时，由于受公安机关内部考核机制制约，办案人员往往花费更多的精力，更加重视提请逮捕案件的质量。刑事直诉案件一般是有可能判处刑期为三年以下有期徒刑的轻微刑事案件，事实相对简单，所以个别办案人员重视程度不高，存在证据收集不全面、法律文书制作不规范、案件定性不准确等问题。加上缺乏审查逮捕等质量把关及引导侦查的措施，案件质量无法得到有效保证，导致公安机关在证据不足、案件尚未完善相关证据或证据不充分的情况下仍然"带病"移送检察机关审查起诉的情况。例如，斗门区检察院在办理某破坏计算机信息系统案中，在作出存疑不捕决定后，公安机关作出了取保候审决定，经历了长达一年的侦查工作之后，相应的证据仍未能及时调取，导致该案在移送审查起诉后涉案场所停业、无法找到被害人、重要证据无法收集等情况，严重影响案件公正处理。在"两法衔接"案件中，案件质量问题尤为突出。一方面，由于"两法衔接"案件专业性较强，行政机关拥有专业人员和技术，如果公安机关与行政机关沟通不足，容易导致部分案件专业性问题得不到有效解决。另一方面，部分关键证据具有不稳定性、易变异性等特点，离开第一现场后证据难以再次调取。例如，及时扣押及送检是鉴定意见真实有效的重要保证，但是行政机关在先行取证时缺乏收集和保存证据意识、程序意识等，对涉案物品查封、扣押、送检、保管程序存在瑕疵，直接影响罪名认定和案件是否得以公正处理。此外，在拒不支付劳动报酬、非法转让、倒卖土地使用权等案件中，部分行政机关甚至认为只要有客观行为，或者数额达到入罪标准，在并未考虑其他犯罪构成要件情况下直接移送公安机关，导致部分没有犯罪事实的"两法衔接"案件进入了刑事领域，浪费了司法资源。

（四）脱离监管现象时有发生，阻碍刑事诉讼进程

公安机关作为非羁押强制措施的执行机关，必须做到全面监管和执行。刑事直诉案件中，犯罪嫌疑人对于主动配合办案部门工作的义务性认识和法律后果认识不足，保证人违反取保候审规定的违法成本太低导致难以确保其真正履行保证义务，加上公安机关告知不够全面、基层派出所人财物配套严重不足、监管人员责任心不强等问题，极易造成强制措施形同虚设，直接导致诉讼进程因犯罪嫌疑人不到案而无法顺利进行。犯罪嫌疑人拒不到案也使得审查起诉阶段检察机关未能顺利讯问犯罪嫌疑人、及时核实相关证据，审判阶段法院不得不中止审理而影响审判进程。例如，斗门区检察院办理的某盗窃案中，在审查逮捕阶段检察机关作出了无社会危险性不批准逮捕决定，到审查起诉阶段该犯罪嫌疑人违反取保候审规定拒不到案，检察机关随后发出"批准逮捕决定书"，公安机关对其进行上网追逃。虽然最后检察机关在公安机关成功抓捕犯罪嫌疑人后得以顺利起诉，但是耗费了大量司法成本，案件办理质效不高。

（五）侦查监督力度不强，监督刚性效果不佳

在"相互配合、相互制约"的理解和适用上，检察机关在"相互配合"这一方面表现较为突出，而"相互制约"这一监督意识则较为薄弱[1]。第一，监督存在盲区。检察机关对于公安机关的执法办案活动未能实现全方位、深层次、多渠道监督。虽然检察机关的监督能够覆盖公安机关立案、侦查、侦查终结移送审查起诉、撤案等程序，但立案程序中案件受理、审查等方面还存在一定的监督盲区。第二，监督效果不佳。检察机关的监督形式主要包括制发检察建议书、侦查活动监督通知书、纠正违法通知书以及口头监督等，但在制发相关文书并得到复函后，检察机关后续缺乏对监督效果的跟

---

① 参见张艳、郜占川《侦查活动监督面临的困境与完善路径——在以审判为中心的背景下展开》，《长春大学学报》2020 年第 5 期。

踪，未能深入考究公安机关的具体整改落实情况，公安机关同类错误问题仍时有发生，造成监督"落地难""易复发"等尴尬局面，监督的刚性和实效性均有待提升。第三，监督动力不足。"在监督中办案，在办案中监督"的办案思维未完全树立，一般办案人员基本将有限的精力投入案件办理中，却忽略了办案过程的监督线索。同时，上级统一专项监督行动较少，监督压力难以传导到基层，自然而然动力也会随之减少。第四，监督能力不强。部分检察机关办案人员缺乏实战工作经验，对于侦查活动中存在的违法情形不够敏感，或者对违法事项不熟悉，在书面审查案卷过程中难以发现违法点，导致监督不能。

三 斗门区开展刑事直诉案件监督工作的具体实践

斗门区检察院积极探索直诉案件提质增效的监督新路径，在充分调研和深入实践的基础上提炼出"四强化四提高"工作法，有效提升直诉案件监督质效。

（一）强化检警协作，提高直诉案件办理质效

斗门区检察院以"质量建设年"为契机，以"三个机制"为抓手，坚持能动履行检察职责，确保案件"诉得出、判得下"。第一，联签出台规范机制，破解案件质量难题。斗门区检察院在深入调查研究、充分沟通磋商的基础上，针对刑事直诉案件质量差、效率低的问题，坚持问题导向，与公安机关联签出台《斗门区人民检察院 珠海市公安局斗门分局关于办理刑事直诉案件若干规定》，对直诉案件的办案期限、取证要求、报备审查、听取意见、违法监督等作出规范。对于移送审查起诉前存在难以准确定性、有争议或者证据收集有困难等问题的案件实行提前介入，对于证据存疑且无补充侦查可能，或者明显不构成犯罪的案件，及时建议公安机关不移送审查起诉，实现案件分流管理和质量源头治理。第二，建立超期预警机制，避免案件超期办理。斗门区检察院在充分掌握公安机关办理直诉案件情况

的基础上，实现全流程办案期限预警，同时建议公安机关专人负责监督案件期限情况。第三，建立质量排名机制，科学制定量化指标。每季度、年度对公安机关侦查办案部门办案质量进行计分并排名，同时将排名情况通报公安机关。

（二）强化信息共享，提高基层办案能力水平

斗门区检察院与斗门公安分局在凝聚共识的基础上，以"三个加强"实现办案理念持续更新、执法标准有机统一和办案能力持续提高，确保办案人员"理念新、思路清"。第一，加强指标引领，革新执法理念。通过"诉前羁押率""不捕率"等指标引导，切实改变公安机关侦查人员观念。第二，加强信息共享，统一执法标准。斗门区检察院不定期召开检警联席会议，通报和反馈近期案件质量情况。第三，加强业务培训，提升业务能力。斗门区检察院定期邀请斗门公安分局办案民警共同参加检察机关举办的业务培训，共同学习最新司法理论、有效解决办案实务难题。

（三）强化主导责任，提高侦查活动监督品质

斗门区检察院在刑事诉讼中严格落实主导责任，以"三个及时"着力提升监督质效，确保监督"有力度、有成效"。一是细化直诉案件报备工作，及时掌握案件办理动态。斗门区检察院依托侦查监督与协作配合办公室，针对性地监督直诉案件质量，进一步降低"案—件比"，提高案件质量和效率。二是切实加强两项监督工作，及时发现侦查违法行为，加强对公安机关应当立案侦查而不立案侦查以及不应当立案而立案的监督力度，纠正有案不立、压案不查、有罪不纠行为，制发"侦查活动监督通知书""纠正违法通知书""检察建议"，切实加强监督刚性。三是充分发挥提前介入作用，及时有效引导侦查取证。适时介入侦查，做到"参与而不干预、指导而不包办"，与公安机关侦查人员共同分析案情，及时补充固定证据，规范取证行为，进一步完善案件证据链，切实把好证据关。同时，及时总结提前介入经验，加强成果转化，形成类案取证指引。

（四）强化内部监督管理，提高侦查监督精准程度

斗门区检察院坚持做到"三个规范"，力求精确瞄准监督点，确保监督"立得住、把得稳"。首先，健全联席会议制度，规范法律意见出具。对于公安机关商请提前介入的案件，要求承办检察官必须及时出具书面法律意见书，通过组织召开联席会议研究讨论，形成统一规范的法律意见，为公安机关下一步侦查取证和是否移送审查起诉明确方向。其次，严格限制降格处理，规范监督方式方法。进一步规范口头和书面监督等监督方式，明确要求承办检察官不得对违法行为降格处理。最后，完善监督考评机制，规范怠于监督行为。斗门区检察院定期将直诉案件侦查监督工作纳入绩效考评体系，对监督履职不到位的问题进行严肃处理。

四 破解刑事直诉案件监督难题的创新路径

检察机关要深入践行习近平法治思想，构建规范高效的执法司法制约监督体系，坚持以审判为中心，充分履行检察机关在刑事诉讼中的主导责任，发挥公安机关的侦查优势，构建以证据为核心的刑事指控体系，进一步深化检警协作，规范公安机关侦查行为和检察机关法律监督行为，提高刑事直诉案件办理的质量和效率，形成打击犯罪合力，努力让人民群众在每一个司法案件中都能感受到公平正义，达到双赢多赢共赢的良好局面，实现政治效果、法律效果、社会效果有机统一。针对刑事直诉案件存在的诸多问题，笔者从监督理念、制度保障、创新做法等多个维度着手，从珠海市斗门区检察院和斗门公安分局两个视角的实践经验出发，探索全面、科学、合理的新型监督模式，着力破解刑事实务中的监督难题，解决不敢监督、不善监督、不想监督的问题，为本地区检察机关开展刑事直诉案件监督工作提供行之有效的对策建议。

（一）充分认识监督的重要意义，始终做到尊重保障人权

法律监督工作系履行法定职责的客观需要，检察机关是保障国家法律统

一正确实施的司法机关，是保护国家利益和社会公共利益的重要力量，是国家监督体系的重要组成部分，必须依法履行宪法法律赋予的法律监督职责，深刻认识到监督与被监督的目标和责任一致性，监督履职使命不容懈怠。法律监督是提高案件质量的必然要求，将案件办成铁案，经得起时代、历史和法律的检验，既是追求，更应该是要求。案件质量作为反映司法能力的镜子，时刻展示着检察机关的形象，法律监督工作应坚持以人民为中心，以人民对法律效果的要求为标准，努力提高执法办案以及监督活动的质效，不断解决人民群众最关心、最直接、最现实的法治需求①。法律监督更是保障合法权益的重要举措，新时代人民群众对检察工作提出了新的要求，希望正义不会缺席，更希望正义不会迟到。检察机关要顺应时代要求，在监督中提升公信力，将正义融入监督，通过监督回应人民群众的关切，及时有效纠正各种侦查活动中的违法行为，切实提高司法公信力，遵循"尊重和保障人权"原则，通过对刑事直诉案件的全方位监督分别从实体上、程序上充分保障犯罪嫌疑人的权益。

（二）持续更新执法办案理念，切实提高执法办案水平

公安机关要革新执法办案理念，转变"重逮捕轻取保""以捕代侦"观念，将适用羁押和非羁押强制措施的案件放在同等重要位置，合理安排时间进行侦查，着力提高案件办理质量。同时，公安机关要充分发挥法制部门的审核过滤作用，切实担起刑事直诉案件移送起诉前把关职责，避免出现"过滤"变"过场"的情况。公安机关要加强与行政机关的沟通协作，实现信息资源共享，畅通案情通报、案件移送渠道。检察机关要充分发挥好在行刑衔接中的重要作用，发挥好法律监督职能，构建合理有效的协调机制，深入探讨证据衔接和转化，确保行政执法证据能够有效转化为刑事诉讼证据。最高人民检察院党组鲜明指出，新时代检察工作要创新发展，理念转变至关

① 参见张钦利、徐佳馨《中国刑事检察监督制度的回顾与展望》，《法制与经济》2021年第9期。

重要,理念一新天地宽。理念转变到位,办案监督自然就会有新思路、新方法、新局面①。检察机关要定期组织召开检警联席会议,向公安机关通报近期案件情况以及本系统最新办案理念和要求,对刑事直诉案件进展以及起诉、判决、处理情况等进行实时共享,提出问题,商量对策,研究解决共性问题、特殊问题,统一对法律法规、司法解释、刑事政策的理解与适用,统一证据采信标准和执法尺度,确保"大控方"站在同一战线、同一高度。定期开展检警同堂培训,邀请专家学者、一线办案骨干等就证据收集、法律适用、新法解读等方面进行授课,不断提高基层办案水平,增强办案力量。

(三)健全完善执行配套制度,创新适用新型监管方式

公安机关对犯罪嫌疑人作出取保候审决定必须明确告知犯罪嫌疑人要遵守取保候审、监视居住的相关规定以及违反规定的法律后果,进一步完善非羁押强制措施的配套制度,细化执行机关采取取保候审和监视居住的具体工作职责,完善具体的工作指引,同时将执行情况纳入考核。公安机关要及时跟进监督工作,要求犯罪嫌疑人定时报到,准确掌握犯罪嫌疑人的动向。对于违反取保候审规定的犯罪嫌疑人,必须采取有效措施保证其到案,对符合逮捕条件的及时提请检察机关审查逮捕。此外,检察机关要向科技要检力,创新适用新型监管系统,以科技信息化引领检察工作现代化,联合公安机关开发 App,通过大数据系统对非羁押人员进行个人信息采集,非羁押人员定期在系统上进行"打卡"报到,公安机关在系统上及时准确掌握人员情况,及时获取非羁押人员离开所在区域后的系统自动报警信息,采取措施保证犯罪嫌疑人到案。检察机关在审查起诉阶段亦可在系统上查看相关人员在案情况。杭州"非羁码"值得借鉴②,办案人员利用 App 中外出提醒、违规预警、定时打卡和不定时抽检等功能,对被取保候审人员进行监督。检察机关

---

① 参见李文峰《论双赢多赢共赢的法律监督理念》,《人民检察》2020 年第 17 期。
② 非羁码,系杭州检察机关与公安机关联合研发的非羁押人员数字监管系统,由办案人员与被取保候审人同步在手机安装"非羁码"App。

还可以与公安机关共同研究开发新型监管系统，进一步提高非羁押执行质量和效率，为降低诉前羁押率做好相关配套服务，在节省警力的同时，能够全方位、全时段管控非羁押人员的动向，保证该人员能够及时到案，保障诉讼程序顺利进行，为进一步降低诉前羁押率奠定基础。此外，及时补齐监管短板弱项，逐步解决在执行非羁押强制措施监管中存在的人手不足、经费短缺、技术落后等问题，尽快健全相关配套保障机制。

（四）充分加强检警沟通协商，规范公安机关办案期限

"法律监督不是我对你错、我高你低的零和博弈"①，检察监督要秉持双赢多赢共赢理念，凝聚共识、形成合力。首先，检警要形成良性配合，共同推动刑事直诉案件快速办理。对于案件较为简单、争议不大的案件，公安机关应当及时移送审查起诉。公安机关可以参考检察机关降低"案—件比"具体举措，推动构建公安机关内部案件考核体系。《刑事诉讼法》规定的取保候审期限最长不超过一年，而侦查羁押期限一般仅为两个月，非羁押案件相较于羁押案件难度一般不大，办理期限不宜过长。公安机关应当根据案件复杂程度区分案件办理期限，设置不同挡位复杂程度，如简单案件、一般案件、复杂案件，根据案件难易程度设置不同办案期限。其次，规范办案期限，提高办案效率。通过检警联签文件的方式，对直诉案件进行分类管理，针对案件难易程度设置相应的侦查办案期限，并予以规范和实时监督。进一步缩短侦查办案期限，保证案件证据材料及时调取，避免出现因时间过长而导致证据灭失或者无法调取的情况。针对侦查办案期限过长的问题，公安机关应当设定预警机制，由专人负责监督案件期限情况，对期限届满前一个月的案件进行筛查。对于临近期限届满尚未办结的案件，及时与检察机关案件管理部门沟通，避免超期移送案件的情况出现。

---

① 参见陈勇《新时代检察机关履行刑事诉讼监督职责的实践与思考》，《人民检察》2021年第12期。

（五）积极构建质量评价体系，探索直诉案件报备机制

第一，检察机关建立案件质量排名机制。根据公安机关移送审查起诉的直诉案件质量制订相应标准，通过指标进行量化，如扣分项包括法定不起诉、存疑不起诉、建议撤回、侦查活动监督通知书、纠正违法通知书等项目，加分项包括侦查效果好（未退回补充侦查等）、社会效果好（刑事和解、追赃挽损、赔偿谅解等）项目。检察机关根据量化指标分数，每月对公安机关侦查部门进行计分并予以排名，同时将排名情况通报公安机关，并建议公安机关对排名较后的侦查部门加强培训，必要时将排名情况纳入考核范围。公安机关根据排名结果能够及时规范侦查行为，摸清问题所在，进一步增强侦查人员的侦查意识、规范取证行为、提升取证能力。第二，以审判为中心的检警关系，决定了侦查监督的模式应当是过程性监督，而不是结果式监督①。检察机关通过案件报备制度，要求公安机关将刑事立案后的刑事直诉案件情况同步通报检察机关，内容包括立案时间、非羁押强制措施适用情况、案件存在的问题等等，及时掌握和实时监督案件动态，实现案件分流管理和案件质量源头治理。在传统的事后监督、纠错式监督模式下，存在监督滞后以及错误难以弥补的问题，新时代的检察机关要主动将监督关口前移，减少事后监督、纠错式监督，检察机关依托侦查监督与协作配合办公室，针对报备案件及时总结和反馈问题，并对怠于侦查、办案期限过长、案件质量不佳等问题进行监督，对于证据明显不足等达不到起诉标准的案件，建议待取证到位后再移送审查起诉。公安机关将直诉案件情况通报检察机关，检察机关能够更有针对性地监督直诉案件质量，同时起到前置筛查、降低"案—件比"、避免"带病"进入审查起诉阶段。第三，建立直诉案件听取意见机制。公安机关对于难以确定是否符合移送审查起诉条件的案件，通过听取意见机制商请检察机关派员提前介入，承办检察官通过仔细审查后出具

---

① 参见韦佼杏《检察院派驻公安机关监督的制度构造及其优化》，《广西警察学院学报》2021年第5期。

统一规范的法律意见和侦查意见，要求公安机关及时补充固定证据，规范取证行为，进一步完善案件证据链，以"治已病"的有效引导侦查和"治未病"的能动履职相结合，切实把好证据关，避免问题案件进入审查起诉阶段。

（六）制订规范统一监督标准，全面提升检察监督质效

为确保检察监督的专业性，检察监督的启动和实施都要确保精准性[①]。精准监督必须要有统一监督标准和规范监督方式。在启动监督程序时，必须要有统一且可遵照执行的标准，承办检察官要严格按照监督标准进行监督，减少监督的随意性，尽可能在同一区域以同一标准对同一违法行为、同一违法事项采用同一标准监督。规范口头和书面监督，不能以口头监督代替书面监督，不能以制发"侦查活动监督通知书"代替制发"纠正违法通知书"，对于符合书面监督或违法程度已达纠正违法标准的，不得降格处理。如果一个公诉案件的案件事实、情节、罪名认定出现不一致，说明办案机关或办案环节在具体处理上存在一定偏差[②]。创新适用文书比对方法，通过比对起诉意见书、起诉书、判决书的重点内容，找出认定事实和罪名差异，梳理分析检察机关、法院改变定性和适用法律情况，排查和通报公安机关刑事直诉案件中存在的共性、突出问题，有针对性地进行监督。检察监督对于可能引发的错案予以纠正从而实现人权保障，相比高效发挥诉讼职能而惩罚犯罪的社会价值更优[③]。检察机关在监督过程中既要严格遵循"监督到位不越位，参与而不干预"原则，进行全面监督、实时监督，及时纠正和通报公安机关的违法行为，实现近距离、全方位、动态、立体监督[④]，也要树立"在监督

---

① 参见季美君《新时代法律监督工作高质量发展的思考》，《检察日报》2021年11月16日，第3版。

② 参见傅信平《新时代检察机关案件监督管理模式构建——以贵州"三书比对"强化案件实体监督的实践探索为视角》，《人民检察》2021年第4期。

③ 参见朱静、杜国伟《"捕诉一体"视野下检察监督的实践偏离与理性回归》，《中国检察官》2021年第7期。

④ 参见林慧青《检察机关对公安派出所侦查监督机制的优化路径》，《中国刑警学院学报》2021年第1期。

中办案，在办案中监督"理念，正确认识办案与监督的辩证关系。完善内部监督机制，将侦查监督由"软任务"变成"硬指标"①。检察机关要定期分析、通报办理的刑事直诉案件侦查监督数据，并纳入考评体系，不仅设置监督加分项，而且要设置监督不到位的减分项，在提高积极性的同时，对怠于监督的情况实施负面评价，从而充分发挥检察考评体系对直诉案件法律监督的指挥棒作用。

五　结语

检察机关是国家法律监督机关，对于公安机关办理刑事直诉案件存在的问题，必须予以全面、精准、科学监督。在新时代背景下，法律监督职能需要进一步完善和发展，检察机关要全面贯彻《中共中央关于加强新时代检察机关法律监督工作的意见》《最高人民检察院、公安部关于健全完善侦查监督与协作配合机制的意见》要求，通过源头预防和前端化解，着力推进监督诉源治理工作，加强对刑事直诉案件特点和质量问题的研究，充分发挥"侦查监督与协作配合办公室"的职能作用，从合理规范办案期限、更新执法办案理念、完善执行监管工作、制定规范监督标准、探索创新监督机制等方面，做到充分尊重侦查规律，全面提升法律监督质效，能动履行法律监督职责，不断强化对侦查活动的监督力度，提高对刑事证据的审查能力，规范侦查机关强制措施和侦查手段的适用，针对刑事直诉案件中的突出问题和重点问题进行监督和整治，打造加强新时代检察机关法律监督工作的创新范本。

---

① 参见来向东、林峰《新形势下加强侦查监督工作的路径探析——以 G 省检察机关侦查监督实践为样本》，《中国检察官》2021 年第 19 期。

B.13
横琴粤澳深度合作区检察机关
法律监督质效提升研究

广东省横琴粤澳深度合作区人民检察院课题组 *

摘　要： 随着《横琴粤澳深度合作区建设总体方案》的公布，广东省横琴粤澳深度合作区管理委员会挂牌运作，横琴进入了粤澳深度合作新时代。在横琴合作区的开发建设中，广东省横琴粤澳深度合作区人民检察院从"四大检察"职能出发，明晰新形势下合作区检察机关司法办案理念，创新执法方式，加强协作配合，在刑事方面探索琴澳两地刑事证据互认及鉴定认同机制，在民事审判监督方面大胆适用澳门民商事法律，在重点领域开展行政诉讼监督。同时，联合澳门检察院共同推进检察公益诉讼工作，进一步提升检察机关法律监督质效，为横琴粤澳深度合作区开发建设贡献检察力量和智慧。

关键词： 横琴粤澳深度合作区　法律监督　检察监督

　　新形势下做好横琴粤澳深度合作区（以下简称"合作区"）开发开放，是深入实施《粤港澳大湾区发展规划纲要》的重要举措，是丰富"一国两制"实践的重大部署，为澳门长远发展注入重要动力，有利于澳门长期繁荣稳定和融入国家发展大局。面对横琴合作区开发建设的新情况、新问题、

---

* 课题组成员及执笔人：周利人，广东省横琴粤澳深度合作区人民检察院党组书记、检察长；丁莹莹，广东省横琴粤澳深度合作区人民检察院检察官助理。

新形势，广东省横琴粤澳深度合作区人民检察院（以下简称"合作区检察院"）的工作重心和任务亦随之发生变化。新形势下，合作区检察院主动对接合作区建设的目标和任务，找准切入点和结合点，充分发挥检察职能，努力为合作区建设提供优质的法律服务和司法保障，助力合作区战略定位、发展目标如期实现。

一 新形势下合作区检察机关法律监督质效提升的必要性

（一）深化新时代能动司法检察工作

在能动司法检察语境下，要积极回应党委政府以及社会群众的法治新需求，在服务大局中彰显检察担当，将党委、上级检察院的决策部署与检察履职重点相结合，做到中心工作在哪里，检察工作就跟到哪里。2021 年 6 月，党中央印发了《中共中央关于加强新时代检察机关法律监督工作的意见》，明确要求"全面提升法律监督质量和效果，维护司法公正"。2021 年 12 月，《最高人民检察院关于服务保障横琴粤澳深度合作区建设的工作意见》正式印发。合作区检察院理应担当重任，以服务保障合作区的开发建设为重点，以能动检察履职有效回应合作区促进澳门经济适度多元发展的新要求、粤澳两地人民群众安居乐业的新期待。

（二）保障和促进合作区经济社会发展

合作区内政治制度、法律制度、社会行为模式等存在差异，促进经济社会发展必将对法治建设提出更高要求。随着合作区国家战略的顺利推进，琴澳两地融合一体化程度将会达到一个前所未有的高度，有关洗钱犯罪、恐怖犯罪、毒品犯罪、环境犯罪、票据诈骗犯罪以及利用网络及计算机技术实施的跨境犯罪也有可能呈上升趋势，甚至危及国家政治安全和制度安全，这会影响经济发展、社会治安秩序以及投资环境安全。合作区检察院必须立足发展实际，通过提升法律监督质效，有效惩治和防范合作区内违法犯罪活动，为合作区经济发展和居民安居乐业提供良好的营商环境和法治环境。

（三）有利于营造合作区趋同澳门、接轨国际的法律制度环境

《横琴粤澳深度合作区建设总体方案》提出，合作区的民商事规则衔接澳门、接轨国际，营造趋同澳门及国际的宜居宜业法律制度环境，提升对澳门居民及国际人才的吸引力。澳门特别行政区目前正在展开深入研究，已在部分领域制定或修订相关法律法规①。法律的"顶层设计"将为合作区改革创新提供充足的制度工具。目前，除了澳门大学横琴校区和横琴口岸澳门管辖区外，合作区均受内地法律管辖，相关法律规则与澳门及国际有不少差异，澳门居民及国际人才到合作区生活、就业、创业可能存在不适应规则制度问题。检察机关更应积极作为，打造法律规则衔接澳门、接轨国际的检察实践。

二 提升合作区检察机关法律监督质效的探索

（一）聚焦刑事案件中的涉澳因素，有效推动刑事检察工作提质增效

依法履行批捕起诉职责打击刑事犯罪，妥善办理合作区港澳企业和民营企业涉刑事案件。在依法严厉打击各类犯罪的同时，严格区分因先行先试出现的失误同明知故犯的违法犯罪的界限，对于港澳企业涉刑事案件，严格遵循公正平等的司法理念，促进各类企业主体安心经营、放心投资、专心创业。创新建立涉澳刑事案件办理工作机制。合作区检察机关成立涉澳案件检察官办公室，专门负责办理在合作区经营的澳门企业和在合作区生活的澳门居民案件，为澳门居民企业提供涉法涉诉涉案咨询、内地法律帮

---

① 《法治是横琴粤澳深度合作区建设的重要保障》，"澳门特区发布"公众号，https://mp.weixin.qq.com/s/tky8YdZCNVl5y99nBO72XA，最后访问日期：2022年10月8日。

助等法律服务，逐步建立刑事案件 24 小时通报制度、重大案件及重大事项提前介入、舆情关注应对、犯罪预防、法治宣传等工作机制。对于涉案的澳门企业及个人，依法从速处理，针对案件存在的矛盾点、风险点提出防范对策。

探索开展企业合规工作。探索建立刑事合规监督考察程序，确立企业法人刑事责任归咎原则和合规量刑激励机制，帮助涉案企业构建有效预防犯罪的管理机制，达到企业依法依规经营的效果。2022 年 2 月，合作区检察院出台《广东省横琴粤澳深度合作区人民检察院关于开展企业刑事合规工作方案》，率先提出开展重点领域的刑事合规，针对合作区内重大国企、大型私企、涉港澳企业积极开展刑事合规，有效预防犯罪。通过对珠海大横琴集团有限公司的充分调研，达成共识，由大横琴集团有限公司作为启动"预防型合规"备案审查机制试点的首家单位，并提交了集团公司内部相关合规管理体系文件进行备案。2022 年 8 月，合作区检察院牵头召开横琴粤澳深度合作区涉案企业合规第三方监督评估机制管理委员会第一次联席会议。横琴工商联、省政府横琴办政法工作处等 9 家涉案企业合规第三方机制管委会成员单位签署了合作区《涉案企业合规第三方监督评估机制实施办法（试行）》。

（二）以涉外民事检察工作为重点，探索民商事规则衔接澳门

随着合作区开发建设的深入推进，境内境外两地资源、两个市场对接更加顺畅高效，各类资源要素更加便捷高效流动。在开放型经济新体制下，涉外民事案件的办理质效影响重大，检察机关更应高度重视诉讼监督，助力合作区司法公正，吸引国内外投资与贸易，强化港澳人员对内地司法的认同。例如，在办理一起涉澳民间借贷民事案件申请法律监督中，针对涉澳的特殊情况，承办检察官全面梳理案件事实和焦点问题，充分运用调查核实权，及时向法院调取卷宗材料，在查明案件事实、理清争议焦点后，依法作出了不支持监督申请决定，有效保护了被申请人某澳门企业的正当权益，也通过释法说理让申请人心服口服，取得了良好的法律效果和社会效果。

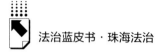

加强民事支持起诉工作，突出化解合作区社会矛盾。合作区检察院努力扩大支持起诉案源，加强宣传，与法律援助机构开展交流合作，就案件线索流转、常态化沟通协作等内容形成联动机制，使民事检察工作与法律援助工作形成有效衔接，努力实现双赢多赢共赢目标。同时，把支持起诉与民事和解工作联系起来，突出化解社会矛盾。2022 年 5 月，合作区人民检察院办理一起工伤纠纷民事支持起诉案件，经过检察机关的前期沟通调解，同年 7 月，横琴劳动仲裁委公开审理了该起劳动仲裁前置案件，双方当事人顺利达成调解协议，当事人及时足额收到工伤赔偿，检察机关积极履行民事支持起诉职能，高效、快速化解纠纷，真正做到便民利民惠民。

（三）以构建共商共建共管共享为目标，开展特色行政检察工作

合作区管理模式是粤澳联合成立管理委员会（下设执行委员会）的共商共建共管共享管理体制。在全新的行政管理模式下如何开展行政检察工作，需要根据管委会及其执委会运作方式来确定。由于澳门与内地行政检察监督理念不同，实践中更应树立"积极作为、柔性监督、共享信息、磋商沟通"的行政检察监督理念，突出"共商"和"共享"特点，探索建立行政执法与行政检察衔接机制，有效解决行政检察工作开展中发现的问题，促进依法行政。2022 年，共立案办理行政违法行为监督案件 8 件，发出类案检察建议 2 份，主要聚焦合作区"问题楼盘"和农民工拖欠薪治理两大领域。

针对合作区商办楼盘项目"类住宅"化问题引发的信访矛盾纠纷，以合作区两个典型违法商办项目为切入点，调取执法材料、实地查看现场，就职能部门在商办楼盘违法加建等方面履职不到位、履职不及时等问题，制发检察建议函，有效促进了辖区问题楼盘整治工作。针对合作区建筑施工领域劳资纠纷处置压力明显上升问题，检察机关在案件办理中，将工作重点放在前端管理（减少劳资纠纷隐患）和末端执法（较好较快处置劳资纠纷）。针对涉案建筑工程存在的违法分发包、未按规定设立和使用农民工工资专用账户等问题，与执委会商事服务局、城市规划和建设局等部门进行座谈交流

后，向合作区职能部门发出检察意见函，为根治建筑施工领域劳资纠纷贡献检察力量。

（四）当好公共利益代表人，营造宜居宜业宜游的优质生活圈

围绕人民群众普遍关注的饮用水、空气、食品药品安全、垃圾处理等民生热点问题，检察机关积极作为，加强公益诉讼检察工作，维护国家和社会公共利益。

1. 在探索海洋生态领域公益诉讼上下功夫

联合深圳前海检察、广州南沙检察对生态环境检察公益诉讼开展调查研究，为新时代海洋公益诉讼开展提供思路。联合广东省海洋综合执法总队直属二支队，开展海洋巡查调研活动，共同探索建立保护海洋生态环境长效机制。依法做好海洋公益诉讼案件办理工作。根据一起刑事案件中存在的非法捕捞行为，开展公益诉讼立案调查，着力发挥海洋公益诉讼在海洋环境生态修复中的作用。

2. 在协助厘清职能部门监管权限上动真格

由于合作区完全区别于内地或者澳门的行政管理方式，在开展行政公益诉讼工作中，要特别注重行政公益诉讼的方式方法，尽量采取诉前磋商方式解决问题。合作区检察院在办理某药房涉嫌违法销售含有禁用成分的消毒产品案中，经过与合作区民生事务局、商事服务局磋商沟通，发现行政机关之间存在权责不清、工作衔接不畅等问题。组织召开公益诉讼案件公开听证会，针对药品监管职权边界不清问题，依法向相关部门发出诉前检察建议，督促行政机关依法履职并完善监管工作机制。

（五）积极开展法治宣传，营造不同法域法律认识融合的法治氛围

琴澳深度融合，内地居民和企业既要适应境外法律，澳门居民和港澳企业也需遵守内地法律，在合作区开展两地法治宣传尤为重要。合作区检察院按照"谁执法谁普法"要求，结合案件办理积极开展法治宣传工作，制定了《广东省横琴粤澳深度合作区人民检察院 2022 年度法治宣传工作

方案》，开展以检察职能、检察工作为主要内容的法治宣传。利用"两微一端"宣传典型案例，针对反诈、反欠薪、预防开设赌场、偷越国边境犯罪以及保护知识产权、防范金融风险、企业合规以及未成年人法治等工作开展专项宣传。面向在横琴经营的港澳企业和在横琴工作生活的澳门居民采取检察开放日、进企业、进社区、进学校等多种方式，讲好检察故事，宣传两地法律常识，营造法治氛围，更好地将普法工作与检察工作相结合、日常普法与专项普法相结合、线上普法与线下普法相结合等，引领合作区社会法治意识，为合作区经济社会高质量发展夯实法治基础、贡献检察力量。

三 合作区检察机关提升法律监督质效存在的问题

合作区肩负着支持澳门经济适度多元发展的重任，探索民商事规则衔接澳门、接轨国际，内地与澳门法律制度时常发生抵触。不同法域刑事司法制度本身存在差异，粤澳两地刑事司法协作尚未走出实质性一步。另外，合作区由粤澳联合成立管委会共商共建共管共享管理体制，有别于单纯的内地模式或者澳门模式，以上问题都对检察机关高效履职带来挑战。

（一）粤澳两地司法协作仍然不够深入具体

"一地两法域"是目前合作区最主要的司法体制现状。内地是社会主义法系，澳门是大陆法系，不同法域必然存在刑事管辖权冲突。犯罪活动往往是动态的、跨法域的行为，在司法实践中，内地与澳门对同一案件同时享有管辖权的情况时常发生，如果不能进行充分有效的司法合作，及时解决法律冲突问题，不仅不能有效打击犯罪，极大损害司法权威，而且还会严重损害人民群众的合法权益。目前，内地与澳门的刑事司法合作仍处于个案性的非常态，没有形成规范化的常态。对刑事判决认同、刑事法律证据认可等方面尚未形成有效共识，对合作区内刑事检察工作的开展带来一定挑战。

（二）合作区构建衔接澳门、接轨国际的民商事规则，法律适用存在困难

《横琴粤澳深度合作区建设总体方案》明确提出，要逐步构建民商事规则衔接澳门、接轨国际的制度体系。目前，合作区对各部门探索民商事规则衔接澳门工作都要求有创新举措，上级检察机关对合作区检察院推动民商事规则衔接澳门的创新履职也有新期待。在民商事规则衔接澳门、接轨国际的背景下，合作区民事检察监督程序法、实体法如何适用尚无明确思路。

（三）合作区管理模式下，行政检察、公益诉讼检察履职方式尚需优化

横琴粤澳深度合作区执行委员会是横琴粤澳深度合作区管理委员会的日常工作机构，下设9个工作机构，负责合作区开发建设工作。该9个下设机构功能定位较为特殊，严格意义上并不完全等同于内地行政职能部门。《横琴粤澳深度合作区建设总体方案》提到，成立广东省委和省政府派出机构，集中精力抓好党的建设、国家安全、刑事司法、社会治安等工作，履行好属地管理职能。因此，检察机关针对执委会职能部门开展检察监督，还需进一步更新监督理念、优化监督方式，做到检察监督不越位、不添乱，精准监督、有效监督。

四　未来展望

未来，合作区检察机关要更新司法理念，创新执法方式，加强协作配合，全力服务保障合作区开发建设。

（一）探索琴澳两地刑事证据互认及鉴定认同机制

内地与港澳地区迄今为止尚未达成全面有效的司法协查协定。要积极发挥检察官的主体地位，探索内地与澳门司法机关在具体案件中实现信息共

享、合作办案、文书传递、证据互认以及鉴定互认或单项认同机制，提高办理涉澳跨境案件能力。加快衔接澳门《刑法典》和《刑事诉讼法典》，结合定罪与程序的一些特殊要求，采取"类型化"立法思维，在刑事诉讼程序上完善涉澳当事人的权利救济。

（二）大胆适用澳门民商事法律开展民事审判监督

合作区检察机关在开展民商事审判监督工作中，要积极探索适用澳门民商事法律开展法律监督。如果合作区民商事主体适用澳门法律，民事诉讼法也相应适用澳门法律，横琴检察机关在民事法律监督方面就要按照澳门的民商事法律制度来运作。2021 年 9 月，合作区法院对某涉澳金融借款合同纠纷一案作出的判决发生法律效力，该案中，合作区人民法院依法查明并同时适用《中华人民共和国民法典》和澳门《民法典》等法律规定作出判决。一宗案件，适用两部民法典，该案的审理是横琴法院积极推进域外法查明和适用的有效尝试[①]。对该类案件开展检察监督，就需要检察机关大胆适用澳门民商事法律，着重审查法院在适用澳门法律中是否存在漏洞。通过适用澳门民商事法律成功开展民事检察监督工作，不仅能够有效避免当事人救济无力的情况，能够充分维护当事人的合法权益，也是合作区司法规则衔接的精彩展示。

（三）开展重点领域的行政诉讼监督工作

随着合作区的发展建设，境外投资者和境外人士在合作区的各类活动也必将增加，以行政相对人的身份出现在行政执法范畴，检察机关要积极研究应对以合作区执委会及其下设机构为被告的行政诉讼不服的申诉，督促法院依法审判和执行，监督行政机关依法行政，为合作区开发建设营造高效阳光的政务环境。在开展行政诉讼检察监督中，要着重把握重点领域，依法履行

---

① 《一宗案件 适用两部民法典》，横琴粤澳深度合作区人民法院微信发布，https：//mp. weixin. qq. com/s/iZJoxUxwU-yQGhWJ-akV_ g，最后访问日期：2022 年 10 月 8 日。

对知识产权、金融、自然资源等领域行政诉讼活动的法律监督职能，推进合作区行政机关依法履职，促进合作区法院依法审判，有效维护行政相对人的合法权益。通过检察建议等方式督促纠正在履行法律监督职责中发现的行政机关违法行使职权或者怠于行使职权的行为，从行政审判监督出发，助力横琴法院职能作用的公正高效发挥。

（四）联合澳门检察院共同推进公益诉讼检察工作

澳门检察院的职责权限包括"代表集体或公众利益提起特别民事诉讼"。《澳门行政诉讼法典》就所有公权力或受法律保护之利益，均设有一种或多种旨在对其给予有效司法保护之诉讼手段，规定检察院可以为维护集体或公共利益提起行政诉讼。珠澳共享一片天、同饮一江水，合作区检察机关可以在上级检察院的牵头下，联手澳门检察机关建立生态环境保护会签工作机制，从水域环境保护逐渐延伸到药品、食品、国有土地保护等其他领域，联合开展公益诉讼工作，维护低碳环保、幸福安全的湾区生活。

（五）联合澳门检察院开展常态化交流联络工作

一是互派司法人员实习交流，每年互相派遣若干名司法人员到对方单位，开展为期三个月的岗位实习锻炼，通过较长时间的岗位学习，深入了解对方的工作运行情况；二是联合举办调研论坛，每年共同举办一次检察论坛，共商两地检察合作；三是共建培训基地，以澳门大学等高校为平台，探讨建立联合培训学习机制，举行联合培训活动，互相学习、共同提高；四是加强检察文化交流，增进了解、增强凝聚力，促进合作区检察工作发展。

跨 境 法 治

Cross-Border Rule of Law

B.14
拱北海关推动珠海高质量实施
《区域全面经济伙伴关系协定》的
实践与探索

拱北海关课题组*

摘 要： 拱北海关立足珠海本地实际，充分发挥海关服务对外经贸的职能
优势，从科技应用、规则研究、实务调研、知识普及、疑难解决
等五个方面入手，针对政策宣传见效慢、规则利用水平不高、涉
日享惠时有不畅等问题，以中央与地方"两级事权联动"为出
发点，提出海关与珠海地方政府、进出口企业之间的"三方主
体协同"对策与具体方案，全面推动《区域全面经济伙伴关系
协定》（RCEP）政策措施在珠海本地落地。

* 课题组负责人：刘航，拱北海关关税处副处长、二级高级主管。课题组成员：田禾，拱北海
关关税处科长、一级主管；郭志云，拱北海关关税处副科长、二级主管；安静，拱北海关关
税处一级主管。执笔人：郭志云。

关键词： RCEP　高质量实施　原产地规则　进出口享惠

经国务院批准，《区域全面经济伙伴关系协定》（RCEP）于 2022 年 1 月 1 日正式生效实施。拱北海关立足海关作为国内国际双循环交汇枢纽的角色定位，牢牢把握珠海作为毗邻港澳的经济特区这一特殊区位，积极推动 RCEP 相关政策在珠海落地见效，助力珠海外贸企业借 RCEP 东风实现提速发展。

一　宏观形势：RCEP 生效实施的机遇与挑战

（一）RCEP 生效实施带来重大发展机遇

RCEP 共 15 个成员方，人口、经济体量、贸易总额均约占全球总量的 30%，其顺利实施意味着全球近三分之一的经济体形成了一体化大市场。各成员间优势互补，也将促进区域内产业链、供应链和价值链深度融合，为各成员国经贸关系发展提供了新的催化剂、助推器，是我国构建新发展格局的重要平台。

RCEP 也是一个全面、现代、高质量的自贸协定，其最终零关税的税目比例将在总体上超过 90%，并规定给予其他成员方货物国民待遇、特定货物临时免税入境、取消农业出口补贴、通关便利化措施等内容。RCEP 不仅带来关税下调，各成员方的市场准入也进一步放开，将大大促进协定项下货物的高效便捷流通，是企业巩固拓展海外市场的重要抓手。

（二）RCEP 生效实施面临的多种挑战

1. 来自内外部环境的挑战

受全球新冠疫情肆虐影响，当前世界经济严重衰退、国际贸易投资萎缩、保护主义单边主义加剧，地缘政治冲突持续，国际环境依然错综复杂，

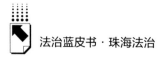

外部形势变化影响仍有不确定性；同时，国内经济总体延续恢复发展态势，但仍面临需求收缩、供给冲击、预期转弱三重压力。

2. 来自其他优惠贸易协定的挑战

截至 2022 年底，我国已实施的优惠贸易协定共 21 个。所有的优惠贸易协定都涉及成员方之间货物贸易的关税减让，只是减让幅度和完成时限各不相同。RCEP 于 2022 年 1 月 1 日正式生效实施，降税才刚刚起步，减让幅度较其他已实施的协定必然略逊一筹。而企业在多年贸易实践中逐渐形成了原协定下的贸易惯性，"辞旧迎新"并非易事。

3. 来自协定自身的挑战

RCEP 原产地规则较其他已实施的优惠贸易协定更加灵活，主要体现在：一是大部分税目在适用产品特定原产地规则时，采用税则归类改变或区域价值成分"二选一"的原产地标准；二是"区域价值成分"可使用扣减法或累加法"二选一"的计算方式；三是引入"微小含量"规则，且对《商品名称及编码协调制度》第 50 章至第 63 章规定的货物，可采用 FOB 价值比例或重量比例"二选一"的判定方式；四是在协定对所有签署方生效后，经各缔约方审议，有望将累积规则由"部分累积"扩展至"完全累积"。这些灵活规则，意味着企业利用规则的"门槛"虽然降低了，但"技术含量"提高了，因此企业不仅要适应规则，更要懂得驾驭规则。

二 微观环境：RCEP 实施与珠海外贸的关联分析

珠海作为我国最早设立的经济特区之一，是一座典型的外向型沿海城市，也是海上丝绸之路的重要通道。对外贸易一直是支撑珠海经济社会发展的重要支柱，开放型经济格局已成为珠海经济特区建设模式的重要组成部分。推动 RCEP 高质量实施，将给珠海外贸发展带来巨大机遇，主要表现在以下方面。

（一）有利于巩固传统优势

近年来，珠海市对东盟进出口贸易额占全市进出口总额比重的 14% 左右，东盟一直是珠海市第一大贸易伙伴。RCEP 的高质量实施将进一步巩固东盟作为珠海第一大贸易伙伴的地位，出口东盟的加工水产品、塑料及其制品、化学品及部分机械机电设备等出口贸易，以及自东盟进口的部分果汁、化学燃料等进口贸易，总量均有望进一步增加。珠海市对东盟的进出口贸易占比有望进一步提升，这会给全市经济发展和稳步提升带来更多机遇。

（二）有利于拓展发展空间

近年来，珠海对日本的进出口贸易额约占全市进出口总额的 8%，日本在珠海市进出口贸易伙伴排名中列第五位。随着 RCEP 的实施，越来越多的产品将在 RCEP 项下实现关税减让，且减让幅度会不断增大，这些都将促进我国对日贸易总额进一步攀升。就珠海而言，出口方面主要惠及服装、化学品、铝及其制品、机电产品等品类，进口方面主要惠及部分发动机及其他机械制品、部分汽车零部件、部分化工品、部分塑料及其制品等。总体而言，珠海市对日贸易企业尤其是日资企业的发展将进一步向好。

（三）有助于缓解中美经贸摩擦的不利影响

受中美经贸摩擦影响，珠海市对美国的进出口额有所下降，其中，列入美国加征关税清单范围的出口商品与纳入我国对美加征关税清单范围的进口商品数量均有较明显减少，导致美国在珠海市进出口贸易伙伴中的排名下降至第四位。RCEP 的高质量实施，将给珠海市外贸企业带来新的机遇，企业可以借助 RCEP 相关政策进一步开拓新市场，减少对美国的出口依赖。

三 海关应变：拱北海关"五聚焦"措施与成效

RCEP 的实施给珠海外贸发展提供了重要机遇，拱北海关以推动珠海外贸保稳提质为出发点和落脚点，从五个方面精准发力，推动 RCEP 原产地规则和关税减让政策在珠海落地见效。

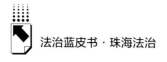

（一）聚焦科技应用，提升管理效能

作为海关总署RCEP工作专班下设信息系统组的组长单位，拱北海关牵头推进"RCEP原产地管理信息化应用项目"的开发工作，完成系统从1.0版本建设到3.0版本优化的各项建设任务，实现RCEP海关配套业务系统从无到有、从有到优的次第进阶。拱北海关充分利用牵头系统开发建设的先天优势，积极组织关区相关业务现场参与系统开发测试，在调试系统功能的同时，让关区业务一线关员提早接触系统最新功能，大大缩短一线关员适应系统的时间，为系统上线运行后相关业务的平稳运行奠定了基础。同时，印发《拱北海关RCEP原产地管理信息化应用项目上线运行工作方案》，建立项目上线运行工作联络员制度，由联络员负责及时收集和提交本业务现场在系统运行方面存在的问题；成立应急专家小组，负责集中处置和反馈由联络员提交或由企业直接反映的有关系统上线运行的各类问题，对无法解决的问题及时上报总署，促进系统功能不断优化。

（二）聚焦规则研究，精准吃透政策

一方面，从理论研究出发，进一步促进海关内部准确认识和把握规则，厘清概念、理顺逻辑。围绕"RCEP实施对海关原产地管理的挑战与破局"开展专项课题研究，从RCEP项下货物原产资格与原产国的判定、经核准出口商制度的大规模实施、背对背原产地证明的引入等方面全面探讨，最终形成调研文章4篇、课题报告1篇，相关成果在海关原产地专业技术领域获得认可。

另一方面，从实践需求出发，进一步拓宽一线关员的学习途径。在内部管理网首页开设RCEP专栏，设置协定解读、工作动态、各方观点等八大模块，及时发布RCEP最新工作进展，并将RCEP原产地规则和关税减让政策作为重点内容融入关区年度培训计划；充分发挥关区原产地分专业技术委员会、技术小组作用，组建RCEP培训讲师团，负责对RCEP相关政策进行培训和讲解，先后开展分级分类专题培训7次，让一线业务人员充分理解

RCEP 原产地规则与关税减让政策，为提升 RCEP 项下海关原产地执法的准确性和统一性奠定基础。

（三）聚焦实务调研，靶向辅企助企

在 RCEP 生效实施后不久，为进一步了解企业对 RCEP 的政策关切和业务诉求，拱北海关通过实地走访、问卷调查、电话访谈等方式开展调研摸底。调研结果显示，与 RCEP 成员方有实际进出口业务往来的企业更为关注 RCEP 相关政策，其中对日本和对东盟进出口贸易的影响是两大关注重点。具体到产品层面则相对分散，农产品、化工品、塑料制品、纺织品、机械设备、运动器材等均有涉及。此外，围绕 RCEP 配套"经核准出口商"制度，拱北海关面向关区范围内的海关高级认证企业开展专项调研，在数据分析基础上，确定"经核准出口商"重点培育对象；制订分批培育方案，对首批重点培育企业开展"一对一"定向政策辅导，消除企业疑虑。2022 年拱北海关共认定"经核准出口商"12 家。注重调研成果的转化与共享，结合广东省与珠海市两级政府 2022 年贸易高质量发展十大工程规划，就推动 RCEP 在珠海落地实施提出工作建议11 条。

（四）聚焦知识普及，形成认知共识

为让尽可能多的进出口企业了解 RCEP 实施带来的政策利好，拱北海关分阶段对相关外贸企业开展 RCEP 政策系列专题宣讲。在 RCEP 生效之前，就以协定文本为基础，重点围绕 RCEP 基本情况、关税减让模式、原产资格获取、原产国判定等内容进行讲解，累计开展线上线下对企集中宣讲 7 次，惠及珠海、中山企业超 800 家次，在线用户累计超 1.4 万人。2021 年底，随着《中华人民共和国海关〈区域全面经济伙伴关系协定〉项下进出口货物原产地管理办法》（海关总署令第 255 号）及其配套实施公告（海关总署公告 2021 年第 106 号）正式公布，拱北海关及时调整政策宣讲重点，重点开展实际应用的享惠政策引导，以 RCEP 项下原产货物进口享惠操作流程、

出口原产地证书申领流程、产品特定原产地规则为重点，开展线上线下集中专题宣讲 8 次，惠及外贸企业 701 家次，在线用户累计超 6.7 万人。除传统的集中宣讲方式，拱北海关通过新媒体官方平台"拱关微发布"推送"RCEP 小课堂""RCEP 通关享惠锦囊"等原创政策解读文章 7 篇，让进出口企业在学习中进一步了解 RCEP 带来的政策利好。

（五）聚焦疑难解决，保障红利释放

深入挖掘企业利用 RCEP 享惠的典型案例，拱北海关注重从正反两方面强化规律总结和经验提炼。一方面，围绕关区企业重点进出口产品开展专题研究，突出服装、汽配、化工、灯具、新材料等 RCEP 项下实际享惠较多的行业，着重关注同一产品的 RCEP 协定税率随时间的纵向变化；将 RCEP 项下的关税减让安排和原产地规则，同其他相关优惠贸易协定进行横向对比，为企业享惠提供实用"锦囊"；注重宣传报道企业享惠案例，营造良好氛围和正向舆论引导。

另一方面，针对企业反映的 RCEP 项下进出口享惠疑难问题，构建"收集—研究—反馈—回访"闭环，对问题实行跟踪管理、动态清零；每月定期开展数据分析和业务监控，全面掌握 RCEP 项下进口验放货物的货值金额、主要商品和享受税款减让情况，将"依法给惠"和防范风险有机结合，重点关注涉及异地企业、敏感商品、高额货值，适时组织针对性单证复核；跟进 RCEP 原产地证书签发情况，分析每月主要签证企业和出口产品，对部分变动明显的企业和产品及时开展调查研究，确保相关进出口贸易有条不紊。

2022 年 1 月 1 日零时起，RCEP 正式生效实施。拱北海关第一时间为关区企业签发首份 RCEP 原产地证书，真正实现让企业第一时间享受 RCEP 政策红利。2022 年，拱北海关共为《区域全面经济伙伴关系协定》（RCEP）项下约 7.9 亿元原产货物办理进口通关手续，累计优惠税款超 2300 万元；累计签发 RCEP 原产地证书 3600 余份，涉及出口货值超 12.6 亿元，单月签证份数与金额在各类出口原产地证书中的占比稳步上升。

四 现实困局：珠海实施 RCEP 过程中亟待解决的问题

（一）政策宣传见效偏慢，企业提高认知尚需时日

RCEP 生效实施半年后，拱北海关再次向部分进出口企业发放电子问卷，了解 RCEP 享惠情况。从被调查企业类型看，生产型企业占比 62.65%，贸易型企业占比 13.25%，外贸综合服务型企业（报关、物流等）占比 20.48%，仓储型企业占比 3.61%，基本可以涵盖珠海市外贸相关企业类型；从被调查企业业务属性来看，近六成属于进出口业务并重型，三成以出口业务为主，一成以进口业务为主，调查结果基本可以兼顾进口与出口两个维度。

同时，问卷调查显示，从企业获取相关政策的渠道看，有 86.75% 的企业从海关获取政策信息，其他渠道包括地方政府部门、贸促会、行业协会、新闻报道和自媒体、同行企业或咨询机构等仅占 13.25%。从对 RCEP 政策的了解程度看，只有 1.2% 的企业认为非常了解，34.94% 的企业自述比较了解，44.58% 的企业认为仅了解一点政策，19.28% 的企业反馈尚不了解相关政策。显然，这一统计数据与目前已开展政策宣讲的投入力度并不成正比。从 RCEP 政策利用情况看，已经利用相关政策的企业仅占 28.92%，尚未利用但有计划利用相关政策的占 39.76%，尚未利用且目前无相关计划的占 31.33%，说明企业提高政策认知、有效利用政策还有较大提升空间。

（二）企业存在思维定式，规则利用水平不高

从日常接受企业咨询的情况看，大部分企业的关注点仍停留在产品层面，即具体税号产品当下的关税优惠幅度。走访部分出口企业发现，

企业还存在一定的思维定式，以为享惠主动权在进口一方，即只有进口方明确要求提供 RCEP 原产地证明时，才需要关注 RCEP 项下的原产地规则和关税减让安排。无论进口享惠还是出口签证，RCEP 相关优惠政策的利用率较之其他优惠贸易协定都明显偏低，这与 RCEP 成员方的总体经济体量明显不符。就具体享惠的企业而言，在 RCEP 项下实现进口享惠的珠海企业仅十余家，实际申领 RCEP 原产地证书的珠海企业也只有 50 家左右。此外，RCEP 项下首次大规模实施经核准出口商制度，所有高级认证企业都可以向海关申请成为我国经核准出口商，从而获取自主出具原产地声明的资格，进一步提高出口效率。然而从调研和座谈情况看，珠海片区多数高级认证企业仍对经核准出口商制度心存顾虑，持观望态度。

（三）合作经验尚浅，对日进出口享惠时有不畅

与 RCEP 其他成员方相比，中日企业对彼此的进口给惠要求和出口签证习惯并不熟悉。据部分珠海企业反映，其日本出口商非常关注原产地证书细节的填制规范，希望就证书的商品描述、数（重）量等栏目逐一同其确认。而国内企业缺乏对日贸易相关经验，因此，被对方企业问及相关细节时往往无法解答，不得不先向签证机构咨询，再将咨询结果反馈给日方企业。由于跨境贸易中的信息传递与沟通一般耗时较长，导致日本原产地证书的签发速度较其他成员方偏慢，容易造成 RCEP 实施半年内日本原产货物大多为担保放行，给企业资金流转带来不必要的麻烦。

实践中，日本出口商习惯仅以税号作为分项依据，其持有的日本 RCEP 原产地证书未对不同型号、价格的相同税号货物分项列明，造成原产地证书内容与进口报关单无法一一对应，不符合我国进口优惠原产地证书审核要求，影响了日本原产货物的享惠进度。此外，日方签证部门与中国海关对同一商品的归类意见存在分歧，造成个别企业所持 RCEP 原产地证书上的商品编码与海关归类结果不一致，也影响企业实际享惠的幅度，由此带来的报关单修改等后续操作，削弱了企业获得感。

五　突围策略：推动 RCEP 在珠海高质量
实施的思路与对策

针对上述问题，必须坚持对症下药、逐一击破，充分发挥中央与地方两级事权联动作用，加大拱北海关与珠海地方政府、进出口企业三方主体协同力度，以 RCEP 的高质量实施护航珠海外贸高质量发展。

（一）关地联合，共助企业准确认识、最大化运用

海关熟知政策和规则，地方拥有平台和渠道，双方各具优势。海关、地方联合运用好各自事权，是破解"政策宣传见效偏慢"问题的关键。

1. 共同增强政策宣传的多样性和针对性

创新运用让外贸企业喜闻乐见的政策宣传形式，如政策直播、快问快答、拍摄宣传短片等，用多样化的宣传形式提升宣传效果。在加强政策宣传多样性的同时，还应加强海关与珠海市政府部门尤其是商务局的合作，充分借助地方已有政策宣传平台，为珠海进出口企业提供更多获取 RCEP 权威解读渠道。特别是海关与珠海地方媒体要强化联动，借助地方媒体力量持续加大对 RCEP 的宣传和报道，为 RCEP 实施营造声势。在宣讲内容上，既要突出 RCEP 同其他相关优惠贸易协定的比较优势，强化对累积规则、微量条款、经核准出口商制度等特色规则的解读，也要充分利用进出口商会、外商投资企业协会、中小企业协会等商协会贴近企业的优势，广泛收集企业利用 RCEP 较为集中和普遍的问题，及时补充更新政策宣传内容、做好集中回应。在 RCEP 宣讲过程中，要结合珠海市"产业第一"等最新发展规划，让政策宣传更"接地气"、更有针对性。

2. 共同深化企业对 RCEP 实施意义的认识

RCEP 不仅成员众多，而且各成员间发展水平不同、产业优势各异，RCEP 相当于把产业链的上、中、下游集中到一个统一的自由贸易区内。因此，在做好 RCEP 原产地规则和关税减让政策正面宣传贯彻和咨询解答的基

础上，帮助企业及时甄别和归纳 RCEP 关税优惠政策理解误区，引导企业积极利用 RCEP 累积规则，优化供应链结构，积极拓展新的贸易伙伴，护航珠海外贸高质量发展。

对于出口企业而言，要着力培养企业主动应用政策实现共赢的意识。无论是 RCEP 还是其他优惠贸易协定，虽然实际享受关税优惠的是货物进口企业，但关税优惠本身也是进口商在选择供货商时的一个重要考虑因素。出口企业在主动帮助其进口企业用好相关优惠政策的同时，也能间接为自己巩固订单实现双赢。换言之，进口企业获得的政策红利，也可以间接转化为出口产品的竞争力。此外，跨国企业还可以借机对 RCEP 覆盖区域内的投资布局进行调整、优化，以最大限度享受 RCEP 政策红利。

（二）关企联通，提升企业用好用足 RCEP 的能力

海关是原产地管理办法的制定者与执行者，企业是原产地规则的利用者与受益者。加大关企互动与联通，是破解"规则利用水平不高"问题的关键。

1. 共同促进企业提升自身实务能力

企业对 RCEP 政策的利用情况是 RCEP 实施效果最直接的体现。要高质量实施 RCEP，首先要提升企业用好用足 RCEP 政策的能力。

一方面，要引导企业以发展的眼光看待 RCEP。尽管与中国—东盟、中国—韩国、中国—澳大利亚、中国—新西兰等自贸协定相比，处于生效首年的 RCEP 在很多产品的降税幅度上优势并不明显，但绝大多数优惠贸易协定项下的降税安排都是一个循序渐进的过程，RCEP 也不例外。在未来 5～10 年乃至更长的时间里，RCEP 货物贸易自由化水平会不断提升，这也正是 RCEP 的潜力所在。因此，要帮助企业善用 RCEP 项下的关税承诺表，持续关注相关商品的降税情况，为用好关税优惠政策做好铺垫。

另一方面，要引导企业以比较的方法用好 RCEP。我国与东盟、韩国、新西兰、澳大利亚等 RCEP 成员方之间存在多个已生效实施的优惠贸易协定。企业在对这些成员方进出口商品时，要学会"四看"，即将同一商品放

到不同协定项下，一看降税与否，二看降税幅度，三看原产地标准，四看实施操作程序，在横向比较中发现 RCEP 的比较优势，从而选择最有利的优惠贸易协定。

2. 共同推动企业优化自我管理水平

在我国已实施的优惠贸易协定中，RCEP 虽然不是首个引入经核准出口商制度的协定，却是首个大规模实施该项制度的协定。作为同步配套实施的制度，海关总署制定了《中华人民共和国海关经核准出口商管理办法》（海关总署令第 254 号）。根据该规定，成为经核准出口商需要同时具备以下三个条件：一是海关高级认证企业，二是掌握相关优惠贸易协定项下原产地规则，三是建立完备的原产资格文件管理制度。其中，第三个条件原产资格文件管理制度的完备程度，是对企业原产地规则应用水平最直接的检验。因此，帮助企业建立完备的原产资格文件管理制度是助力企业提升原产地规则应用水平的有效途径，其关键第一步，就是帮助企业学会分辨有效的原产资格文件。因为目前多数企业仅对原产地证书和原产地声明这两种国际上广泛认可的正式文件较为熟悉，仍需引导企业正确分辨、收集和保存其他能够佐证生产加工过程中所使用原材料及所生产成品的税号、价值、生产工艺、来源地等资料，逐步提高企业对原产资格文件的自我管理水平。

（三）三方联动，共同保障对日贸易的顺利拓展

在拓展对日贸易的过程中，企业是先锋，地方是后盾，海关则是联通国内国际两个市场的桥梁。三方统筹联动、同向发力，是破解"涉日享惠时有不畅"问题的关键。

1. 共同应对中日双方签证习惯差异

日本虽有官方授权机构负责签发原产地证书，但日本作为目前 RCEP 项下唯一接受进口商出具原产地声明的成员，其主导签署的《全面与进步跨太平洋伙伴关系协定》（CPTPP）已明确将进口商、出口商或生产商出具原产地声明，作为货物原产地认证的主要模式。而我国在 RCEP 项下最近才首次大规模实施经核准出口商自主出具原产地声明制度，由官方机构签发原产

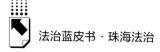
地证书仍是我国原产地认证的主要模式。如前所述，由于中日双方的签证习惯有所差异，日方在签发原产地证书时可能更多满足 RCEP 项下对原产地证书的最低信息要求，对于归入同一税号的产品往往会进行合并而不作分项列明。相比而言，我国签证机构（包括海关和贸促会）往往会基于我国进口报关单审核要求，对不同规格型号、不同价格的相同税号产品进行分项列明。因此，我国对日贸易企业须提前了解和掌握上述认证模式差异，海关和地方商务部门应尽可能为企业提供获取相关信息的渠道，共同避免出现享惠不畅问题。

2. 共同助力企业与日方的沟通协调

在了解和掌握中日双方签证习惯差异后，企业需要主动加强与日本供应商或进口商的沟通，尽可能在货物实际进出口前，梳理涉及 RCEP 项下的享惠事宜。如果出现沟通不畅情形，企业可及时向地方商务部门和海关反映和寻求支持。值得一提的是，归类、价格、原产地属于世界海关组织公认的三大关税技术，具体产品在不同国家和地区的理解和判定仍可能存在差异。因此，优惠贸易协定项下基本都设有相应沟通协调机制。珠海企业在贸易过程中遇到涉及归类、价格、原产地等关税技术问题时，应当充分信任中国海关，及时向海关寻求技术支持，全力配合海关做好与外方的沟通协调工作，共同保障对日贸易的顺利拓展。

B.15
横琴粤澳深度合作区出入境
检查规则衔接研究

珠海出入境边防检查总站课题组*

摘　要： 根据 2021 年 4 月中央政治局常委会审议的《横琴粤澳深度合作区建设总体方案》会议精神，按照《"十四五"移民管理事业发展规划》关于总结推广"一地两检""合作查验，一次放行"、创新"一国两制"框架下往来港澳边检查验管理办法、积极支持横琴粤澳深度合作区建设的要求，结合《横琴粤澳深度合作区建设总体方案》及横琴粤澳深度合作区建设发展对口岸出入境高度便利化方面的需求，本文介绍了横琴口岸有关出入境检查规则衔接的前期工作情况，讨论当前出入境管理法律法规和执勤模式下两地出入境检查规则衔接办法和勤务改革措施。

关键词： 横琴粤澳深度合作区　出入境检查　规则衔接

建设横琴粤澳深度合作区是习近平总书记亲自谋划、亲自部署、亲自推动的重大决策。2021 年 4 月 8 日，习近平总书记召开中央政治局常委会审议《横琴粤澳深度合作区建设总体方案》，强调"要用好横琴合作区这个不同规则和机制交错共存的区域，积极探索两地规则衔接和机制对接，为粤港

---

* 课题组负责人：谢榕，珠海出入境边防检查总站党委委员、副总站长。课题组成员：郑戈、石柱、徐锁成、卓波、郑潭鹏、黄睿知、马小景、张宇玺。执笔人：卓波，横琴出入境边防检查站执勤六队教导员；黄睿知，横琴出入境边防检查站边检处副处长；马小景，横琴出入境边防检查站办公室一级警务技术主管。

澳大湾区市场一体化探索经验"①。2021 年 9 月 17 日，国务院发布《横琴粤澳深度合作区建设总体方案》（以下简称《横琴方案》），横琴粤澳深度合作区（以下简称"合作区"）正式揭牌。《横琴方案》对两地出入境检查规则衔接提出了规划预想：推动粤港澳游艇自由行、对跨境会展相关人员依规办理多次出入境有效签证（注）、对符合条件的国际高端人才给予进出合作区高度便利、推动全面放开澳门机动车便利入出合作区、积极推行"合作查验、一次放行"通关模式、探索在澳门大学横琴校区与合作区之间建设新型智能化口岸。随着横琴粤澳深度合作区的建设发展，两地深度融合不断加强，这一规划预想逐渐变成制度改革的必然需求。

一　横琴口岸旅客、车辆出入境发展对两地检查规则衔接提出的新需求

从 2022 年 8 月 22 日起，横琴粤澳深度合作区执委会向社会发布《全面放开澳门非营运小客车入出合作区配额计划》，全面放开澳门非营运小客车（九座及九座以下）入出合作区配额，取消此前 10000 个配额的总限量。按之前单牌车 8200 个活跃配额中日均通关数 1700 个的比例（占比约 20%）预估，取消配额后，日均通关车辆数量的增幅将达到 30%。考虑到新增配额用户的活跃度可能高于之前用户，疏导压力可能进一步增加，特别是在节假日和上下班高峰期间极易发生拥堵现象。截至 2022 年 10 月 31 日，横琴出入境边防检查站（以下简称"横琴边检站"）年度查验出入境车辆约 95.8 万辆次，占全国总量的 13.36%，居全国第二；客车小汽车查验数量约 95.4 万辆次，占全国同类车辆总量的 34.8%，居全国第一。以此数据类推，加上单牌车新增配额带来的活跃流量冲击，日均出入境车辆流量极有可能超过 4500 辆次，接近甚至超过横琴口岸通关承受能力上限，口岸将面临较大的通关疏导压力。但是，按《出境入境管理法》和出入境边防检查执勤规

---

① 见《国务院公报》2021 年第 26 号。

范要求，为确保依法执勤和实现出入境车辆、人员的安全管控，对通关车辆，珠澳两地必须采取"每车必查"方式进行查验，直观可见车辆、旅客出入境效率难以较大提升。面对通关车辆人员与日俱增、两地需要更加深度融合、琴澳一体化的社会强烈呼声，如不对查验制度本身进行改革创新，通过增加警力、优化勤务、提高科技应用等方式提升通关效率的效用将愈发有限。

结合横琴口岸出入境旅客流量和车辆出入境数量的发展趋势，合作区政府投入人力物力开展两地出入境检查规则衔接研究，前后召开五次规则衔接研究会，高度肯定出入境检查工作服务粤澳两地往来互通，并形成了比较成熟的改进需求意见，可作为横琴口岸继续推进出入境规则衔接进而开展检查模式创新的参考。一是进一步优化横琴口岸车辆查验方式，在保证安全的前提下全面提升车辆通关效率。推动横琴口岸优化出入境车辆查验方式，增加科技化查验手段，避免每辆车都实施人工查验。二是在横琴口岸率先试点认可"非实体电子出入境证照"和"生物信息识别"。推动横琴口岸率先实现无感通关或者非接触式通关，为往来琴澳人士提供更加高效、便捷的通关体验。三是探索在横琴口岸车辆查验通道粤方区域设置"粤澳联合执法区"，实施琴澳联合执法。真正实现客货车通关只停一次，以大幅压减通关时长，提升通关效率，切实提升出入境人员通关感受。

二　横琴口岸出入境检查规则衔接前期建设情况

横琴边检站在国家移民管理局和珠海出入境边防检查总站领导下，历经四次改建搬迁，逐次缩短两地检查场所距离，推行旅客出入境"一地两检"，实现旅客出入境"只检一次"，不断创新改革出入境检查模式，已经建成"小车出入境流量居全国第一、旅客出入境'一地两检'"通关高度便利化的大型国家一类口岸，为粤澳深度合作区建设的蓬勃发展发挥了重要枢纽作用。

2022 年，横琴边检站又借助横琴口岸二期工程建设的契机，不断推进两地车道场地建设，积极请示申报，获得国家移民管理局出台"常旅客"①指导意见，推动了两地出入境检查规则衔接的进一步发展。具体包括以下方面。

（一）以时不我待的责任意识积极推进口岸二期建设

在横琴口岸二期工程建设规划过程中，横琴边检站积极与承建单位密切对接，高标准规划出入境查验设施，就二期口岸总体布局、车道查验通道设置、随车厅用房摆布等反复沟通，就 27 个系统、30 余张施工图开展多轮对接，力争促进出入境规则衔接的建设意见在口岸规划中得到最大体现。目前，已在横琴口岸建成两地出入境检查机关同在一处场所开展检查执勤工作的"大一站式"车辆通道，为两地出入境检查规则进一步衔接、不断创新出入境检查模式，打下了良好的硬件基础。

（二）以勇于担当的创新意识积极推进边检查验创新

一是积极探索车辆"合作查验、一次放行"通关模式，完善车辆"联合一站式"系统业务、技术需求和流程；梳理出 1100 余条信息化全量清单，与澳门边检部门对接明确 10 项技术问题，推动粤澳各方同步开展研究。二是推进"常旅客"计划，论证"内澳联合执法区""非接触式通关"等新型查验模式；参与合作区法律事务局研究通关创新政策 5 次，梳理政策创新所需法律、业务、技术条件，促成 2022 年 5 月 31 日合作区执委会与国家移民管理局边检司开展视频会议，就出入境规则衔接和检查方式创新达成多项统一意见。

（三）开展智能查车技术创新和应用研究

研发移动查验平台，制定使用管理规定，优化操作流程，在车道开展移

---

① "常旅客"是指：经常往返粤港澳三地从事公务、商务、劳务、学生、跨境货车司机等工作的特定群体，按 2022 年国家移民管理局召开的全国边检工作会议精神，将在确保安全的前提下，对此群体试行更加便捷的"非接触查验、便捷通关"检查方式。

动查验试点，有效提升随车人员查验效率①。探索运用智能化车辆查验设备，与中电科、科大讯飞、海康威视等企业研讨使用最新科技手段改进车辆承重监测系统、阵列雷达系统等检查步骤，加快推动智能化车体检查落实落地。

三 两地出入境检查规则衔接和执勤模式再创新思路

国际上目前已有几种出入境管理便利制度可供参考，如美国"国际受信任旅客计划"项目、美加预先清关模式、英法提前检查模式等，其便利措施创新的前提是两国共同合作执法和检查对象身份的预先确认。横琴口岸两地边检机关在坚持"一国两制"框架下，开展身份预先确认、预先检查等管理制度改革，比上述两国之间开展便利模式创新更具优势。

根据合作区的政治经济定位和发展需求，结合我国出入境检查法律规定和执勤模式实际，以下讨论几种两地出入境规则衔接和检查模式再创新的办法。

（一）推动澳门居民经横琴口岸出入境只查一种证件

《中国公民因私事往来香港地区或澳门地区的暂行管理办法》和澳门出入境有关法律制度规定，澳门居民往来内澳需同时携带"回乡证"（即现在实行的港澳居民往来内地通行证）和澳门身份证以供内地和澳门边检分别查验。经调研，目前澳门政府有关部门、合作区法律事务局对"澳门居民往来琴澳的出入境证件统一使用一种证件"持积极赞成态度。澳门居民身份证是澳门居民进出澳门的法定证件，如果不允许持用澳门居民身份证，既有违目前的澳门出入境法规条例，也容易引发澳门社会负面舆情。为支持合作区建设，建议在国家移民管理局主导下，调整双方法律授权，推动澳方支

---

① 移动查验平台指：在车辆检查通道试行使用移动设备进行查验，减少出入境车辆司机及其乘客因上下车进行"人车分检"而延长通关时间。此创新措施于2022年5月试行，属全国首创，仍在试行阶段，暂未向社会公布。

持澳门居民由内地出境返回澳门也可以持用"回乡证",但允许澳门居民继续保留持用澳门居民身份证的权利。从而实现澳门居民出入境仅使用回乡证一种证件,最大程度便利人员通关。

(二)推动试点"常旅客"和"非接触查验"计划

2022年,国家移民管理局召开的全国边检工作会议明确提出,要在粤港澳陆地口岸试行"常旅客"计划,在确保安全的前提下,对经常往返粤港澳三地的公务、商务、劳务、学生、跨境货车司机等特定群体试行"非接触查验、便捷通关"。

一是试行认可电子出入境证件和生物信息识别有法可依。2019年《国务院关于在线政务服务的若干规定》明确规定,"电子证照与纸质证照具有同等法律效力",2022年政府工作报告明确,"基本实现电子证照互通互认";《澳门特别行政区出入境管控、逗留及居留许可的法律制度》也已明确,可以通过查核证件或生物识别资料核实身份。建议推动国家部委支持认可电子出入境证件的法律效力,对出境入境管理法中"交验""出示"的形式,进一步明确不限于"面对面"交给边检民警查验纸本证件,将电子出入境证件与人脸、指纹、声纹或虹膜等生物特征进行绑定,配合使用智能探头、芯片感应等科技手段,识别抓取生物特征等通关程序视为"交验"。

二是试行认可电子出入境证件和"生物信息识别"已有先例。自2021年12月10日起,公安部开始在全国全面推行电子驾驶证应用,并明确电子驾驶证具有同等法律效力。此前广东、山东等省份已明确部分领域电子身份证具有实体身份证的同等法律效力。随着数字化的发展,电子证照的适用场景越来越多,国家也不断推广使用电子证照,为企业和群众提供高效、便捷的政务服务。

三是在横琴试行认可电子出入境证件具备天然优势。琴澳两地存在大量每天往返的人群即"常旅客",经横琴口岸往来琴澳属于国境内区域性人员流动,不涉及国与国之间的查验政策,更改区域内出入境而非出入国的查验方式,无须其他国家认可适用,具有"一国"优势;经合作区政府多方联系澳方沟通协调，关于"常旅客"计划已获得澳方相关政府部门明确表态支持，政策上符合"两制"连通的构想，政务衔接上具备快速协调落实的优势。同时在技术上，目前横琴边检站"合作查验、一次放行"的执勤模式，已实现将人脸识别和指纹识别作为通关查验的辅助手段。

试点"常旅客"的具体做法是，经授权，针对在合作区工作的高端人才、澳门大学师生、合作区执委会工作人员等多次往返、特定低风险人群，按照"提前备案、现场核验"的思路，在横琴口岸旅检大厅设置专门的无感通关查验通道，探索利用先进智能设备现场识别抓取旅客的面像、虹膜等生物特征，从后台关联调取旅客备案信息，在旅客候检行进过程中完成身份识别和检查比对，在确保人证统一、管控安全、风险可控的前提下，实现"不停留""无感通关"。待推行成熟后，再考虑扩大到经常往来合作区与澳门的劳工、学生、澳门居民等"常旅客"。

（三）探索推行横琴口岸通关车辆、人员"白名单"管理

"白名单"管理是试行"常旅客"计划在车辆检查方面的一种变通方式，通过对无不良记录的澳门公务人员、商务人士、频繁往返琴澳的澳门居民及跨境上学的学生等群体，经综合评估其风险系数后，在风险可控的前提下，将其及其所驾驶的备案车辆纳入诚信名单信任管理，对所驾驶车辆车体进行优化检查或者信任放行，从而推动横琴口岸进一步优化出入境车辆查验方式。

目前的出入境管理法，只规定了军队、国家元首和外交使团出入境具有免查验或集中查验的权限，但空港、海港已有飞机、船舶预报预检制度，可在国家对出入境管理法作出补充解释的基础上，国家授权，允许横琴口岸相应旅客群体具备实施预报预检或集中查验权限，并增加科技化查验手段，避免每辆车都实施人工查验，从而进一步优化横琴口岸车辆查验方式，在保证安全的前提下全面提升车辆通关效率，实现"白名单管理"和优化车辆出入境检查模式。具体的试行做法可以包括如下方面。

一是推动建立四项机制。建立风险等级评估机制。对人员及车辆设定

低、中、高三类风险等级，通过大数据分析研判和定期安全评估，形成严密有效的风险管理制度。对提交备案申请的人员及关联车辆，经审查均认定为低风险的，列入"白名单"库。"白名单"库实施年度普遍审查和条件触发审查的方式进行动态管理，当"白名单"与在库要求不符时自动筛除出库。建立出入境预报预检机制。对已备案人员驾驶车辆出入境，可通过互联网出入境申报平台进行信息预报，提前预申报出入境行程。边检机关对接收的预申报信息实施安全审查，针对审核结果作出预先应对准备。建立分级分类查验机制。通过风险等级评估和预报预检，对不同类别、不同风险等级的出入境车辆，在查验中采取相应等级的检查措施。建立与澳方联动协作机制。与澳门边检机关实施联动协作机制，实现共同认可的出入境车辆查验模式创新，包括"白名单"库的共建共管、预报预检机制平台的共商共用、分级分类通关查验的统一互通，达成一致的便利查验措施和安全管控办法。

二是完善四项查验措施。科学设置车辆查验通道。将横琴口岸出入境车道设置为"绿色通道"和普通通道两类通道。"绿色通道"仅允许已申报、无载运随车人员的"白名单"车辆通行，根据每日预报出入境车辆情况动态调配通道数量。同时，"绿色通道"可实现潮汐车道功能，当通道内无"白名单"车辆通行时，可允许其他车辆通行，提高通道使用效率。实行车辆便利检查措施。"绿色通道"对经预报预检无异常的"白名单"车辆，实行车体抽检模式，原则上不进行车体检查，视工作需要进行适当抽查或视情实施全面车体检查。普通通道按照出入境车辆车体查验的正常流程实施检查。强化智能化车体检查手段。在"绿色通道"建设车体反偷渡、防藏匿智能化车体检查系统，探索综合运用雷达生命探测仪、微震式生命探测仪和音视频生命探测仪等手段辅助开展车体检查预警，实现对车体内是否有人员藏匿的综合研判。当智能化车体检查系统产生预警时，执勤人员对报警车辆进行截停并实施车体检查。

（四）探索在车辆查验通道设置"联合执法区"

在旅客检查"合作查验，一次放行"模式的基础上，探索在出入境车道建立联合执法区。不改变粤澳双方工作性质，通过两地出入境人员互认部分检查项目、同时开展执法的方式，推动实现真正意义上的出入境车辆只停一次车、只接受一次检查。开展联合执法区建设，至少具备两个条件：一是通过国家主导，两地边检机关签订协议，双方对进出境车辆车体查验直接互认查验结果，推动两地边检部门"信息互换、执法互助、监管互认"；二是明确双方的单边检查分工，如车辆由澳门开往合作区，由澳方查验单位查验；如车辆由合作区开往澳门，则由合作区查验单位查验。

横琴口岸推行联合执法区建设，有天然的优势：一是两地边检部门前期在"合作查验，一次放行"模式的执法协作中积累了丰富的实践经验，具有良好的合作基础，在得到法律授权的基础上，双方边检部门可通过签订执法合作协议，明确具体操作规范，确保管控安全、处置得当、协作顺畅。二是横琴口岸在二期工程完工后将实施"联合一站式"检查模式，为联合执法区设立提供了场地基础。两地调整检查方式，即可共建共用重点车辆查验场地和查验设施，有效节约建设经费投入，有利于资源集约利用。三是试行联合执法区模式，推广后将提升我国其他口岸的检查效率。比如，在出入境管理上相对依赖中国边检的瑞丽口岸等地，就是比较适合实施联合执法的区域。具体的试行做法可以包括如下几方面。

一是建立查验原则，优先适用出境方法律。车辆由澳门开往内地，如发现违反澳门出境的相关法律，不论有关违法行为是否违反内地入境的相关法律，均按照澳门法律处理或返回澳门处理；车辆由澳门开往内地，如发现违反内地入境的相关法律，按照内地法律处理。车辆由内地开往澳门，如发现违反内地出境的相关法律，不论有关违法行为是否违反澳门入境的相关法律，均按照内地法律处理；车辆由内地开往澳门，如发现违反澳门入境的相关法律，按照澳门法律处理或送到澳门处理。

二是查验期间，针对执法人员的违法行为，按属人原则处理。如行政相对人妨害依法执行公务，不论车辆由澳门开往内地还是由内地开往澳门，以及不论司机或随车人员是澳门居民、内地居民还是外国人，其对澳方执法人员作出违法行为，如作出侵犯人身罪的行为，均按照澳门法律处理或送到澳门处理。若对内地执法人员作出违法行为，按照内地法律处理。如执法者违法或者不当执法，执法者因故意或过失对通关人员车辆造成损害，属内地执法人员过错的，依照内地法律处理；属澳门执法人员过错的，依照澳门法律处理。

三是查验期间发生或发现的出入境执法以外的其他违法行为，以属地原则处理。不论车辆由澳门开往内地还是由内地开往澳门，以及不论司机或随车人员是澳门居民、内地居民还是外国人，其在联合执法区作出的违法行为，如作出侵犯人身罪的行为，均按照内地法律处理。查验期间发生或发现的执法以外的其他违法行为，一律按照内地法律处理。

四　两地出入境规则衔接的未来展望

综上所述，横琴粤澳深度合作区建设和横琴口岸出入境客流车流情况，要求两地出入境边防检查规则进一步衔接和执勤模式作出一定的调整创新，但出入境边防管理权属中央事权，是国家相关部委和国家移民管理局在国际法、《出境入境管理法》《护照法》及一系列国际双边、单边条约、协议的指导下，制定出入境管理制度及其执勤查验规范、实施出入境管控和口岸管理职能的体现。出入境检查规则衔接和检查执勤模式的创新改变，必须由国家立法作出法律规范修改或补充解释，并协调上下（包括国家部委和地方出入境管理部门，如外交部、公安部和省军区、省人大、省口岸办等部门）作出政策和管理机制调整，才能得以实现。

此外，上述两地规则衔接和执勤模式创新，主要考虑的是单一情形的处置，如出现多个情形竞合，仍需深化研究。建议在"口岸会晤"常规做法之外，通过签订执法协助协议的方式，建立口岸进一步协商联络机制，加强在通关协调、联合打私、治安消防、反恐防暴等各个方面的沟通与合作，以及对其他未尽事宜的解决途径进行明确，确保粤澳联合执法区安全、顺畅、高效运行和有效监管。

B.16
横琴粤澳深度合作区建设背景下珠海（横琴）和澳门调解规则衔接研究

珠海市司法局课题组*

摘　要： 推进珠海（横琴）和澳门调解规则衔接，对于完善区域纠纷解决机制、优化横琴粤澳深度合作区营商环境、推进珠海（横琴）和澳门一体化发展具有重要意义。但珠海（横琴）和澳门在调解法制、调解体系和发展水平等方面各有差异，调解规则衔接仍然有一定困难。为此，课题组提出，加快推进珠海（横琴）和澳门协同调解立法，联合设立调解组织，打造在线调解平台，完善互认调解员机制，构建跨境执行调解协议机制，加强调解社团互动交流以及构建商事调解信用体系等，系统推进珠海（横琴）和澳门调解规则有序衔接。

关键词： 横琴　澳门　调解员　调解协议　规则衔接

党的二十大报告指出，"'一国两制'是中国特色社会主义的伟大创举，是香港、澳门回归后保持长期繁荣稳定的最佳制度安排，必须长期坚持""支持香港、澳门发展经济、改善民生，破解经济社会发展中的深层次矛盾

---

* 课题组负责人：李小燕，珠海市司法局党组书记、局长。课题组成员：邱东红、廖永安、吴振、何仕平、王伟娜、苏莉莉、冯朗、巫文辉、段明。执笔人：冯朗，珠海市司法局公共法律服务管理科科长；巫文辉，珠海市司法局公共法律服务管理科副科长；段明，湘潭大学法学院副教授。

和问题""推进粤港澳大湾区建设，支持香港、澳门更好融入国家发展大局，为实现中华民族伟大复兴更好发挥作用"。2021 年 9 月，中共中央、国务院印发《横琴粤澳深度合作区建设总体方案》，在"强化法治保障"方面指出，"要充分发挥'一国两制'的制度优势，在遵循宪法和澳门特别行政区基本法的前提下，逐步构建民商事规则衔接澳门、接轨国际的制度体系。建立完善国际商事审判、仲裁、调解等多元化商事纠纷解决机制"。加快推进珠海（横琴）和澳门法律规则有效衔接，是深入推进新时代中国特色社会主义现代化国际化经济特区（以下简称"经济特区"）、横琴粤澳深度合作区（以下简称"合作区"）建设的基础工程，将为珠澳融合、琴澳一体化发展提供有力的法治保障。

自合作区成立以来，越来越多的澳门居民来到合作区发展和生活，珠海（横琴）和澳门融合发展水平不断提升，但由于生活习惯及社会文化存在诸多差异，珠海（横琴）和澳门居民由此引发的商事、劳动、家事、知识产权、物业等领域的民商事纠纷日益增多，构建一套高效便捷的纠纷解决机制成为合作区建设的当务之急。调解以其高度的包容性、灵活性和便利性，成为合作区内最具合作基础和发展前景的纠纷解决方式。然而，由于内地与澳门在社会制度、经济体制、法律体系、产业发展等方面的差异，珠海（横琴）和澳门的调解模式、体制和需求等方面各有差异，给合作区调解机制的发展完善带来一定挑战。

在推动珠澳融合、琴澳一体化发展的背景下，如何坚持"一国"之本，尊重"两制"差异，发挥"两制"之利，加快推进珠海（横琴）和澳门调解规则衔接，是推动合作区与澳门经济高度协同、规则深度衔接的重要任务。有鉴于此，本报告以习近平新时代中国特色社会主义思想为指导，深入贯彻习近平法治思想，在系统阐释深化珠海（横琴）和澳门调解规则衔接重要意义的基础上，通过比较研究和实证研究，深入剖析当前珠海（横琴）和澳门调解规则衔接的主要问题，进而提出推进珠海（横琴）和澳门调解规则衔接的基本对策。

一 深化珠海（横琴）和澳门调解
规则衔接的重要意义

（一）完善合作区解纷机制的基本要求

《粤港澳大湾区发展规划纲要》提出，要加强粤港澳司法交流与协作，推动建立共商、共建、共享的多元化纠纷解决机制。《横琴粤澳深度合作区建设总体方案》强调，要建立完善国际商事审判、仲裁、调解等多元化商事纠纷解决机制。加快构建多元化纠纷解决机制是深入推进合作区建设的重要内容。自合作区成立以来，诉讼和仲裁等纠纷解决机制在合作区获得较好发展，以合作区人民法院、珠海国际仲裁院等为代表的纠纷解决机构在合作区发挥了重要的纠纷解决作用。推动珠海（横琴）和澳门调解规则衔接，有利于激发合作区调解发展的新动能，有利于构建诉讼、仲裁与调解协同发展的多元化纠纷解决机制，助力将合作区打造成国际商事争端解决的优选地。

（二）优化合作区营商环境的现实要求

党的二十大报告指出，要依法保护外商投资权益，营造市场化、法治化、国际化一流营商环境。营商环境是评价一个地区经济竞争力的重要指标，良好的营商环境离不开一套高效便捷的纠纷解决机制。在各类纠纷解决机制中，调解的程序最为简便，体现当事人合意，更有利于构建和谐社会关系。根据世界银行发布的营商环境报告，"纠纷调解指数"是评价营商环境的基本指标。深化珠海（横琴）和澳门调解规则衔接，将从两个方面优化合作区的营商环境：一方面，通过加强调解规则衔接，能够凸显调解的纠纷解决优势，吸引更多的商事主体选择和运用调解方式解决纠纷，由此可以直接提高合作区的"纠纷调解指数"；另一方面，作为一种友好型的纠纷解决方式，调解不仅能够及时解决商事争端，还能够维持商事主体之间的合作关系，从而构建"和气生财"的营商环境。

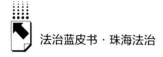

（三）推动珠澳融合、琴澳一体化发展的根本要求

着力推动珠澳融合、琴澳一体化发展，促进澳门经济适度多元发展，是建设合作区的基本目标。推动珠海（横琴）和澳门规则衔接与机制对接，尤其是法律规则和司法机制衔接，是实现珠澳融合、琴澳一体化发展的基本前提。推进澳门和内地法律在合作区有效衔接，促进两地法律规则和司法机制融合，是加强合作区商业贸易和提高居民生活水平的重要保障。调解与民众经济生活关系最为密切，也是珠海（横琴）和澳门法律规则衔接难度最小的纠纷解决方式，深化珠海（横琴）和澳门调解规则衔接，将为其他法律规则的有效衔接提供引领示范，从而为珠海（横琴）和澳门一体化发展提供有力的法治保障。

二 当前珠海（横琴）和澳门调解规则衔接的现状与主要问题

（一）珠海（横琴）与港澳在调解领域合作的主要成果

近年来，粤港澳大湾区在调解规则衔接方面取得良好进展。2019年，香港特区律政司、广东省司法厅及澳门特区行政法务司在香港召开第一次粤港澳大湾区法律部门联席会议，围绕粤港澳司法及法律交流协作进行沟通协商，协调推进大湾区法制建设。通过三年合作努力，粤港澳三地政府已于2021年共同设立粤港澳大湾区调解平台，在此基础上联合制订了《粤港澳大湾区调解工作委员会工作规则》《粤港澳大湾区调解工作委员会组成人员名单》《粤港澳大湾区调解员专业操守最佳准则》《粤港澳大湾区调解员资格资历评审标准》等规范性文件。珠海（横琴）积极与港澳地区开展调解领域的合作，取得良好成效，为珠海（横琴）和澳门调解规则衔接奠定了良好基础。

1.巩固人民调解治理优势

一是加强婚姻家庭纠纷人民调解工作，建设覆盖市、区两级的婚姻家庭纠纷人民调解委员会网络，积极开展法治宣传和家事纠纷化解工作。二是充分发挥市医疗纠纷人民调解委员会作用，为医患双方提供纠纷咨询、受理、调解、理赔等一站式独立第三方调解服务，推动设立医疗纠纷人民调解工作室。2022年珠海市实现县一级医疗调解纠纷人民调解组织全覆盖，妥善化解人民群众不断增长的医疗服务需求和医疗服务能力不足、医疗保障水平不高引发的矛盾纠纷，进一步增强医疗纠纷调解工作的实效性。三是打造香洲区"涂叔工作室"、斗门区"郭青文工作室"、高新区"唐仁议事"等品牌调解工作室，积极探索人民调解、说事评理、社区自治、村居法律服务等工作的有机融合。

2.积极推动商事调解发展

一是成立横琴粤澳深度合作区粤港澳工程争议国际调解中心，调解中心由粤港澳三地工程及国际调解领域的资深专业人士联合发起创办，为省政府横琴办社会事务局准予登记设立的民办非企业，是国内第一家探索运用国际调解的先进方法调解粤港澳大湾区乃至国内工程争议的组织。调解中心将加强区域调解行业的协同互动，同时加快融入珠海市大调解行业建设，为区域工程领域商事主体提供高质量、便利化的工程争议调解等一揽子解决方案。二是积极推动珠海仲裁委和横琴国际民商事调解中心完善"调裁对接"机制，进一步丰富纠纷解决的商事调解方法和渠道，助力当事人降低成本、高效率化解矛盾纠纷。

3.加强行政调解工作

揭牌成立珠海市行政争议协调化解中心，坚持"以调为先"，推动全程调解。加大调解及和解力度，将调解和解贯穿行政复议、行政诉讼案件全过程，争取将行政争议化解在诉前、诉中、诉后各环节。对于涉及交通运输、道路违章、工伤认定方面的简单案件，市司法局在复议诉讼立案前提前介入，组织当事人和行政机关先行调解，力争将行政纠纷化解在复议诉讼前端。对于进入复议诉讼程序且有调解可能的案件，市司法局和市中院将案件移送行政争议协调化解中心，化解员采取电话、视频、现场调查、召开听证会等多种形式，与当事人充分沟通协商化解争议。对于复议诉讼已审结的案件，化解员及时向当事人做好释法析理工作，引导当事人服判息诉。

4. 创新推动在线调解发展

一是推广上线珠海矛盾纠纷多元化解平台，群众可利用手机、电脑等载体实现在线申请调解、在线接受调处、在线签订协议书；调解员和调解机构可实现调解案件处理的数据分析和协作流转，将进一步提高区域调解效率，有效化解矛盾纠纷。二是发布国内首批调解员电子证照，实时在线辅助珠海、横琴调解员开展调解文书的有效签署、存证收发，调解员可随时在线将电子证照流转给第三方，随时在线验证，即时采信办事。三是投放珠海市涉外公共法律服务自助终端机，当事人可通过自助终端机在线申请纠纷调解等法律服务。

5. 率先成立跨区域大调解协会

2022年10月，由珠海市总商会等珠海、横琴粤澳深度合作区8家单位共同发起的国内首家跨区域"大调解"协会——珠海市调解协会正式成立。该协会跨区域整合人民调解、行政调解、行业性专业性调解、商事调解等资源，构建区域大调解格局，在全国尚属首例。该协会的成立，将进一步推动整合珠海和合作区区域调解资源，统筹调解行业发展，对全力服务保障粤港澳大湾区建设和横琴粤澳深度合作区建设，推进区域治理体系和治理能力现代化，营造全国最优法治化国际化营商环境具有十分重要的现实意义。

6. 积极探索民商事规则衔接

一是出台《关于港澳籍调解员在珠海市调解协会备案管理的规定》，创新探索区域内对外提供调解服务的港澳籍调解员备案和规范化管理，符合资格并经珠海市调解协会备案的港澳籍调解员，可以处理珠海市调解协会委托调解的案件或经协会推荐，受聘于珠海市包括横琴粤澳深度合作区内的调解组织或有调解事务的相关组织。二是设立珠澳两地民商事规则衔接研究中心。中心的成立是珠澳两地促进跨境法治环境融合和法律服务衔接的重要举措，将立足粤港澳大湾区和横琴粤澳深度合作区民商事法律服务需求实际，坚持以人为本，推动建立包容、融合的民商事规则衔接机制，为服务新时代中国特色社会主义现代化国际化经济特区和横琴粤澳深度合作区建设提供优质法律保障。三是设立"珠港澳知识产权调解中心涉外公共法律服务站"，搭建知识产权交流合作平台，推动知识产权协同保护。

（二）珠海（横琴）与澳门调解规则衔接面临的主要问题

与诉讼和仲裁相比，调解可以说是内地与澳门规则差异最少、衔接难度最小、衔接成本最低的纠纷解决方式。但从实际来看，内地与澳门在调解法制、调解体系和调解发展阶段等方面，仍然存在诸多差异，给珠海（横琴）和澳门调解规则的衔接带来了一定困难和挑战。

1. 调解发展差异较大，调解体系各不相同

从传统的人民调解、司法调解、行政调解，再到新兴的商事调解、律师调解、行业调解、仲裁调解，内地的调解类型已经相当丰富和多元，为民事主体的纠纷解决提供多样化的选择。然而，从实际发展情况来看，各种类型的调解方式依然面临各自的发展困境。比如，人民调解组织面临的行政化倾向，行政调解面临如何从衰落走向复兴的问题，商事调解面临专业化、市场化、国际化的困境，律师调解面临代理人与调解员的角色冲突问题，行业调解面临行业组织自治性和调解能力不足的问题。由此可见，如何促进传统调解与新兴调解合作与互动，实现调解体系内部的有机融合，亦是当前内地调解发展面临的重要议题。

与此相对，澳门的调解体系目前主要有社团调解、行政调解、司法调解等类型。在社团调解方面，澳门的社团组织极为发达，社区团体、行会团体、专业协会、公益团体、同乡会等社会团体在社会治理和纠纷化解中扮演着非常重要的角色。澳门市民的矛盾纠纷主要由市民所属的社会团体先行调处，较少进入司法程序，由此形成别具一格的社团调解模式。在行政调解方面，主要有澳门医疗争议调解中心负责的医疗纠纷调解，该类调解由政府出资运行，向澳门市民免费开放；澳门消费者委员会（公法人）下设的澳门消费争议调解及仲裁中心，负责调解消费者与经营者因提供商品或服务而产

生的民商事争议。在法院调解方面，主要体现为法院附设调解，但在澳门的民事司法实践中，受传统大陆法系理论的影响，法官调解表现得更为被动，法院附设调解的实践效果并不明显。

从微观调解制度方面看，首先，两地调解的概念使用即有差异。当事人双方围绕争议解决自主达成的协议称之为"和解协议"，而由第三方调解人员主持调解达成的协议则称为"调解协议"。与此不同，在澳门通过第三方调解人员调解所达成的协议称为"经调解的和解协议"，而"调解协议"则是指当事人同意将他们之间的争议交付调解而订立的协议。其次，调解协议效力方面存在差异。根据内地《民事诉讼法》的规定，诉讼外调解协议具有合同效力，可在法院进行司法确认后获得强制执行效力。而在澳门，调解协议在法律上被认定为私文书，仅具有"合同效力"，但根据澳门《民事诉讼法典》第 677 条的规定，经债务人签名，导致设定或确认按第 689 条确定或按该条可确定其金额之金钱债务之私文书，又或导致设定或确认属交付动产之债或作出事实之债之私文书，可以作为执行依据。

调解体系的发展差异将实际影响珠海（横琴）和澳门调解规则的衔接，特别是在新兴的调解类型上，调解规则的衔接难度较大。

2. 制度设计均有不足，区域调解资源统筹缺乏立法依据

从珠海的情况来看，2008 年珠海市在全国地级市中率先就人民调解工作立法，出台《珠海经济特区人民调解条例》，但目前该调解立法与发展不相适应。《珠海经济特区人民调解条例》仅就人民调解这一形态进行立法，明显不适应党的十九届四中全会提出的"完善人民调解、行政调解、司法调解联动工作体系""完善社会矛盾纠纷多元预防调处化解综合机制"的大调解工作体系。具体调解机制缺乏法规和规范性文件指导。理论界对于调解缺乏明确统一的共识，多数调解组织还缺乏正式的调解规则。此外，行政调解、商事调解、仲裁调解没有出台统一的专门性规定，具体指导性文件也较少，容易引起公众对调解规范性和公信力的质疑。

从澳门的情况来看，迄今为止澳门地区尚缺乏有关调解的专门立法，调解的相关法律规定主要散见于《民事诉讼法典》《劳动诉讼法典》《消费者

权益保护法》《预防及打击家庭暴力法》等诸多部门法中。除此以外，只有关于医疗争议调解、消费争议调解的调解规则，如《医疗争议调解中心内部规章》《医疗争议调解员道德守则》《消费争议调解及仲裁中心规章》等。不过，近年来澳门地区也在着手制定专门的民商事调解法，加强调解的法制保障，但目前该法尚未正式颁布，这在一定程度上影响了调解在澳门地区的运行和发展。

3. 具体调解机制亟待进一步完善，两地衔接基础有待加强

总体而言，内地近十年来调解立法取得长足进步，已经形成完备的调解法律体系，为调解机制的运行提供明确的指引，但调解组织准入和调解员资格资历评审等具体机制仍有较大完善空间，人民调解与司法调解、仲裁调解等其他非诉讼纠纷解决机制的衔接联动工作有待加强，如市司法局与中级法院制定的《关于加强人民调解与诉讼调解衔接工作的实施意见》《关于人民调解与司法调解衔接工作的联席会议制度》，市医调委等行业性专业性调解组织与香洲区法院、市信访局等建立的对接和案件转介制度，但与推动形成优势互补、有机衔接、协调联动的大调解工作格局，加强行政复议、行政裁决、公证、调解、仲裁、信访等非诉讼纠纷解决机制的联动等总体目标要求仍存在较大差距。

相较而言，澳门地区调解类型较为单一、缺少规范化的调解组织和专业化的调解队伍。近年来，澳门特区政府加大调解服务的推广力度，设立医疗争议调解中心、澳门消费争议调解及仲裁中心，与大湾区多个内地城市签署跨域调解及仲裁合作协议，推出"金融消费纠纷调解计划"，调解越来越成为澳门市民及社会组织解决纠纷的优先选择。在此情形下，推进珠海（横琴）和澳门调解规则衔接必然存在一定障碍。

4. 调解合作的广度和调解规则衔接的深度有待拓展

近年来，珠海积极构建涉外调解服务格局，成立"粤港澳大湾区劳动争议联合调解中心暨珠海（横琴）速调快裁服务站"，成立全国首个由珠海本地和港澳籍调解员共同组成的地市级涉港澳纠纷人民调解委员会，积极参与粤港澳大湾区示范调解规则、调解员资格、资历评审标准和专业操守准则

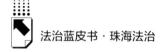

等的制定完善。引入两地妇联家事调解专家团队，成立"珠澳家事调解服务中心"，深化珠澳两地金融消费纠纷调解衔接机制，在家事调解、商事调解、金融纠纷调解等方面搭建了多个合作框架协议，但多以宏观为主，合作的广度和深度还有待拓展。

三 推进珠海（横琴）和澳门调解规则衔接的基本对策

党的二十大报告指出，要健全共建共治共享的社会治理制度，提升社会治理效能。坚持和发展新时代"枫桥经验"，正确处理新形势下人民内部矛盾。这为合作区多元化纠纷解决机制建设指明了方向，提供了根本遵循。完善调解等商事纠纷解决机制，对全力服务保障粤港澳大湾区建设和合作区建设，推进区域治理体系和治理能力现代化，营造法治化国际化营商环境很有现实意义。根据珠海（横琴）和澳门的调解发展现状和主要差异，今后应从以下方面进一步推进珠海（横琴）和澳门调解规则衔接。

（一）加快珠海（横琴）和澳门调解协同立法

完备的调解法制是珠海（横琴）和澳门调解规则衔接的重要保障。正如前文所述，调解法制差异是珠海（横琴）和澳门调解规则衔接面临的主要挑战，加快珠海（横琴）和澳门调解协同立法，融合调解法制差异尤为迫切。因此，有必要用足用好珠海经济特区立法权，允许珠海立足合作区纠纷解决机制改革创新实践，在全国率先开展调解协同立法，让内地与澳门的调解规则在珠海及合作区深度融合。

经过12年的发展，《珠海经济特区人民调解条例》存在的滞后显而易见，难以适应调解领域的新趋势和新挑战，珠海可及时启动《珠海经济特区人民调解条例》的大调解立法，及时汇聚珠海（横琴）和澳门智慧，加强与澳门《民商事调解法》立法的沟通与协同。以融合珠海（横琴）和澳门调解规则为目标，在国内率先专门就大调解中的人民调解、行政调解、行业性专业性调解、商事调解等进行整合规范，着力统一调解机构的设立标准、调解员的资格认定标准、调解程序的规范、调解协议的执行机制、调解的发展问题、涉外调解的发展保障以及相关法律责任问题。同时，以立法形式创新港澳籍调解员备案管理，具体落实大湾区调解员资格评审标准和跨境争议调解规则等，进一步完善珠海（横琴）和澳门民商事纠纷解决机制，大力推动珠海成为粤港澳调解规则衔接和调解工作融合的示范地。

党的二十大报告指出，要发挥香港、澳门的优势和特点，巩固提升香港、澳门在国际金融、贸易、航运航空、创新科技、文化旅游等领域的地位，深化香港、澳门同各国各地区更加开放、更加密切的交往合作。国际商事争议与国际商业交易相伴而生。商事调解凭借高效率、低成本、促友好等解纷优势，已经成为国际商事争议解决的主流方式。发展商事调解对于促进粤港澳大湾区商业贸易，推动香港、澳门更加开放具有重要意义。目前商事调解立法在国内仍为空白，珠海应联合合作区，以商事调解地方立法为切入点，加快制定"横琴粤澳深度合作区商事调解条例"，推动《新加坡调解公约》在合作区先行先试，力争将合作区打造为国际商事争端解决的优选地。

（二）积极设立珠海（横琴）和澳门联合调解组织

党的二十大报告提出，要健全共建共治共享的社会治理制度，提升社会治理效能。多元调解组织是推进珠海（横琴）和澳门调解规则衔接的重要平台。珠海（横琴）和澳门可以汇聚各自的调解资源，联合设立调解组织，共同推动区域内大调解工作发展。

一是联合设立民间纠纷调解组织。以市调解协会为依托，融合内地人民调解的制度优势和澳门社团调解的实践优势，联合成立"粤澳矛盾纠纷调解中心"，加强两地的联合调解、法律培训，共同推进国际交流。在完善"内地调解员+澳门调解员"联合调解模式的基础上，继续探索调解协议的粤澳互认机制，加强与法院的衔接，增强调解的矛盾纠纷化解实效。

二是联合设立国际商事调解中心。联动内地、港澳和国外的商事调解资源，以"横琴新区国仲民商事调解中心""一带一路国际商事调解中心（珠

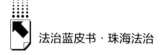

海工作室)"为基础,学习借鉴新加坡国际调解中心(SIMC)等国际知名商事调解机构的发展经验,依托粤港澳大湾区的区位优势,打造专业化、国际化的商事调解队伍,制定灵活的市场化商事调解规则,力争用五至十年时间建成国际知名的商事调解中心。

(三)联合打造纠纷在线调解平台

党的二十大报告提出,要完善信息化支撑的基层治理平台。为贯彻落实习近平总书记关于"要坚持把非诉讼纠纷解决机制挺在前面""推动大数据、人工智能等科技创新成果同司法工作深度融合"等重要指示批示精神,珠海(横琴)和澳门应加快在线调解发展,构建"多元参与、全程在线、开放融合、一体解纷"的在线调解平台。

珠海市司法局已于2022年启动珠海矛盾纠纷在线多元化解平台,通过该平台,群众可利用手机、电脑等载体实现调解的在线申请、在线接受调处、在线签署协议书;调解员和调解机构可实现调解案件处理的数据分析和协作流转,将进一步提高区域调解效率,有效化解矛盾纠纷。因此,建议在珠海矛盾纠纷多元化解平台建设的基础上,遵循共建共享共治共管的工作理念,不断加强珠海(横琴)和澳门调解组织、调解人员的合作,联合打造共同运营的在线调解平台。完善在线调解程序规则,科学设置调解的流程、期限、组织等规则,为打造世界领先、中国特色的在线调解模式提供智力支持。

(四)完善两地调解员互认机制

党的二十大报告强调,要建设人人有责、人人尽责、人人享有的社会治理共同体。高素质调解员是推进珠海(横琴)和澳门调解规则衔接的核心力量,要加快构建珠海(横琴)和澳门的调解共同体。珠海(横琴)和澳门可以在《粤港澳大湾区调解员资格资历评审标准》《粤港澳大湾区调解员专业操守最佳准则》的基础上,依托珠海市调解协会联合成立珠海(横琴)和澳门调解员资历评审机构,制订更为详细的调解员资历评审标准。在横琴

（珠海）或澳门接受调解培训的调解人员，在获得调解员资历评审机构的认证以后，可以在珠海（横琴）和澳门担任调解员，同时结合珠海市调解员电子证照使用，实现两地调解员资格互认，还可实时在线辅助两地调解员开展调解文书的有效签署、存证收发、在线验证、采信办事，提高矛盾纠纷的调解效率。

（五）实现两地调解协议的跨境执行

高效的执行机制是推进珠海（横琴）和澳门调解规则衔接的重要内容。珠海（横琴）和澳门隶属不同的法域，调解协议的跨境执行是深化两地调解规则衔接的重中之重。为保障调解协议的顺利执行，可从以下方面着手。

一是进一步优化调解协议的司法确认通道。推动《珠海经济特区人民调解条例》与澳门民商事调解法协同立法，推进两地法院建立机制，就两地互认的调解组织和调解员（特别是两地共同成立的调解组织）促成签订的协议书，快速完成司法确认程序。同时推动优化珠海市法院的特邀调解工作机制，促进市调解协会备案管理的澳门调解组织和调解员畅顺申请司法确认工作。

二是在合作区内率先开展《新加坡调解公约》试点。党的二十大报告指出，要统筹推进国内法治和涉外法治。作为国际商事调解发展的里程碑，《新加坡调解公约》旨在构建一项国际商事和解协议的跨境执行机制，从而促进国际经济贸易和谐发展。中国是《新加坡调解公约》的创约国和首批签署国，为公约的最终形成贡献了"中国智慧"。在合作区内开展《新加坡调解公约》试点，将对合作区商事调解发展、营商环境优化以及提升合作区的国际商事争端解决领域话语权具有积极意义。虽然目前《新加坡调解公约》已经生效，但全国人大常委会尚未批准适用，在我国相关领域尚无法律效力。因此，珠海市人大可以根据合作区需求，向全国人大常委会申请授权珠海经济特区或合作区开展适用《新加坡调解公约》的试点改革：经调解组织达成的国际商事调解协议，可以在珠海各基层法院或合作区人民法院直接申请执行。合作区法院根据《新加坡调解公约》对国际商事调解协议进行司法审查后即可付诸强制执行，无须经过司法确认程序。与此同时，澳门地区也可以同步开展试点，允许国际商事调解协议在澳门法院申请执行。在珠海（横琴）和澳门率先适用《新加坡调解公约》，能够进一步推动两地形成共同的商事调解规则，将合作区打造成为国际商事争端解决的优选地。

三是依托仲裁机构便利调解协议的跨境执行。近年来，在全球范围内掀起"调仲结合"的实践浪潮，其主要目的在于破解调解协议无法跨境执行的困境，通过仲裁为调解协议的跨境执行提供效力保障。调解协议达成后经由仲裁机构确认，即可转化为具有执行效力的仲裁裁决，并依据《纽约公约》获得有效执行。近年来，粤港澳大湾区的调仲合作取得良好进展，发起设立粤港澳仲裁调解联盟、粤港澳大湾区仲裁联盟、珠澳跨境仲裁的合作平台，构建粤港澳大湾区"调解+仲裁"紧密对接制度。这为"调解+仲裁"实践创造了良好基础。合作区应推动珠海国际仲裁院加强与商事调解中心的联动与合作，鼓励当事人选择"调解+仲裁"方案，保障调解协议的顺利执行。

四是推动最高人民法院与澳门终审法院签署珠海（横琴）和澳门调解协议执行司法互助协议。根据协议，经依法成立的调解组织及其调解员调解达成的调解协议，可以在珠海（横琴）和澳门互认和执行，在合作区达成的调解协议可以在澳门地区进行审查和执行，在澳门达成的调解协议也可以在合作区法院获得确认和执行。

（六）发挥调解社团组织的融合优势

鉴于社团组织在澳门社会治理中的重要作用，珠海（横琴）和澳门可以依托两地的调解社团组织，积极推进两地调解交流，加快形成调解共同体，共同探寻调解规则衔接之道。近年来，珠海（横琴）和澳门高度重视调解社团组织建设，为促进两地调解交流和规则衔接奠定良好基础。2022年10月，珠海与合作区共同发起成立市调解协会，推动构建珠海（横琴）

和澳门大调解工作格局。与此相应，澳门地区近年来成立澳门调解员学会、澳门调解促进协会、澳门国际谈判调解学会、澳门调解协会、澳门家事调解协会、澳门劳动关系调解协会、澳门职场调解协会、澳门中葡商事调解协会、澳门法律查明和商事调解协会等与调解相关的社团组织。

调解社团组织在调解交流和规则衔接方面具有优势，应当充分发挥珠海（横琴）和澳门调解社团组织的作用，着力加强两地调解人员交流和互动，推动两地调解规则衔接。鉴于社团组织在澳门社会治理中的重要作用，珠海（横琴）和澳门可以依托调解社团组织，积极推进珠海（横琴）和澳门调解交流，加快形成调解共同体，共同推动调解规则衔接。

B.17
珠海市涉澳家庭家事调解
服务研究报告

珠海市妇女联合会课题组*

摘　要： 随着粤港澳大湾区、横琴粤澳深度合作区建设的深入推进，进入
湾区创业或居住的澳门居民及家庭持续增长，而家事纠纷能否得
以妥善处理，是解决澳门居民在珠海生活后顾之忧的重要举措。
珠澳妇联以"湾区家庭所需、珠澳妇联所能"为导向，聚焦涉
澳家庭需求，充分发挥湾区妇联组织互补互利优势，以婚姻家庭
领域调解"小切口"参与构建"大调解"工作格局，贡献珠澳
家事纠纷多元调解领域研究成果，努力打造珠澳特色、时代特
征、区位特点的家事调解珠海方案。

关键词： 珠澳合作　婚姻家庭　家事调解服务　市域社会治理

党的二十大报告提出，"加强重点领域、新兴领域、涉外领域立法，统
筹推进国内法治和涉外法治，以良法促进发展、保障善治"，为加强诉源治
理、进一步推动矛盾纠纷化解工作提供了根本遵循，为搭建党委政府领导下
的分层递进多元解纷新模式指明了发展方向。党的十九届四中全会通过的
《中共中央关于坚持和完善中国特色社会主义制度　推进国家治理体系和治
理能力现代化若干重大问题的决定》对构建多元调解机制提出了新要求。

---

* 课题组负责人：杨红梅，珠海市妇女联合会党组书记、主席。课题组成员：陈佩瑜、吕宪
慧、张良广、李向阳。执笔人：陈佩瑜，珠海市妇女联合会四级调研员；李向阳，珠海市妇
女联合会权益部职员。

2021 年 9 月，中共中央、国务院印发的《横琴粤澳深度合作区建设总体方案》强调，要"加强粤澳司法交流协作，建立完善国际商事审判、仲裁、调解等多元化商事纠纷解决机制"，服务横琴粤澳深度合作区（以下简称"合作区"）建设，而这亟须各类制度衔接。《广东省妇女发展规划（2021～2030年）》明确提出，要"推进粤港澳大湾区家庭工作融合发展，推进粤港澳家事调解合作"。珠海市第九届人民代表大会常务委员会审议通过的《珠海市人民代表大会常务委员会关于促进市人民政府建设粤港澳大湾区优质公共法律服务体系的决定》明确将仲裁、公证、调解、律师、法律援助等纳入粤港澳大湾区和"一带一路"建设工作体系，对促进两地民生服务和社会治理深度融合发展具有重要意义。实践表明，家事调解是珠澳两地最为趋同的纠纷解决机制，加强珠澳家事调解合作，既是促进澳门家庭融入珠海发展的关键，也是解决澳门居民在珠海生活后顾之忧的重要举措。

一　珠澳家事调解服务现状

"涉澳婚姻"是我国"涉外婚姻"的一种形式，主要是指内地居民与澳门居民之间的婚姻关系，涉澳婚姻应遵守"婚姻缔结地、一方当事人经常居所地法律或国籍国"的法律规定，一般适用中国法律法规，包括《民法典》《婚姻登记条例》等法律法规①。基于研究的实际需求，本报告将"涉澳家庭"的范围界定为夫妻一方内地居民与另一方澳门居民因结婚组成的家庭。

为找准珠澳家事调解服务面临的难点问题，珠海市妇女联合会（以下简称"珠海市妇联"）对涉澳家庭以及为涉澳家庭提供家事调解服务的部门、机构、组织或团体代表等进行调研，采取个别访谈、集中座谈和发放调研问卷等方式，开展"实证研究+文献研究+对标研究"，通过系统梳理参与

---

① 参见《婚姻登记条例》（2003 年 7 月 30 日国务院第 16 次常务会议通过）第一章第二条、第二章第四条之规定。http：//www.gov.cn/gongbao/content/2003/content_62350.htm。

调研的涉澳家庭、调研反馈意见，全面分析面向涉澳家庭提供调解服务的部门机构或社会团体的工作建议（主要包含珠海市婚调委、珠海涉外公共法律服务中心、澳门街坊总会驻广东横琴办事处、港澳义工服务站、茂盛社区居民委员会等），客观反映当前珠澳家事调解需求和服务现状。

（一）珠澳两地法制存在差异，家事调解规则不衔接

粤港澳大湾区包括广东省九个城市和香港、澳门两个特别行政区，涉及一个国家、两种制度、三个法系。广东作为内地的一个省域，与港澳在行政、立法和司法方面的权限并不对等①。在粤港澳大湾区建设过程中降低因"两制差异"造成的制度运行成本是首要工作。"两制差异"表现为不同的法律理念、立法体制、司法体系和法律渊源，多元化纠纷解决机制构建面临法律依据不足、协议效力不清、相关协商定位不明等困境。在家事调解方面，珠海和澳门存在调解理念不一致、规范性及专业性不统一、专业互认机制不完善、调解协议书异地承认等执行效力问题。其中，专业互认机制不完善集中体现在调解员人员资质认证、调解专业度及调解人才库等三个方面。

（二）家事调解服务需求多元化，服务供给不足

由于文化习惯隔阂、两地婚姻法律差异的影响，涉澳家庭认为夫妻双方婚姻家庭矛盾主要体现在子女教育、日常生活及金钱财物等问题，其中，子女教育以及因此产生的家庭成员纠纷最为常见。针对多元化家庭矛盾、家事调解服务需求多元化的调查显示，有76.97%的受访者需要提供婚姻关系调适服务，53.94%的受访者表示需要亲子家庭教育指导服务，44.24%的受访者需要两地婚姻法律知识的咨询服务。对婚前调适、恋爱指导需求、与其他

---

① 目前三地的协商机制存在多个复杂层级：一是中央政府与香港、澳门特别行政区之间的协商；二是广东省政府与香港、澳门特别行政区政府之间的直接协商；三是粤港澳大湾区各地市政府与香港、澳门特别行政区政府之间的协商，其中又以深圳、珠海、广州三市居多；四是广东省或各市政府职能部门与香港、澳门特别行政区政府下设机构之间的协商。

家庭成员（如婆媳、翁婿等）关系缓和等家事调解服务需求日益增多，但目前婚姻类咨询、家教类培训与亲子体验等家庭服务主要以政府购买服务方式开展，家事调解类公益机构较少，服务产品供给能力不足。

（三）涉澳家庭隐私保护意识强，主动求助意愿低

调研数据显示，当婚姻家庭中出现矛盾纠纷时，86.67%的涉澳家庭选择夫妻双方共同解决，这与传统文化有关，多数居民对涉及家庭的个人隐私信息较为关注。同时，也表明夫妻双方自我解决婚姻家事矛盾能力有较大提升空间。目前珠海涉澳家庭家事调解案源主要来自人民法院转介，在全社会保护个人隐私信息意识不断提高的移动互联网时代，涉澳家庭出于个人隐私意识主动求助介入案件量较少。此外，澳门调解案件的限制因素多，对适用调解的离婚类案件非常审慎，加上涉澳家庭对相关家事调解服务机构的信任尚未广泛建立，涉澳家庭对内地婚姻家事调解服务的机构、组织和团体了解不深，更偏向于选择诉讼作为解决家事问题的途径。

（四）涉澳家事纠纷求助路径依赖明显，解纷周期较长

面对家庭纠纷，选择妇联介入调处家庭类矛盾纠纷的涉案家庭相对较多，40%的涉澳家庭倾向于向澳门地区的妇联、家事调解协会、街坊联合总会等咨询，30%的涉澳家庭倾向于向珠海妇联、村（社区）、社工机构等咨询求助，也有18.16%的涉澳家庭表示不清楚不了解珠海或澳门的家事咨询服务，11.84%的涉澳家庭选择向人民法院提起诉讼、寻找亲朋好友劝说等其他渠道解决家事矛盾。涉澳家庭成员虽然长期居住在珠海，由于受到不同法律体系、语言、家庭环境和生活习惯等因素的影响，对于家事咨询和调解服务机构的选择表现出一定的路径依赖。澳门籍或者对澳门熟悉的家庭会选择回到澳门寻求家事调解服务，而内地户籍赴澳门定居生活的可能更倾向于返回内地寻求家事调解服务。解决家事矛盾纠纷的时效周期相对较长。

（五）珠澳妇联家事调解服务各具特色，但联动合力未形成

澳门妇女联合总会（以下简称"澳门妇联"）已于2020年11月成

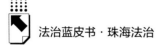
立了澳门家事调解协会①，开展家事调解服务，促进澳门本地与内地和其他国家及地区家事调解领域的合作与交流，并在合作区成立澳门妇联办事处。珠海市妇联作为政府联系妇女群众的桥梁和纽带，熟悉内地法律条款，已在 2017 年底联合政法和司法等相关部门成立广东省内首个市级即珠海市婚姻调解委员会（以下简称"珠海市婚调委"）②，辐射带动各区陆续成立婚调委（室），实现市、区家事调解服务全覆盖。在此基础上，珠澳两地妇联组织提供的家事调解服务内容各有侧重、相互补充，但受限于珠澳两地联动机制尚未建立，在涉澳家庭调解案件联办方面缺乏实践经验借鉴，如何进行深度融合、怎样形成工作合力仍是亟待解决的问题。

（六）家事调解服务要求高，调解员能力素质仍需提升

人民调解员应当由公道正派、热心人民调解工作，并具有一定文化水平、政策水平和法律知识的成年公民担任③。调研发现，59.36%的涉澳家庭认为，家事调解员首先要具备相关调解工作经验，其次是人品好和热情。作为调解过程的重要组织者，家事调解员不但要靠自己的经验、智慧和人格魅力等基本素质来组织调解，同时应当具备一定法律知识，更要有良好的心理素质和应变能力。26.67%的涉澳家庭倾向于选择了解国情、熟悉法律和心理学或者具备综合知识的调解员，为她们提供家事调解服务。然而，目前粤港澳大湾区家事调解认证资质文件标准相对宽泛，从事家事调解服务人员的专业知识储备不足、调解技巧欠佳，较大程度影响了调解进度和调解服务成效，不利于提升调解组织在妇女群众心中的公信力。

---

① 澳门家事调解协会主要服务内容：家事调解服务（含子女照顾与抚养安排、子女探视安排、子女及双方的居住安排），离异父母共亲职支援计划（含离婚及家事调解咨询服务、亲职协调服务、儿童适应支援计划、社区推广活动）。

② 珠海市婚姻调解委员会的主要受理范围：婚姻家庭纠纷（含赡养纠纷、抚养纠纷、扶养纠纷，但不包含婚姻关系、身份关系确认）；继承纠纷；同居关系、恋爱关系纠纷。

③ 参见《人民调解法》（2010 年 8 月 28 日第十一届全国人民代表大会常务委员会第十六次会议通过）第 14 条之规定。http://www.gov.cn/flfg/2010-08/29/content_ 1691209.htm。

二 珠澳家事调解探索与实践成效

家庭是社会的基本细胞，妥善解决涉澳家庭家事难题，是珠澳两地社会治理深度融合过程中有重要现实意义的课题。近年来，珠海市妇联始终以习近平法治思想为根本遵循，贯彻落实中央、省和市委市政府的有关决策部署，在法治轨道上统筹各项妇女儿童工作，紧扣婚姻家事调解工作的制度衔接之需、融合发展之要和能力提升之策，在推进多元化纠纷解决机制方面先行先试，积极探索珠澳家事调解服务模式，不断完善家事调解工作机制，拓宽家事领域深入合作空间，持续提升珠澳家事调解队伍能力和水平，力争在粤港澳家事调解合作中取得新的突破。

（一）推动机制创新，建强家事解纷服务平台

为进一步服务好粤港澳大湾区建设，珠海市妇联以"湾区家庭所需、珠澳妇联所能"为基点，结合工作职责，依法、依章程、依权限，在司法业务职能部门指导下探索珠澳两地家事调解合作。2020 年 12 月，珠海市妇联与澳门妇联、澳门家事调解协会签订《关于促进珠澳妇联家事调解合作备忘录》，就建立健全交流学习培训制度、成立珠澳妇联家事调解专家团队、搭建珠澳调解服务中心、探索两地调解人员共同参与调解联动机制等达成共识。2021 年 12 月，珠海市妇联、澳门妇联、澳门家事调解协会共同揭牌成立珠澳家事调解服务中心，为珠澳融合家庭解决家庭矛盾纠纷提供了新平台。2022 年 6 月，珠海市妇联联合珠海市中级人民法院，建立全国首个涉澳妇女儿童权益保护合议庭，有效发挥珠澳妇女组织在涉澳妇女儿童权益保护中软化矛盾、家事调查、心理疏导、诉前调解等作用。2022 年 8 月，珠海市妇联、珠海市婚调委在珠海市香洲区拱北街道茂盛社区、港昌社区分别设立了珠港澳（涉外）家事调解服务站，将家事调解服务窗口不断前移，探索可复制可推广的涉澳家庭家事调解社区服务经验。

（二）优化交流培训，密切服务队伍专业合作

为进一步加强珠澳妇联组织在服务家庭、推动建立共商共建共享多元化纠纷解决机制中的作用，珠澳妇联建立健全交流与学习制度，分别组织法官、律师、司法调解实务工作者开展法律法规及调解技巧培训及案例分享会，在调解培训、家事调解流程、技术技巧等方面实现资源共享。珠海市妇联依托"珠澳家事调解服务中心"开展珠澳妇联家事调解员能力提升行动，分别于2021年12月、2022年5月举办两期珠澳家事调解员培训班，邀请法学专家以及珠澳律师讲授两地婚姻家庭法律知识、调解专业知识等，共培训学员近200名，有效提升了两地调解员的调解能力，也推动珠澳妇联家事调解服务合作进入实质阶段。通过定期举办两地调解员研讨会，加强珠澳两地调解员队伍联系，分享案例及调解经验，以家事调解推动珠澳两地在其他领域开展深入交流，如劳动、财产、知识产权等方面，实现两地信息互通有无，进一步建立健全共商共建共享的多元纠纷解决机制。

（三）密切协同合作，探索珠澳家事联调模式

首先，为探索构建"领导小组+培训交流+案件转介+案情研讨+联合调解"珠澳家事联调新模式，珠海市妇联积极举办珠澳家事调解推进座谈会，聚焦两地家事调解困难、联动机制搭建等方面展开研究，初步形成"案件转介、调解员队伍建设、案件联办联调"联调模式的意向性方案。针对可能出现的珠澳两地妇女儿童权益被侵害重点案件，珠澳两地妇联可互相委托转介，承接方应及时跟进或协助办理，同时可按照当事人需求，提供"内地调解员+澳门家事调解员"联合调解服务。其次，为充分发挥人民法院调解的审判指导和协调功能，珠海市妇联与合作区人民法院签署《关于合作开展矛盾纠纷多元化解工作的备忘录》，进一步凸显发挥珠海市婚调委的专业引领和服务优势，提升依法多元化解矛盾纠纷的能力和效果。最后，在法律框架下，珠海市妇联、澳门妇联积极引入两地妇女儿童权益保护及家庭服务多方资源，通过搭建珠澳两地共同参与调解联动机制平台，健全珠澳家事

调解服务联动工作机制，持续提升珠澳家事调解员队伍专业能力，为在珠海、澳门生活工作的涉澳家庭提供优质专业服务。

（四）打造专家团队，提升专业调解能力

为进一步发挥珠澳两地专业人士的智力优势，珠澳家事调解服务中心链接整合专业律师、行业专家和婚姻家事调解骨干构成的专家团队，发挥专家团队督导支持功能，在调解案例研讨中加强释法说理，激发参与指导家事矛盾纠纷调解工作活力。目前珠海市家事调解服务中心已为来自珠澳两地的6位专家颁发聘任证书，邀请9名熟悉两地法律的律师组成了"珠澳家事调解合作律师团"，聘请2名精通两地家事调解规则的澳门籍义工为珠海市婚调委特约调解员。通过搭配不同专业背景的人才，吸收澳门居民担任调解员，构建起"法律+心理学+社工+澳门籍义工"为主体的珠澳家事调解人员队伍，提供法律咨询、心理咨询、家事调解等服务，提升珠澳家事调解员解决疑难复杂案件能力，最大限度化解涉澳居民家庭矛盾纠纷。

（五）营造良好氛围，大力推进珠澳联合宣传

为进一步增强在珠海的港澳居民的国家意识和法治观念，加强珠澳两地居民对婚姻家庭法律知识的普法宣传，珠海市妇联依托珠澳家事调解服务中心、珠港澳（涉外）家事调解社区服务站、婚姻家庭纠纷人民调解委员会等工作阵地，精心打造"学知行"妇女儿童维权微课堂，创新"珠澳双师、同课同构"授课模式，坚持以问题为导向，邀请珠海律师和澳门律师同堂授课，开展线上视频展播，聚力打造澳门及内地婚姻家庭法律知识精品课程，提升珠澳两地妇女群众法治素养。珠澳妇联联合开展家庭亲子活动和普法宣传，设立珠澳家事调解宣传周，结合拍摄公益视频、妇联主席接听"12338"妇女热线、制作一站式服务手册等形式，为珠澳家庭提供家庭教育、法律知识以及惠民政策宣讲，多层次、多渠道、全方位开展宣传，不断提升珠澳两地居民对家事调解服务的知晓度和认可度。

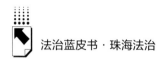

三 珠澳家事调解服务合作展望

当前，珠澳妇联加快融入粤港澳大湾区建设和横琴粤澳深度合作区建设，开启"一国两制"制度优势下的珠澳家事调解法治实践，服务成效逐步彰显。但探索中存在的困难和掣肘问题依旧不容忽视，珠澳两地家事调解服务融合深度不够、珠澳两地联调模式有待进一步增强、家事调解服务的社会支持有限，珠澳家事调解领域的探索实践任重而道远。只有全面、客观、准确梳理解决家事调解面临的困难和挑战，在实践中不断自我优化、自我完善、自我提升，才能让珠澳家事调解服务探索步伐更坚实。

（一）强化顶层设计，推动珠澳家事调解深度融合

由于家事纠纷具有亲情伦理性、身份本源性、情感私密性等特征，形式上多表现为财产纷争，实质上多为亲情错位引起的情感之争，而家长里短引发的感情纠葛很难在法律上给出是非分明的判断。珠澳家事调解深度合作的实践与探索，对推动建立共商共建共享的多元化纠纷解决机制，为合作区提供优质、高效、便捷的服务保障具有重要意义。

1. 着力完善家事调解工作格局

要立足婚姻矛盾纠纷化解工作的价值出发原点，充分借鉴吸收港澳有益经验，优化配置各类婚姻家庭矛盾纠纷化解资源，筹备成立珠澳家事调解工作领导小组，指导珠海市婚调委积极参与珠海市调解协会工作，建好用好珠澳家事调解服务中心，大力推广宣传跨境争议家事调解规则，走好家事调解服务专业化路径，兼顾法律条文的"硬"要求和家长里短的"软"服务，为涉澳家庭提供个性化、定制式、一站式、综合性服务体验，打造独具珠澳特色、时代特征、区位特点的家事调解"珠海方案"。

2. 注重与澳门家事服务制度规则对接，制定出台珠澳家事纠纷调解规则及调解指引

规则及指引能够聚焦珠澳两地家事调解相关事项的基本条件，如明确可

调解范围、确保调解质量以及调解达成协议的执行等，探索珠澳两地家事调解服务的界限、融合方式、调处机制，进而为粤港澳大湾区多元纠纷调解机制的融合建立及必要性可行性提供参考。

3. 合力推动珠澳家事调解联动机制落地

珠海应当借助合作区设立的机遇，积极与澳门开展互动交流，深挖珠澳妇联深度合作空间，将珠澳家事调解工作融入"大调解"体系，从源头上预防和减少婚姻家庭纠纷产生，不断开辟创新手段、补齐工作短板、延伸服务手臂、发挥专业优势、落实工作机制、保障基层活力，探讨珠澳家事调解纠纷的规则、指引及保障落实措施，形成自上而下的协调联动机制，解决群众最关心、最直接、最现实的问题，引导群众建设平等、和睦、文明的婚姻家庭关系。

（二）强化协调联动，助推家事调解服务平台建设

涉澳家庭家事调解求助途径已形成固有的选择路径，需要对现有两地求助途径进行符合实际的调整和创新，选择最优的"路径整合"，推进珠澳家事调解服务深度融合发展。

1. 整合珠澳两地求助途径

主动对接广东省政数局创新打造的"粤省事"、珠海和澳门移动跨境数字新平台"珠澳通"App等服务，凝聚珠澳两地多个职能部门工作合力，规划建设珠澳家事调解规则衔接平台、纠纷解决对接中心及珠澳家事在线纠纷多元化解平台（珠澳ODR）[①]，同时制定平台简易使用流程，方便为有需求的涉澳家庭提供"线上+线下"纠纷调解、法律咨询、心理辅导等全方位服务，帮助当事人婚姻家庭矛盾纠纷案件集约化、高效率化解，进而总结推广珠澳家事调解的融合经验。

2. 丰富家事调解服务内涵外延

调解和诉讼等不同的解决争议方式不是各自独立的个体，而是相互影

---

① 王珏玲：《家事纠纷诉调对接机制研究》，四川省社会科学院，2020。在线矛盾纠纷解决机制（Online Dispute Resolution，ODR）指"网络上由非法庭但公正的第三人，解决企业和消费者之间因网络电子商务契约发生争执的所有方式"。

响、相互促进协同关系。对标珠海市建设法治政府的目标任务，强化诉讼和非诉讼方式解决涉澳家事纠纷工作联动，合力推动家事调解协议司法确认，加大婚调委及相关组织人员的业务培训，及时指引当事人向基层法院申请调解协议的司法确认，确保人民调解前期工作不浪费，提升司法确认程序效率，尝试推动提升跨境调解协议的执行效力和认可度，保护跨境婚姻双方及家庭利益，增进两地民生福祉。

3. 建成推广珠澳家事调解制度试点

调解不可能在法律真空进行，因此，合适的法律配套十分重要。加快探索应用移动互联网、人工智能等现代科技应用，建立跨境、跨政府部门的行政调解、人民调解、行业调解等形式多样、层次分明的调解网络，通过珠海、澳门以及合作区在粤港澳大湾区家事调解制度的不断创新，以珠海家事调解服务的"小切口"推动解决粤港澳大湾区公共法律服务标准细化工作的大问题。家事调解要积极发挥试点引领作用，总结珠海市涉港澳家事调解社区服务站工作方法和经验，丰富和发展"一国两制"理论和实践，保护跨境婚姻双方及家庭利益，增进两地民生福祉。

（三）强化社会支持，助力珠澳家事调解法治实践

珠澳法律制度及调解流程方法存在一定差异，两地妇联有必要立足粤港澳大湾区各地调解制度的发展进程和多元需求展望未来，发挥先导实践的积极作用，在粤港澳大湾区背景下率先探索设立单一的家事调解示范方法，不仅可探索在不同法制地区的调解方法融合道路，也可以通过家事调解示范方法探索推动粤港澳大湾区多元纠纷解决机制的建立。

1. 加快制定珠澳家事调解员资格评审标准

2021 年 12 月 10 日，粤港澳大湾区法律部门联席会议审议通过《粤港澳大湾区调解员资格资历评审标准》及《粤港澳大湾区调解员专业操守最佳准则》①

---

① 2021 年 12 月 16 日在香港召开的第四次粤港澳大湾区法律部门联席会议通过。人民网-港澳频道，http://hm.people.com.cn/n1/2022/1230/c42272-32597243.html。

两个文件，标志着粤港澳大湾区调解员专业化发展迈上新台阶。由于粤港澳大湾区有三种不同的法制，三地的调解模式、体制及发展各有差异，应当在现有政策文件基础上，结合实际情况，制订符合珠澳两地要求的家事调解员统一标准。

2. 加快建设发展家事调解领域智库

家事调解在多元纠纷调解中具有其特殊性，可以借助其特殊性探索粤港澳大湾区跨境调解的实践模式与实践方法，服务"一国两制"下珠澳两地不断紧密的司法联系这一重大课题。珠海发挥珠海市高校密集、人才充足和对外交流广泛的优势，完善公开公平公正、科学规范透明的立项机制，支持珠澳司法研究平台、家事调解平台建设，推进两地法律制度衔接、工作机制对接等法律问题研究，尽快推动智库研究成果应用和智力成果转化。

3. 有序建好品牌家事调解室及调解员培训基地

挖掘一批具备家事调解能力及一定知名度的调解人员，建立个人家事调解工作室，让珠澳家事调解有带头人。孵化一批珠澳家事调解人员培训基地，让队伍在调解实践中逐步成长。培养一批具有较高知名度的品牌调解工作室及个人调解员，借助宣传、经验推广、对外交流等多项措施，提高优秀调解工作室及个人调解员的知名度，让珠澳家事调解更有影响力。

4. 深入推进珠澳家事调解工作实践

家事调解作为诉外调解的重要补充形式，应重点厘清家庭关系，突出家事调解员的作用，无论社工、法律工作者还是人民调解员都希望能做好服务，直接影响调解模式开展和调解服务质量，不断提高新形势下家事调解员工作能力和服务水平，打造具备法学、社会学、心理学等多学科知识结构的高素质调解队伍，在规范运作、工作质效、服务品牌创建上不断推陈出新，依法依规做好珠澳婚姻家庭纠纷类案件调处工作，预防和减少因婚姻家庭矛盾纠纷激化引发的案件发生，维护公共治安和社会稳定。

社 会 治 理

Social Governance

B.18
珠海市工程建设农民工普法实践与探索

——珠海交通集团工程建设项目农民工普法案例样本研究

刘姝　李北*

摘　要： 推进农民工普法是推进全民普法工作、全面实施珠海市"八五"普法规划和公民法治素养提升行动的重要内容，事关依法治国、依法治市目标实现。本文以珠海交通集团工程建设项目农民工普法案例为样本，调查分析了农民工法治观念、法治素养和普法需求方面的现状，钊刘农民工普法实践中存在的问题，深入探究开展工程建设领域农民工普法工作的新对策、新思路，强化普法主体责任，建立普法联动机制，精准定位普法内容和重点，开拓普法形式，确保普法工作更有成效。

关键词： 工程建设　农民工　普法　法治素养

---

* 刘姝，珠海交通集团有限公司法律事务部副总经理；李北，珠海交通集团有限公司法律事务部职员。

一 引言

《粤港澳大湾区发展规划纲要》提出了建设富有活力和国际竞争力的一流湾区和世界级城市群目标①。珠海依托港珠澳大桥成为唯一联通港澳的陆地城市，无论是处在毗邻港澳所展现的优越地理位置，还是处在珠江口西岸核心产业带的极点位置，都迫切需要拉开城市骨架，提升城市发展的能级和量级。城市基建工程是拉开城市骨架的重要支撑，农民工是推动城市建设和发展的重要力量，是城市基建工程的重要建造者，更是城市繁荣发展的参与者。关注和提升农民工法治素养，满足人民群众日益增长的法治需求，是珠海全面依法治市、高质量建设现代化国际化经济特区的题中应有之义。

"十四五"规划实施以来，珠海市深入贯彻习近平法治思想，推动全面依法治市。市委宣传部、市司法局编发了《关于开展法治宣传教育的第八个五年规划（2021~2025年）》，为珠海高质量建设现代化国际化经济特区和推进横琴粤澳深度合作区建设提供法治保障。该规划明确提出，要持续提升公民法治意识和法治素养，开展分层分类精准普法，开展针对性的法治宣传教育②。

珠海交通集团作为珠海市国资委属下国有全资企业，主要承担珠海市高速公路、国省道骨干路网和铁路等重大交通基础设施项目的投资融资、项目建设、运营管理等任务，是珠海市规模最大、基建项目最多的交通建设营运商。截至2022年10月，集团在建工程项目33个，项目所涉参建单位有一线农民工4214人，在珠海市工程建设领域具有代表性。研究分析珠海交通集团农民工普法案例，对创新和探索珠海市工程建设领域农民工普法工作实践具有非常重要的意义。

---

① 中共中央国务院：《粤港澳大湾区发展规划纲要》，中国政府网，http://www.gov.cn/zhengce/2019-02/18/content_ 5366593. htm#1。

② 珠海市人民政府转发《市委宣传部、市司法局关于开展法治宣传教育的第八个五年规划（2021~2025年）》的通知，中共珠海市委办公室，2022年2月23日印发。

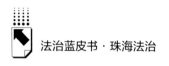

二 珠海交通集团工程建设项目农民工普法实践

珠海交通集团（以下简称"集团"）始终坚持深入学习贯彻习近平法治思想，突出法治引领，树立依法治企、依法兴企意识，创新推进法治工地建设，积极打造法治文化建设示范企业，不断提升法治国企建设水平。

（一）企业领导高度重视，坚持配强配齐专职人员，明晰职责，大力支持企业法治文化创建工作

集团领导高度重视法治国企建设，成立集团主要领导担任组长、各下属公司负责人为成员的集团依法治企领导小组，明确常设机构和人员配备，切实加强企业法治文化创建的统筹和推进。同时，企业建立集团专职法务人员和 14 家下属公司法务管理员上下一体的管理体系，近两年专职法务人员分别获评广东省国有企业二级、三级法律顾问，切实提升服务水平和团队力量。各下属企业积极落实法律顾问制度，选聘专业律师团队提供高效服务，打造内外结合的双重法治机制。2020 年集团顺利完成 22 项法治申报任务，以满分通过考核，荣获"2020 年广东省法治文化建设示范企业"称号。

（二）提供持之以恒的良好普法环境，着力打造法治创建特色，深入开展法治教育

按照"谁主管谁负责""谁用工谁负责"相结合原则，集团进一步完善工地普法工作，逐步探索建立由行政机关、司法部门、企业单位共同参与、齐抓共管的农民工法治宣传教育工作长效机制。集团连续 5 年举办普法知识竞赛，2021 年获评 2020~2021 年珠海市国家机关"谁执法谁普法"创新创先优秀普法项目，集团及 14 家下属公司每年选派 3 人组队，至今已有 200 人次作为选手参赛，吸引 300 多名观众观战，受到广大员工欢迎。同时，集团积极组织法务人员到集团工程建设项目工地及二级公司开展送法上门服务活动。2022 年 8 月，集团以"法治国企下基层，工地普法我先行"普法项

目申报由珠海市司法局举办的"珠海市公民法治素养提升行动社会项目培育活动"，获得优秀项目专项资金支持。

（三）结合企业自身特点，创新形式，推进农民工普法

集团以农民工实际需求为切入点，规范宣传内容，合理配置资源，针对性地引导他们学法、懂法和用法。集团定期开展工地普法宣传、法治体检、法律咨询、纠纷化解和法律援助等形式多样的"送法进工地"活动。例如：在工程项目部设置宣传栏，在工地、餐厅、宿舍等悬挂横幅、张贴普法海报；针对需求开展安全法、劳动法、支付工资条例等宣传培训；给一线农民工派发民法典、保障农民工工资支付条例法律宣传手册等法律资料；举办普法有奖知识问答、普法讲座等，激励农民工积极参与，并通过普法活动检验普法成效，引导农民工增强法律意识和提升依法维权能力，创造良好的法治氛围，让农民工充分认识到学习法律知识对自身利益保护的重要意义。

三　珠海交通集团农民工普法调查情况

为研究农民工普法的现状、需求及成效，珠海交通集团 2022 年选取珠海交通集团工程建设项目一线农民工为调查对象，开展了一系列普法调研活动。调研采取问卷抽样和现场访谈的方式。问卷设计主要分为三部分，包括调查对象基本情况，如性别、年龄、文化程度；农民工法治情况，了解调查对象法治观念及法治素养；调查对象的普法需求和学法方式。调查时间为 2022 年 10 月 21 日至 10 月 31 日，通过向珠海交通集团 33 个工程项目部公布手机微信二维码和电脑端问卷链接的方式，调查农民工 4214 人，收回有效问卷 2012 份，调查回复率为 47.75%。

（一）调查对象基本情况

本次调查回复问卷中，一线农民工男性 1618 人，占 80.42%，女性

394 人，占 19.58%。20～50 岁 1488 人，占 73.96%。初中及以上学历
1897 人，占 94.28%，本科及以上学历 383 人，占 19.04%。这说明农民
工基本完成了九年义务制教育，具备基本的教育水平。在调查对象中，有
383 人接受了本科及以上学历高等教育，受教育程度较高，具有较好的法
律素养（见表 1）。通过访谈了解到，农民工外出打工动机除了赚钱谋生，
很大程度上也是积极寻求个人发展，具有较强的自我保护意识，需要得到
社会的认可和尊重，希望社会给予平等的关注，在劳动权、受教育权、生
存权、发展权上得到公平公正对待。

表 1　调查对象个人基本资料

		数量（人）	占比（%）
性别	男	1618	80.42
	女	394	19.58
	总数	2012	100.00
年龄	20 岁以下	351	17.45
	20～30 岁	627	31.16
	30～40 岁	549	27.29
	40～50 岁	312	15.51
	50 岁及以上	173	8.6
	总数	2012	100.00
教育程度	小学及以下	115	5.72
	初中	437	21.72
	高中/中专	646	32.11
	大专	431	21.42
	本科及以上	383	19.04
	总数	2012	100

数据来源：珠海交通集团农民工普法工作调查问卷，以下简称"调查问卷"。

（二）农民工法治现状分析

调查结果显示，有 1469 人表示没有遇到法律问题，占 73.01%；有

533人反映曾经遇到法律纠纷，占26.49%。在反映曾遇到法律纠纷的533人中，有308人反馈主要是拖欠工资、无故扣工资纠纷，占57.79%；此外，遇到社保购买纠纷的有174人，占32.65%；遇到劳动安全保障纠纷的有130人，占24.39%（见图1）。显然，农民工对自身工资、社保和安全保障越来越重视，对了解劳动法、劳动合同法、安全生产法等相关法律法规知识有迫切需求。通过访谈进一步了解到，前三项法律纠纷主要发生于农民工进入交通集团项目之前，交通集团工程项目暂未发现该类纠纷存在。

访谈结果显示，农民工多数为长期独自在外打工，通过亲友介绍在不同项目单位无序流动，劳动关系和社会关系较复杂，容易产生劳资纠纷、借贷纠纷、相处纠纷等问题。个别农民工因为长期离家，夫妻分居异地也会产生一些婚姻问题，携家带眷的也会面临子女教育、家庭矛盾等问题。其他纠纷主要涉及劳动争议、工伤处理、农村土地纠纷、财物失窃、网络诈骗、治安管理处罚、交通违法违章等各类法律问题。纠纷复杂多样也反映了农民工对法律知识的需求长期存在。

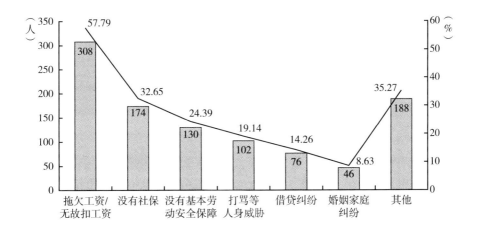

图1　农民工遇到过的法律问题

对于纠纷的处理，调查结果显示：有 1843 人选择用法律武器保护自己，占 91.60%，法治观念较强；但也有 50 人认为需要通过关系解决纠纷，占 2.49%；甚至有 26 人认为可以用武力解决问题，占 1.29%；也有 65 人面对纠纷认为无可奈何没办法，占 3.23%；有 28 人根本不在意，占 1.39%（见图 2）。

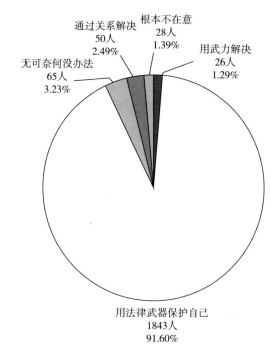

图 2　农民工对出现法律问题的解决方式

调查结果显示，关于农民工对自身掌握法律知识的评价，只有 80 人表示自己对相关法律知识非常了解，占 3.98%；有 325 人表示比较了解，占 16.15%；有 789 人表示一般了解，占 39.21%；有 723 人表示知道一点，占 35.93%；有 95 人表示基本没有相关法律知识，占 4.72%（见图 3）。可见，有近 40% 的农民工对法律知识的掌握程度为知之甚少或基本不知。数据充分表明了开展针对性普法的必要性。

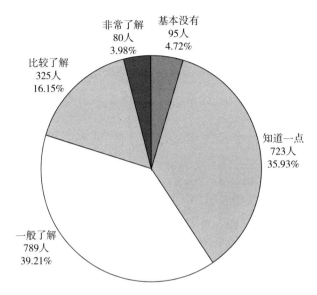

非常了解
80人
3.98%

基本没有
95人
4.72%

比较了解
325人
16.15%

知道一点
723人
35.93%

一般了解
789人
39.21%

图3 农民工对自身掌握法律知识的评价

（三）农民工普法情况分析

对于获取法律知识的渠道，调查结果显示，有1511人通过广播电视、报纸、网络获得法律知识，占75.1%；有1224人通过普法活动获得法律知识，占60.83%；有893人通过个人学习或亲友交流获得法律知识，占44.38%。以上数据表明，媒介渠道普法和常规性普法活动是公众获得法律知识的主要渠道，农民工主动学法也有一定比例，同时也反映了农民工自身对法律知识的需求。

关于农民工对具体法律知识的需求，调查结果显示，有1726人关注劳动法、劳动合同法、劳动权益保障法等涉及劳动就业和社会保险法律法规，占85.79%；有1136人关注安全生产法律法规，占56.46%；有1130人关注刑法、治安处罚条例等涉及人身伤害的法律法规，占56.16%；有1081人关注宪法、行政法等涉及公民权利的法律法规，占53.73%；有1016人关注民法典等涉及民事纠纷的法律法规，占50.50%；分别有691人、622人关注婚姻家庭法等涉及子女教育、婚姻家庭的法律法规，分别占34.34%、

30.91%（见图4）。按照关注程度高低排序，农民工普法教育重点内容应为劳动权益保障法、劳动法、劳动合同法、安全生产法、刑法、治安管理条例、宪法、民法典、行政法、婚姻家庭法等法律法规。

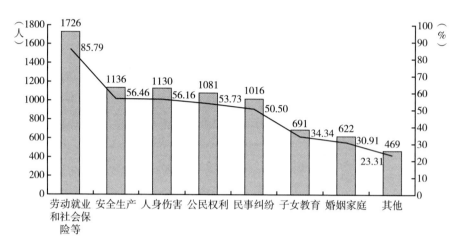

图4 农民工对法律知识的需求情况

关于农民工普法宣传目前存在的不足，调查结果显示，有1218人反映普法活动次数较少，占60.54%；有757人反映普法内容较少，占37.62%；有645人反映普法形式不好，占32.06%。上述数据也表明，普法活动的频率、内容、形式还存在不足，相关部门对普法工作的重视程度不够。

对于普法宣传教育形式，调查结果显示，选择通过电影、电视、网络视频等方式获得法律知识的有1422人，占70.68%；选择通过普法知识讲座、以案说法、法律条文讲解方式的有1358人，占67.5%；选择报纸杂志、书刊等传统普法教育方式的有1221人，占60.69%；选择通过设立普法宣传栏、挂横幅、贴标语、发放普法资料方式的有963人，占47.86%。同时，访谈结果显示，部分农民工希望提供系统的法律培训、开展文艺节目表演、有奖答题等趣味性、激励性和实用性兼具的普法活动。

对农民工在珠海市是否接受过普法宣传、普法公益广告或普法培训教育等形式的调查结果显示，1257人回答有，占62.48%；有755人回答没有，占37.52%。访谈发现，农民工对普法工作的宣传形式和内容认识不清晰，甚至部分农民工认为只有正式上课才是普法，而忽略生活、工作中以各种形式传播的普法信息。在列举了珠海市开展的普法公益广告、普法视频、普法集市等丰富多样的公众特色普法活动以后，大部分农民工表示接受过普法宣传教育。

以上调研数据分析表明，珠海市农民工法律意识和法律素质有明显提高，遇到的法律纠纷呈现多样性和复杂性，从而导致农民工对法律知识的需求不断增加。同时发现，农民工普法工作存在数量、形式和内容上的不足，了解到农民工更愿意接受多元化新媒体普法教育，需进一步加强对农民工群体的"精准普法"，提高普法的针对性和实效性，满足农民工日益增长的法治需求。

四　农民工普法存在问题及分析

集团作为工程项目业主企业，主要负责项目统筹和监督管理，普法下沉针对工程建设农民工开展了一些工作，从调研、工作实践和普法效果来看，仍然存在一定问题。

（一）普法主体主观认识不足

工程建设用人单位作为农民工普法工作第一责任人，对普法工作的长期性和重要性认识不足。用人单位普法格局基本形成，但实施力度不大或流于形式。部分用人单位虽按要求成立普法领导小组或办公室，但并未切实开展普法宣传而流于表面的形式教育，没有深入、全面地落实普法工作，没有把普法教育当作一项长期艰巨的任务来对待。调查数据显示，60.54%的农民工觉得普法活动次数太少，有37.52%的农民工反映未接受过普法教育。部分用人单位以保质保量完成工程建设为首要任务，追求时间效率、经济效益，容易忽视员工遵纪守法的法律素质、安全生产的职业规范以及文明礼仪道德素养的管理责任与教育义务。根据图1农民工遇到过的法律问题，排名前三位的拖欠工资、没有社保、没有基本劳动安全保障均属于用人单位主体责任，反映了部分用人单位法治观念淡薄，缺乏法治大局观，导致普法工作成效较低。

（二）普法内容缺乏系统性和实用性

在实际工作中，不同农民工群体的工作性质和生活环境不同，因而有不同的法律需求[①]。用人单位在针对农民工需求有侧重地开展普法教育方面还做得不够。调查数据显示，农民工关注的法律问题并不仅限于劳动用工领域，子女教育、婚姻家庭以及其他民事纠纷同样是农民工关注的重点。有的用人单位对农民工进行法治宣传教育无视其文化水平、思维习惯和实际需求，简单粗略地宣读法律规定，农民工没有系统的法律知识框架，无法提升自身的法治素养，以致普法工作事倍功半。此外，对农民工的普法教育重实体、轻程序也是一个不容忽视的问题。目前普法工作倾向于普及实体法的权利义务规定，而忽略维权的程序及途径。根据图2及访谈结果，遇到法律问题时，近40%的农民工对法律知识的掌握程度较低，对维权途径和程序知之甚少，对劳动仲裁时效规定、认定工伤程序、如何向劳动监察部门举报等了解不足，往往无可奈何放弃维权。在合法权益受到侵害时，由于不能及时采取维权措施导致超过仲裁或诉讼时效，或因证据意识不强，不懂搜集与保存证据，导致无法胜诉的情况时有发生，最终造成农民工放弃法律途径寻求公力救济，转为通过传统的向政府有关部门申诉、上访或直接通过暴力等方式来谋求问题的解决。调查数据显示，极个别农民工甚至想通过暴力或非法途径来解决问题。另外，普法内容重知识轻理念、重用法轻守法问题，普法内容大多注重农民工依法维护自己的合法权益，忽视农民工守法意识的培育，使得农民工的法治素养仅停留在较低层级。

---

① 洪小潞、洪澎源：《我国农民工法制宣传教育工作中存在的问题与对策研究》，《农村经济与科技》2011年第8期。

（三）普法方式、形式单一

目前，大多数用人单位还是采取传统、单一的法条灌输形式，传统普法方式造成农民工只知法律名称而不理解其内容、不知具体实操方法，普法效果欠佳。单向的法律灌输和枯燥的条文解读空洞乏味，缺乏趣味性和新颖性，容易使农民工产生厌倦心理，难以调动起主动学习热情和积极性。调查数据显示，有部分农民工觉得普法形式不好，这也是当前普法工作中存在的比较棘手的问题。普法主体一味向农民工输出，二者没有相互交流和反馈，普法主体不能根据农民工的真实需求调整传播内容和形式。据调查，多数农民工获取法律知识的途径是普法宣传活动和广播、电视、报纸、网络等多媒体方式。在目前文化多元化发展的新形势下，用人单位要从农民工的适用性和兴趣点出发，融合多种方式，采用切实可行的方式提升农民工对法律知识的关注度。

五　加强农民工普法的建议

基于上文调查结果可以发现，企业尤其是国企的农民工普法面临很多共性问题，着眼长远，要做好珠海市企业农民工普法工作，进一步发挥普法工作在科学发展、和谐稳定和建设法治国家中的基础作用，结合工作实际，可以考虑从以下几个方面加强完善。

（一）强化普法主体责任，深化认识，建立联动机制

1.构建行政单位、企业与施工单位多方普法联动机制

珠海市司法局、普法办是珠海市普法工作的统筹协调机构，在全面提升珠海市公民法治意识和法治素养工作中发挥着重要作用。2022 年 5 月开始的珠海市公民法治素养提升行动社会项目培育活动中，交通集团农民工普法项目得到市司法局、普法办的组织引导、政策和资金扶持，该项目带动了施工单位积极组织农民工参加普法活动。珠海市根治拖欠农民工工资小组、珠

海市人力资源和社会保障局也积极建立健全保障农民工工资支付若干工作机制，交通集团积极响应落实宣传、配合查处，定期开展相关法律法规宣传普法并进行考核，对在保障农民工工资支付工作考核中表现先进的施工单位予以表扬，施工单位均予以高度配合，筑牢源头预防和减少欠薪"防火墙"。这些举措体现了政府与企业、企业与用人单位间三方管理主体共同联动普法的积极性与有效性，企业可积极争取与政府、用人单位三方加强相互协作、推进落实，推动普法服务精准化、常态化、制度化，更高质量地满足人民群众的法律需求，更好地促进形成基层劳动者参与普法活动的实践格局。

2. 强化用人单位的普法主体责任

用人单位要进一步加强普法宣传教育力度，压实普法主体责任。一是加大岗前法律培训力度。用人单位结合就业岗位开展普法教育，把劳动法、劳动合同法、工伤保险条例等法律法规列入入职前培训内容，增强农民工依法维护合法权益的主动性和自觉性，同时倒逼企业经营者依法用工。二是完善在岗法治管理体制。用人单位通过设立普法领导小组、普法办公室或维权服务站，及时准确宣传法律知识和国家有关农民工的方针政策，快速有效地就地解决农民工问题与纠纷。三是丰富普法宣传形式和内容。用人单位应结合实际情况开展普法宣传，做到合理利用碎片时间、合理结合文化生活、合理结合兴趣倾向，通过开办农民工业余学堂，组织普法电影观影活动、普法有奖知识竞答、文艺演出活动等寓教于乐的形式进行普法教育。

（二）普法内容考量工程建设农民工实际情况，精准定位普法重点

"八五"普法规划特别强调，在法治需求与普法供给之间要形成更高水平的动态平衡。提升"八五"普法的针对性和实效性，需要在实时普法、公益普法、精准普法上下足功夫[①]。农民工普法工作应提高针对性和实效性，精准定位工程建设农民工普法教育内容。其一，要贴近农民工实际，把

---

① 张天培：《提高普法针对性和实效性》，《人民日报》2021年8月3日，第9版。

他们的需求作为法治宣传教育的重点内容。通过普法让农民工知晓外出务工全过程可能涉及的法律法规知识，从做好外出务工的准备，到寻找工作及签订劳动合同；从工资与社会保险、劳动安全、女职工与未成年人保护，到劳动争议、投诉及寻求法律援助的方式；从进城务工应当遵守的法律法规、享有的合法权益，到应当承担的法定义务；农民工在工地受伤如何维权以及如何申请工伤认定等。其二，在普法内容的选择上，还要重视有关程序法的普及，让农民工了解寻求法律救济的程序。

（三）创新开拓普法形式，确保普法工作取得实效

受文化素质不高和认知领域的局限，让农民工记忆枯燥的法条法规，效果明显不好。因此，普法时要尽量选择一些形象生动、浅显易懂的方式，摸索和创造行之有效、新颖多样、喜闻乐见的普法方法。近年来，媒体传播形态越来越多元，运用新技术新媒体开展精准普法可以促进单向式传播向互动式、服务式、场景式传播转变，增强受众参与感、体验感、获得感。所以，目前普法工作的首要任务是充分利用新媒体的多元传播方式精准普法。例如：加强普法短视频、网络直播、动漫等的传播[1]；政府开设工程建筑农民工普法网站，为农民工提供信息交流和服务，设置线上法律问题交流平台、经典案例法律分析等板块；用人单位利用本单位微信公众号，以文字、图片和视频等形式向农民工推送法律常识和法律知识；用人单位利用农民工用餐等闲暇时间播放电视台法治节目、法治电影等。这些方式都精准聚焦了不同人群的学法需求。其次，把普法理论与具体实践相结合也是一种行之有效的普法形式。例如：用人单位开展普法讲座时结合发生在农民工身边的案例进行法律分析，贴近实际、以案说法，增强农民工的体验感和参与感；在农民工办理法律事项、解决法律问题的过程中进行普法。总之，普法工作应是一个动态的过程，要根据工程建筑农民工的特点和需求开发新颖的形式，通过双向互动提高普法的精准性和有效性。

---

① 张天培：《提高普法针对性和实效性》，《人民日报》2021 年 8 月 3 日，第 9 版。

B.19
人民法庭参与"无讼村居"诉源治理建设的斗门实践与探索

珠海市斗门区人民法院课题组*

摘　要： 人民法庭作为基层人民法院的派出机构，是服务全面推进乡村振兴、基层社会治理、人民群众高品质生活需要的重要平台，也是妥善化解基层群众纠纷、推动基层社会有序治理的重要环节和路径之一。珠海市斗门区人民法院通过当好案件裁判者、纠纷化解者、治理参谋者，积极探索人民法庭参与社会治理新模式，取得较好成效，但人民法庭参与诉源治理也面临引领力缺乏、导向力不足、整合力低下等问题。要充分发挥治理效益，必须从人民法庭参与诉源治理的前端保障、中端优化、终端规范三方面着手，将新时代的法治元素融入"枫桥经验"，着力推动"无讼村居"建设，为推进基层社会治理体系和治理能力现代化提供实践样本。

关键词： 人民法庭　诉源治理　"枫桥经验"　"无讼村居"

社会治理是国家治理的重要方面，良好的社会治理是社会和谐稳定、人民安居乐业的前提和保障。自党的十八大提出"完善和发展中国特色社会主义制度，推进国家治理体系和治理能力现代化"重要命题以来，党中央

---

* 课题组负责人：周萍，珠海市斗门区人民法院党组书记、院长；刘东升，珠海市斗门区人民法院党组副书记、副院长。课题组成员及执笔人：钟毅瑜，珠海市斗门区人民法院研究室主任；韩蕾蕾，珠海市斗门区人民法院横山人民法庭副庭长；许蓓珣，珠海市斗门区人民法院研究室法官助理；姚健伟，珠海市斗门区人民法院横山人民法庭法官助理。

对社会治理现代化图谱进行了系统搭建。党的十九届六中全会从社会建设成就方面进一步要求，"加强和创新社会治理，使人民获得感、幸福感、安全感更加充实、更有保障、更可持续"。党的二十大报告更是指出，"完善社会治理体系，健全共建共治共享的社会治理制度，建设人人有责、人人尽责、人人享有的社会治理共同体"。人民法庭作为国家司法系统的"神经末梢"，处于国家司法与基层群众对接的"最后一公里"，其参与诉源治理工作，推动"无讼村居"建设，既是坚持和发展新时代"枫桥经验"的题中应有之义，也是助推社会治理现代化的创新举措。

珠海市斗门区位于珠江三角洲西南端，是珠海市3个行政区之一，辖井岸、白蕉、斗门、乾务、莲洲5个镇和白藤街道，斗门法院在乾务镇和莲洲镇分别设有五山、横山两个基层人民法庭。近三年两个人民法庭受理案件以民间借贷纠纷、买卖合同纠纷、物业服务合同纠纷和离婚纠纷为主，案件调撤率近50%，取得良好的纠纷化解效果，有力推进乡风文明建设，助力莲洲镇连续多年入选"广东省文明村镇"，并获评第六届"全国文明村镇"。基层人民法庭处理纠纷类型的稳定性和人民群众对调解结果的满意度，不仅为斗门区创建"无讼村居"奠定了良好基础，而且基层人民法庭立足新时代国家治理的总体视野，推进诉源治理的众多有益探索取得良好成效，为推进基层社会治理现代化提供了丰富的经验和实践样本。

一 人民法庭参与社会治理的具体实践与成效

（一）立足审判职能，当好案件裁判者

人民法庭作为人民法院的派出机构，参与社会治理首先通过履行审判职能实现。为便捷当事人参与诉讼、妥善处理基层矛盾纠纷、服务保障基层治理，斗门区人民法院（以下简称"斗门法院"）构建巡回审判、智慧审判、专业审判"三位一体"的人民法庭审判体系，以个案裁判弘扬社会主义核心价值观，以良好风尚助推基层社会治理。

1.开展巡回审判，就地化解矛盾纠纷

我国巡回审判制度源自抗战时期的马锡五审判方式①，该审判方式的主要特点是携案卷下乡、深入群众、调查研究、巡回审理、就地办案，将审判和调解相结合②。新中国成立后，巡回审判办案方式得到传承。斗门法院开展巡回审判，将法庭"搬"到田间地头、社区街巷等案件发生地或其他方便群众诉讼的地点，通过打破审判地点和审判形式的限制，实现在老百姓家门口"剧场化"的审理，取得"审理一案，教育一片"的良好效果。斗门法院高度重视巡回审判的传播效应，多措并举推进巡回审判工作规范化和常态化。一是建章立制促规范。制定《斗门法院巡回审判工作规范》，通过明确巡回审理的案件适用范围、庭前准备、审理宣判等细节，对巡回审判进行规范管理，使巡回审判在运行程序、适用范围、审判方式等方面有章可循。二是完善规则促便民。明确以当事人所在地或纠纷事实发生地的村（居）民委员会、其他方便群众的地点作为巡回审判地并按要求进行公告，组织群众旁听庭审，充分保障当事人权利。明确巡回审理必须遵守乡规民约、尊重善良风俗，助力纠纷实质性化解。三是田间审判广辐射。针对涉农纠纷、民间借贷纠纷等基层高发案件开展巡回审理，通过就地调查取证、现场开庭审理、当场调解宣判、直接完成送达等，实现矛盾纠纷高效化解。近三年来，斗门法院到村委会、田间鱼塘等开展巡回审判40余场，近千名群众参与"家门口"法庭旁听；2022年，在斗门司法所设立的首个固定巡回审判点，已公开开庭审理7宗案件。巡回审判工作获各级媒体广泛报道，"剧场化"巡回审判项目入选广东法院"抓示范促改革惠民生"改革培育计划和珠海市法治政府建设创新实践案例库，取得良好法律效果与社会效果。

2.深化智慧审判，让司法服务触手可及

2016年4月19日，习近平总书记在网络安全和信息化工作座谈会上指

---

① 刘方勇、廖永安：《回归价值本源：巡回审判制度的考证与思索》，《湘潭大学学报》2013年第2期。

② 舒国滢：《从司法的广场化到司法的剧场化——一个符号学的视角》，《政法论坛》1999年第3期。

出，要以信息化推进国家治理体系和治理能力现代化。近年来，斗门法院在党委、上级法院支持下，陆续开展"两庭"改造，对两个人民法庭网络线路、监控门禁、会议设备、档案库房等基础设施进行升级，持续加强法庭信息化建设，取得良好进展。基层人民法庭分别设有标准化审判庭 4 个，配备的科技法庭系统和庭审语音识别系统，能实现远程庭审功能，科技为人民法庭融入基层社会治理添翼增彩。斗门法院积极推进智慧法院成果运用，近三年来通过云上法庭、诉讼服务网、移动微法院等办理网上立案 14185 件、网上开庭 2659 件、在线调解 1126 次、电子送达 12589 次，实现诉讼事项"在线办"、线上开庭"云端走"、在线调解"网上见"，统筹兼顾疫情防控和审判执行工作，为维护社会稳定、保障人民安宁贡献法治力量。

3.立足专业审判，服务基层社会治理

人民法庭以裁判者身份参与社会治理的前提，是作出"正确"和"高效"的裁判，让群众感受到司法机关的公信力，进而为人民法庭妥善化解各类纠纷、维护社会秩序夯实广泛的群众基础。斗门法院从队伍建设、机制建设、法庭建设三方面发力，持续提升人民法庭审判的专业性。一是加强能力建设，激发"一池活水"。将人民法庭作为培养锻炼优秀干部的重要基地，通过用心育人、拴心留人等举措，引导新招录干警、新入额法官、优秀年轻干部到基层法庭锻炼，形成及时增补、动态调整和轮岗交流等长效机制。积极发现、深入挖掘长期扎根人民法庭全心全意服务群众的先进个人，强化典型引领作用，打造精英审判团队。在广东法院"最美基层法官"评选活动中，横山人民法庭庭长赵明超同志广受群众好评，成功入选。二是优化审判机制，持续提质增效。积极开展繁简分流改革，延伸司法确认程序适用范围，提升小额诉讼程序和简易程序适用率，大力推广要素式、表格式等裁判文书，实现简案快审、繁案精审，切实降低当事人诉讼成本，提升司法质效。三是建设专业法庭，打造特色品牌。斗门区作为农业大区，基本农田保护面积占珠海市 70% 以上，是国家农业产业化示范基地、全国都市型现代农业示范区和中国海鲈之乡。结合斗门区的地理优势及环境资源案件受理情况，斗门法院五山人民法庭挂牌成立环境资源审判合议庭，集中管辖由珠

255

海市基层法院管辖的环境资源类一审案件，实行环境资源刑事案件、民事案件和行政案件"三合一"归口管理，以专业化审判服务打赢污染防治攻坚战。

（二）构建非诉机制，当好纠纷化解者

为深入贯彻落实习近平总书记作出的"坚持把非诉讼纠纷解决机制挺在前面，从源头上减少诉讼增量"重要指示精神，斗门法院不断探索诉源治理新模式，充分发挥人民法庭服务乡村振兴、推进社会治理的前沿阵地优势，通过搭建"九个"解纷平台、设立"三大"诉讼服务站、成立"两类"调解工作室，推进矛盾纠纷多元化解，着力打造靓丽新"枫"景。

1. 搭建"九个"解纷平台，画好联合解纷"同心圆"

斗门法院充分发挥相关职能部门、社会组织、行业协会的作用，与辖区内总工会、妇联、司法行政、交警、工商联、金融服务中心等部门成立家事、劳动争议、道路交通事故、商事、金融纠纷等九个解纷平台，从人民调解组织、保险、金融、房地产等多个行业领域选任 64 名特邀调解员，建立资源充足的诉调对接平台，坚持多方多元诉源治理。制订调解工作实施方案，将多元化解贯穿诉讼、执行全过程，组织专业培训，着力提升调解员调解技巧。近三年，斗门法院依托各类诉调管理平台，统筹、指导、协调各级调解组织开展诉前及诉中调解，共流转诉调案件 9510 宗，调解成功案件 3577 件。

2. 设立"三大"诉讼服务站，打通内外循环"堵塞点"

为更好地让群众在"家门口"感受到高效便捷的司法服务，切实将诉讼服务触角延伸到镇街最基层，斗门法院与斗门区司法局签署《关于在司法所设立诉源治理暨诉讼服务站的合作框架协议》，在斗门、白蕉、白藤司法所设立了首批诉讼服务站。通过在基层司法所搭建诉讼服务平台，有效整合镇街、司法局和法院各项调解资源，推动司法调解和法院调解双向发力，减少基层矛盾纠纷升级，促进矛盾纠纷源头预防和化解。近三年，诉讼服务站提供"一站式"多元解纷和诉讼服务 7920 人次，成功化解纠纷 2934 宗。

3. 成立"两类"调解工作室，提升纠纷化解"软实力"

五山人民法庭与斗门区司法局乾务司法所、斗门区乾务镇沙龙居民委员会共同设立珠海首个"法庭＋司法所＋社区"联合调解工作室。联合调解工作室深度把握成员单位在社会治理中的着力点，协调各成员单位在接触纠纷的第一时间做好信息收集、证据固定、焦点归纳、法律讲解等工作，定期召开联合会议，适时启动临时会议，做到"日常情况每月会商，突发情况及时会商"。调解成功的案件还可以通过联合调解工作室向法院申请司法确认，赋予调解协议以强制执行效力，保障当事人权益；法院还为调解不成功的案件开启立案绿色通道，有针对性地对案件进行繁简分流，将前期调解过程中形成的送达地址确认、无争议事实等材料沿用到诉讼过程，推动案件快速高效解决。联合调解工作室通过充分发挥法庭、司法所、社区人员各自作用，找准纠纷化解的难点，实现高效解纷，工作室成立以来已成功化解纠纷20余宗。

横山人民法庭与斗门区莲洲镇妇女联合会、莲洲司法所、莲洲镇 12 个村居签署《关于建立"1＋2＋N"乡贤调解工作联动机制的办法》，在莲洲镇12 个村居成立"乡贤调解工作室"，探索由 1 名法官、2 名司法所调解员和 N 个分布在矛盾纠纷所在村居的乡贤、村干部等基层一线解纷潜在力量为基础的"1＋2＋N"乡贤调解新机制，联合开展诉前、诉中调解工作，推动"无讼村居"建设，着力构建"小事不出村居、大事不出镇街、矛盾不上交"的村居治理格局。经过系统培训，乡贤调解员已成功化解矛盾纠纷 115 宗，逐渐成为乡村善治的重要力量。

（三）推动数据运用，当好治理参谋者

司法案件是社会矛盾纠纷的"晴雨表"和经济社会发展的"风向标"。通过分析运用司法大数据，研究揭示司法案件与经济社会发展的内在关联，发现治理成效，揭示矛盾风险，服务党委政府科学决策，是推动治理体系和治理能力现代化的重要途径。人民法庭在长期的基层司法实践中积累了丰富的一手矛盾纠纷信息，通过对相关信息进行数据化处理，推动及时发现和防

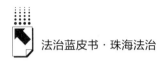

范化解经济社会运行中的风险隐患。

1. 案前主动研判，创新"五项"治理机制

斗门法院与多家单位建立联动合作机制，实现多方信息共享，通过对具有苗头性、倾向性问题进行分析研判，构建案前矛盾纠纷预警机制，提升社会治理前瞻性。一是与珠海市律师协会签署《关于纠纷多元化解和律师服务合作框架协议》，双方以诉讼纠纷多元化解、诉讼服务和法律咨询合作、家事诉讼危机干预合作、典型案例研究为抓手，加快推进在诉源治理和诉讼服务方面的深度合作。二是与区委政法委员会、区住房建设局召开房地产纠纷联动化解工作联席会议，联合签订《关于建立房地产纠纷联动化解工作机制的合作备忘录》，探索房地产纠纷诉源治理新模式，相关经验做法荣登"学习强国"平台。三是与区住房建设局签订《关于建立建设工程合同纠纷联动化解工作机制的合作备忘录》，双方就建立联席会议制度、信息共享交换机制、违法线索移送反馈制度、诉调对接机制、专家参与陪审机制、类案示范法律宣传合作等方面达成共识，推进建设工程领域纠纷联动化解。四是联合富山工业园区 7 个职能部门和 1 个调解人才库建立矛盾纠纷"8+1"快速联调联处机制，通过联席会议、矛盾预警、信息通报和网络联动等机制，形成"资源共享、纠纷共解、优势互补"的基层治理大格局，2022 年诉前化解工业园区矛盾纠纷 53 宗，为落实"产业第一"决策部署提供有力保障。五是与辖区司法所、派出所、信访办建立"一庭两所一办"机制，通过司法所、派出所、信访办提供纠纷排查线索、人民法庭介入提供法律指导，成功化解农村土地承包合同、侵害集体经济组织成员权益等 15 宗信访纠纷。

2. 案中多元施策，推动纠纷及时化解

为高效化解各类纠纷，斗门法院不断增强工作主动性、自觉性、创造性，积极探索类型化案件化解机制，针对同类型、同事实的案件，建议当事人参考已作出的生效判决结果处理纠纷，通过示范效应有力提升类案审理质效，以法治方式化解社会治理中出现的新问题、新情况。针对城乡建设中常见的因工程建设存在非法转包和违法分包行为导致的工人工资不能按时支付情况，人民法庭在审理建设工程合同纠纷时加强案件事实调查，发现衍生劳资纠纷第一时间向人力资源和社会保障部门发出"风险提示函"，提醒相关部门注意防范建筑工人劳资群体性纠纷，建议采取发包人先行垫付等方式保障工人工资及时足额支付，防止矛盾激化引发群体性事件。"风险提示函"是对个案数据运用、衍生风险化解的有益探索，通过风险提醒，让相关部门提前介入防范"未病"，为解决民生问题、助推基层治理贡献司法智慧。

3. 案后多维分析，助力政府科学决策

人民法庭作为基层诉讼纠纷一手数据的获得者，通过加强对数据的分析，推进司法数据运用，为基层治理科学化、精细化提供支撑。一是对辖区案件审判数据进行提炼，形成高发案件调研报告，分析案件类型、裁判结果、收案态势等，为立案、执行部门案件预警提供参考，在法院内部构建良好的立审执循环，提升审执质效。二是结合审判态势分析，整理反映重点治理问题、可能影响社会稳定的教育合同纠纷、商品房买卖纠纷等数据，向党委政府作专项汇报，从案件特点、影响程度、呈现问题等方面对相关风险进行研判并提出预防性处理意见。近三年，斗门法院共撰写专项报告 12 篇，荣获最高人民法院部署的司法大数据专题研究工作二等奖一次、三等奖两次，助力党委政府及时掌握辖区内纠纷的发展动态，推动决策科学化和管理精细化。

二　推进诉源治理工作面临的问题与困难

（一）引领力缺乏，治理体系不够健全

在多元化主体协同治理改革背景下，社会治理是一项系统工程，法院为其中的重要一环，但不意味着法院处于"中心"地位。片面认为"法治"就是将矛盾纠纷全部交由法院解决并据此构建以法院为主导的治理体系，或者仅靠法院单打独斗的治理机制，并不能持久有效运行。

人民法庭参与社会治理的大部分机制由法院推动，党委政府在其中发挥

的作用有限，未能充分展现引领力。一是对解纷机制构建的指导协调不足。人民法庭参与社会治理，其解纷机制的构建须通过加强与社区、村委、行业协会等组织的联动，形成矛盾纠纷化解的合力。但由于条块职能分割，各治理组织结构松散、内部协调不畅，机制建设流于形式，亟须党委政府加强纵向指导和协助横向协调。二是对参与治理的经济支持不足。横山人民法庭创建的乡贤调解工作室制定了《乡贤调解员选任与考核办法（试行）》，对调解员的选任与履职进行规范，但未能将调解员的工资待遇或补贴列入财政预算，缺乏配套激励机制，导致人民法庭向乡贤调解员委派调解案件时，调解员积极性不高，乡贤调解制度"碰壁遇冷"，效能难以得到充分释放。三是对参与治理的反馈应用不足。参与社会治理的组织呈现多元化，党委政府尚未建立起系统的协调机制，可能导致其对不同单元的指导反馈不及时，法院提交的相关专项报告较少获得党委政府的成果应用，人民法庭"数治"效果未能充分显现。

（二）导向力不足，治理支撑不够完善

有学者指出，民主法治国家已然成为现代国家的理想模型，其建构势必要将社会治理与法治路径有机结合，方可使抽象的"治理"理念和宏大的治理目标转为现实[①]。人民法庭作为与人民群众密切联系的纽带和桥梁，是体现司法权威和司法为民的重要窗口，人民法庭参与社会治理的支撑不完善，限制了治理效能的发挥。一是人民法庭覆盖面不足。斗门区下辖五镇一街，有 101 个行政村和 28 个社区居委会，但目前仅有 2 个人民法庭，无法充分满足人民群众的司法需求。人民法庭的法官年度办案亦由五年前人均 130 件上升为 465 件，法官审判工作压力巨大，较难有时间参与社会治理工作。二是参与治理激励不足。斗门法院尚未制定单独的人民法庭考核机制，参与社会治理工作无法纳入人民法庭法官的绩效考核范围。对于尚未进入法院"大门"的个案纠纷，人民法庭法官需要在办案之余花费大量时间精力

---

① 杨建军：《通过司法的社会治理》，《法学论坛》2014 年第 2 期，第 12 页。

向当事人普法释理、调和化解，对于联动机制的建立，法官需要在前期准备、中期协调、后期开展过程中进行充分的调研、沟通和落实，但这些工作量难以被量化或考核，一定程度上影响了法官参与社会治理的主动性。三是参与人员复合性不足。高质高效解决多样化、复杂化的矛盾纠纷不仅需要法律知识，还需要运用心理学知识对当事人进行心理疏导，运用社会学知识提升与其他组织的沟通效率，运用农业、建筑等专业领域知识实现对案件事实的精准判断。人民法庭人员除了具备法律专业知识，还需要其他学科知识的系统培训，扩展其参与社会治理的知识面，也有待与其他专业组织建立常态化人员对接机制等。

（三）整合力低下，运行机制不够协同

非诉解纷机制因具有非对抗性、高效率、低成本等优势，成为共建共治共享社会治理格局中矛盾纠纷化解体系不可或缺的重要组成部分。人民法庭在非诉纠纷解决机制的构建和运用中发挥了"前哨"作用，但在实践中对机制的内外整合乏力。一是不同机制联动效能不高。人民法庭建立了多项治理机制，各治理机制的合作对象和治理目标有所不同，部分存在交叉。例如，乡贤调解工作室化解的纠纷亦可能属于各专业调解平台的调解范围，当乡贤调解员面对复杂的专业性纠纷时，如何将相关纠纷导入各专业调解平台，融合各行业协会等社会组织的力量，目前尚处于探索阶段。二是不同程序对接渠道不全。在诉前调解程序中，经各人民调解委员会调解达成的人民调解协议书，属于合同性质，对双方当事人具有约束力，但不具有强制执行力，必须经司法确认程序才具有强制执行力。而调解未成功的案件，则需要通过立案正式进入诉讼程序，如何将在前期调解过程中形成的送达地址确认、无争议事实等材料沿用到诉讼程序，相关制度也有待细化。诉调对接程序不完善可能导致人民法庭前期工作化为乌有，并因此降低人民群众对非诉解纷机制的接受度和认可度。人民群众对非诉解纷方式认同感不深，就难以广泛建立多元解纷观念，"一有纠纷就往法院跑"的传统困局将难以破解。三是不同平台信息共享不强。因非诉机制构建中主体的多元性，人民法庭被

动运用了多个不同平台，但是目前各平台之间数据尚未实现共享，限制了法官全面掌握调解员调解情况、预判矛盾纠纷信息等，从而影响人民法庭参与社会治理的实效。

三 "无讼村居"建设的未来构想与展望

"听讼，吾犹人也，必也使无讼乎。"[①] "天下无讼"是法官的星辰大海，在多元化主体协同治理改革背景下，人民法庭参与社会治理必须坚持系统论，"从整体和部分、部分与部分、部分与外部的关系中展开研究，探求纠纷解决的最优解"[②]，协同推进"无讼村居"建设。

（一）前端保障：构建上下综合配套机制

参与社会治理由党政主导，必须有效发挥党委总揽全局、协调各方核心优势，在法治轨道上统筹各方面力量和各种资源，形成参与合力[③]。

一是积极融入党委领导牵头的综合治理体系。珠海市斗门区贯彻落实共建共治共享理念，在党委和政府统一领导、政法综治部门牵头协调、各有关部门协同配合、社会力量踊跃参与下，通过全面推行社会治安综合治理网格化管理、创新"1+3+N"矛盾化解体系等，在排查安全隐患、化解矛盾纠纷等方面取得了良好效果。人民法庭推动"无讼村居"建设，必须充分融入党委政府推动建立的体系机制，借助现有资源力量，以"四两拨千斤"的巧劲推动矛盾纠纷化解在萌芽状态。

二是争取党委对法庭参与社会治理工作的支持。人民法庭构建畅通高效、无缝衔接的矛盾纠纷联动调处机制需要与多个主体协调沟通，法院一家难以独立完成。在各种联动机制和调解工作室的筹备、创建、运行等方面，

---

① 出自《论语·颜渊》。
② 左卫民：《变革时代的纠纷解决——法学与社会学的初步考察》，北京大学出版社，2007，第3页。
③ 薛永毅：《诉源治理的三维解读》，《人民法院报》2019年8月11日，第2版。

人民法庭要加大与党委沟通力度，发挥党委统筹协调各方作用，积极争取党委在人员、财政上的支持，增强参与社会治理工作实效。

三是加强与党委的良性互动。积极推进数助决策，通过定期撰写司法大数据报告、编写审判白皮书、发送司法建议等，总结分析普遍性、高发性、重大性社会治理问题，到案件高发村居、社区深入开展调研，全面、系统提出意见建议，形成与党委政府的常态化、规范化、正式化互动。建立重大敏感案件常态化双向沟通机制，实现重大敏感案件数据信息第一时间互通共享，推动重大案件早关注、早处置、早化解，为"无讼村居"建设奠定扎实基础。

（二）中端优化：完善内外支撑评估机制

优化人民法庭布局，发挥考核"指挥棒"作用，提升人民法庭在履行审判职能外主动参与社会治理工作的积极性，强化人民法庭参与社会治理正外部效应，激发"无讼村居"建设活力。

一是打造专业化人民法庭布局。加强对矛盾纠纷高发地和经济发展中心圈的分析研判，结合案件受理情况和社会治理难易程度，科学适当增加人民法庭数量，减轻人民法庭审判工作压力。针对辖区产业特点、案件特点等，设立环境资源法庭、婚姻家事法庭等专门法庭，由人民法庭集中审理某类大体量案件，明确不同法庭职能定位，提升人民法庭工作质量，为推动社会治理专业化奠定良好的司法保障基础。

二是完善法院内部人民法庭考核机制。结合辖区治理情况，适当增加以人民法庭参与社会治理有效性为基础的考核指标，如案件同比负增长率、委托调解案件分流率、案件司法确认率等，鼓励人民法庭加大对基层调解组织和委托指定调解员的指导力度。强化对参与社会治理成绩突出的人民法庭和先进工作者表彰宣传力度，在评优评先时优先将参与社会治理工作作为考核标准，激活人民法庭参与社会治理内生动力。

三是构建社会综治格局考核体系。科学设立差异化考评指标，党委、政府、法院、社会调解组织等在社会综治格局中具有不同的功能定位，应针对不同职能单位"量身定做"不同的考核标准，党委应立足整个辖区的社会治理情况，社会调解组织应侧重矛盾纠纷化解情况，法院和法庭则应重点关注巡回审判、普法宣传、调解员培训等治理举措和案件增长率、矛盾纠纷诉前化解率等指标。同时，深化考核结果运用，以考核促评比，加大对各类社会调解力量的激励力度，提升社会力量参与治理的积极性，为人民法庭参与社会治理提供外在资源支持。

（三）终端规范：畅通前后协调对接机制

人民法庭处于纠纷化解的最后一道防线，推动"无讼村居"建设需要找准人民法庭介入社会治理的连接点和落脚点，提升人民法庭工作的辐射力。

一是树立全程思维，前移司法力量。深化法治引领，加强对调解员、网格员等基层治理力量的法律指导，通过个案教学、系统培训等方式，提升治理生力军法治意识和解纷能力，将审判专业优势转化为社会治理动能。拓宽服务环节，在各乡村、社区设立"法官服务站"，选派沟通能力强、群众基础好、专业水平高的法官定期驻点，为群众提供法律咨询、普法宣传等服务，引导司法力量下沉一线，推进纠纷源头发现、源头化解。

二是树立全面思维，提升联动实效。构建不同机制对接渠道，将设立于基层一线的乡贤调解工作室、联合调解工作室与各行业调解协会深度对接，强化资源整合，形成调解工作多方联动格局，融合更多力量在最短时间内化解纠纷。畅通诉调衔接，完善人民法庭与各调解平台对接机制，推动调解案件积极导入司法确认程序，赋予调解协议强制执行力，推进"定分止争"实质化。

三是树立全域思维，深化信息运用。加强人民法庭、司法所、派出所在线调解平台对接，探索建立一体化在线调解平台，实现对各类调解信息资源集约化处理，促进数据共享、资源共用、纠纷共解。强化科技支撑，建立矛盾纠纷线索研判机制，通过提取整合调解平台案件数据信息，推动风险预知，实现预警联动，以信息化手段为"无讼村居"建设增添动能。

B.20
社会治理现代化视野下检察建议
优质发展的路径

——以香洲区人民检察院检察建议工作为视角

珠海市香洲区人民检察院课题组*

摘　要： 检察建议从1954年创设至今，逐步发展成为与抗诉、纠正违法意见同等重要的法律监督手段。针对典型个案、问题类案，检察机关自觉融入社会治理体系制发检察建议，促进源头防治。本文立足新时期检察机关职能定位和经济社会发展现状，在基层检察院制发检察建议工作情况的基础上，围绕检察建议工作的定位、权限以及落实等方面的问题进行分析，对检察建议工作在创新社会治理、维护公平正义、践行司法为民等方面的努力方向提出可行性方案。

关键词： 检察建议　社会治理　法律监督　源头防治

人民检察制度先后经历检察理念变革、职能体系重构、内设机构重塑等重大历程。检察建议作为法律监督方式始终在适应检察工作改革过程中不断创新发展。2012年修订的《民事诉讼法》及2014年修订的《行政诉讼法》明确，在审判监督程序中明确检察机关可向人民法院提出检察建议，标志着国家在立法上正式将检察建议确定为检察机关履行法律监督职责的工作方式。

---

* 课题组负责人：韩树军，珠海市香洲区人民检察院党组书记、检察长。课题组成员及执笔人：雷涛，珠海市香洲区人民检察院党组成员、第一检察部主任；罗伊淋，珠海市香洲区人民检察院综合业务部三级检察官；罗艺，珠海市香洲区人民检察院第一检察部五级检察官助理。

2018 年修订的《人民检察院组织法》规定，人民检察院行使法律监督职权时可依法提出检察建议，同时修订的《人民检察院检察建议工作规定》（以下简称《工作规定》）也于 2019 年 2 月颁布施行。2021 年 6 月，党中央印发《中共中央关于加强新时代检察机关法律监督工作的意见》（以下简称《意见》），明确指出新时期检察机关要切实承担法律监督职责，增强监督的主动性、精准度和时效性，充分发挥检察建议在创新社会治理、维护司法公正、促进依法行政、预防和减少违法犯罪等方面的作用，依法保护国家利益和社会公共利益，更好地在推进国家治理体系和治理能力现代化中履行检察担当。

一 香洲区检察院检察建议工作基本情况

我国社会主要矛盾正在发生历史性变化，面对人民群众的法治新需求新期盼，检察机关法律监督供给与人民群众日益增长的美好生活需求不相适应，珠海市香洲区人民检察院（以下简称"香洲区检察院"）持续在监督工作格局、监督长效机制、监督成效巩固等方面进行有益探索，努力找到提高检察建议工作质量的关键突破点。

（一）检察建议工作现状

近三年，香洲区检察院共制发各类检察建议 179 件，占全市总数的 23.3%；共收到建议回复 178 件，回复率 99.4%；被采纳 178 件，采纳率为 100%，持续推进检察建议工作高质量发展①。

1. 丰富检察建议制发类别

根据《工作规定》第 5 条规定的检察建议类别，近三年香洲区检察院制发再审检察建议 7 件，占总数的 3.9%；制发纠正违法检察建议 49 件，占总数的 27.4%；制发公益诉讼检察建议 72 件，占总数的 40.2%；制发社会治理类检察建议 24 件，占总数的 13.4%；制发其他检察建议 27 件，占总数的 15.1%（见图 1）。

---

① 以上数据统计至 2022 年 12 月 31 日。

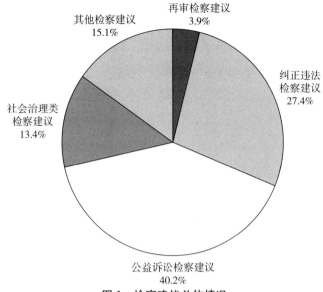

图1　检察建议总体情况

数据来源：珠海市香洲区人民检察院。

为深入分析检察建议参与社会治理的积极效用，以社会治理类检察建议为例，被建议对象主要有以下几类：行政机关及事业单位13件，占比54.2%；公安机关和审判机关4件，占比16.6%；企业等其他主体7件，占比29.2%。这说明，行政机关、公安机关和审判机关仍是检察机关制发社会治理类检察建议的主要对象，充分体现了检察建议的法律监督属性；同时，随着涉案企业合规改革的全面推开，向企业制发的社会治理类检察建议占比逐渐上升，社会治理类检察建议在促进企业依法合规经营方面发挥了明显作用。

2.深入参与检察"四大"领域

刑事检察建议47件，占总数的26.3%；民事检察建议26件，占总数的14.5%；行政检察建议34件，占总数的19%；公益诉讼检察建议72件，占总数的40.2%（见图2）。其中，民事检察建议涉及的监督对象类型较多，提出民事再审检察建议7件，占民事类总数的26.9%；提出民事审判活动监督纠正检察建议4件，占比15.4%；提出民事执行活动监督纠正违法检察建议15件，占比57.7%。

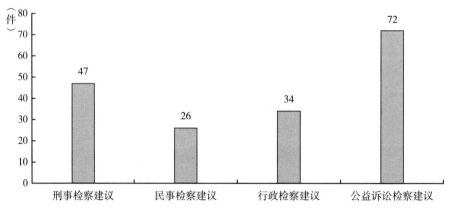

图2 检察建议业务类别情况

数据来源：珠海市香洲区人民检察院。

3. 持续拓宽制发主体范围

从承办主体来看，院领导制发检察建议17件，占比9.5%；部门负责人制发检察建议61件，占比34.1%；检察官制发检察建议101件，占比56.4%（见图3）。充分说明检察建议是全院一体推进的工作，院领导和部

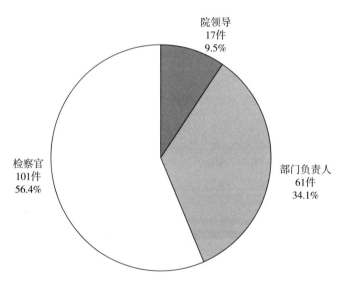

图3 制发检察建议主体情况

数据来源：珠海市香洲区人民检察院。

门负责人制发检察建议约占总人数的一半，以实际行动积极引导办案人员树立"检察建议意识"，不断加大工作力度，增强工作实效。

（二）香洲区检察院对检察建议工作的有益探索

1. 监督格局多元化，监督内容立体化

最初的检察建议是为了落实检察机关一般监督权、参与社会综合治理，从行业体系建设、规章制度管理和工作堵点难点等入手，提出改进工作的意见建议，但随着检察机关自身职能的拓展，检察建议应用的业务场景呈现监督格局多元化、监督内容立体化的新特点。横向来看，检察建议与检察机关传统的诉讼监督方式抗诉、纠正违法意见共同组成新时期法律监督工作模式，且相比另外两项工作，具有"刚柔并济、张弛有度"的特性①。纵向来看，检察建议监督业务范围涵盖"四大检察""十大业务"②。2019 年，香洲区检察院已做到检察建议覆盖"四大检察"，重点关注依法惩治危害公共安全和社会秩序方面的犯罪，从交通安全、农业用地、野生动物保护等民生领域着手，成功发出一批高质量的社会治理类检察建议；捕捉群众身边事，敏锐锁定疫情情势下"人脸信息识别系统"中存在的公民个人信息泄露隐患问题，从制度管理、常态化监管工作、社会法治宣传等方面向公安机关发出检察建议，有效实现检察机关依法履行社会综合治理职能。

---

① 2022 年最高人民检察院工作报告提到，"精准开展民事诉讼监督。强化精准监督理念，对认为确有错误的民事裁判提出抗诉 5319 件，同比上升 6.5%，改变率 88.1%……提出再审检察建议 8803 件，采纳率 96.9%"，在民事诉讼监督中，提出抗诉方式占 37.7%，提出再审检察建议方式占 62.3%；提出抗诉的改变率为 88.1%，再审检察建议的采纳率为 96.9%，与抗诉相比，全国检察机关采取再审检察建议方式纠正错误生效裁判多 24.6 个百分点，采纳率比抗诉改变率成效高 8.8 个百分点。

② 所保护的国家利益和社会利益广泛，除了保护诉讼个案中的当事人利益外，检察机关主动挖掘司法办案中影响社会稳定、生态环保、营商环境等法治建设中的普遍性、倾向性问题，积极借助检察建议延伸法律监督触角、拓展法律监督领域，强化社会治理参与的广度深度，既可向同级诉讼机关制发，也可经法定程序对不同层级的机关单位制发，开展工作的范围更广、对象更多。

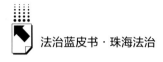

2.工作流程规范化,建议对策专业化

香洲区检察院坚持立足建立高质量的检察建议工作机制,致力于将检察建议做深做细做实,做成刚性、做到刚性。一是程序规范化。检察机关制发检察建议应当依据《人民检察院检察建议工作规定》,履行法定程序。香洲区检察院在办案实践中坚持做到"调查—审核—决定—备案—总结",办案过程中承办检察官发现监督线索的,要进一步调查核实,把握好检察建议事实和证据;法律政策研究条线检察官对建议的必要性、合法性、合理性进行逐一审核;启动检察建议相关事项调查程序以及最终决定制发检察建议必须由检察长审批;向被建议机关送达检察建议后,严格落实备案制;综合业务部每半月通报一次检察建议数据,数据横向到人、纵向到市县两级检察院,每季度进行检察建议综合分析。二是建议专业化。检察建议书作为检察说理文书的一种,除了要符合《人民检察院检察建议法律文书格式样本》的要求外,应当遵循《最高人民检察院关于加强检察法律文书说理工作的意见》,在说理时注重做到阐明事实、释明法理、讲明情理、繁简适当和语言规范。香洲区检察院在检察建议书撰写中,阐明监督事项涉及的事实和证据注重客观性,摆问题讲原因注重虚实结合,写明法定依据以及列举办理案件中存在的具体问题或隐患,提出对策建议注重文字表述体现"平等、尊重",促使被建议单位依法接受监督意见、认真落实整改。

3.类案监督一体化,法律监督长效化

结合新时期检察工作要求,香洲区检察院以基层实践努力拓宽检察建议工作思路。一是树立类案监督思维,充分发挥检察一体化的优势。香洲区检察院在办案中发现监督线索同步报送上级检察院对口业务部门,供上级检察院分析研判是否具有可行性,由上级检察院组织力量集中开展专项行动。例如,2021年珠海市人民检察院组织对全市中小学生校服质量公益诉讼专项监督,以"未检+公益诉讼"联动、"市级院+基层院"互动,构成检察一体化类案监督工作模式,两级检察院向市、区相关行政部门发出检察建议6份,提出建议意见均被采纳,并专门组织检察建议落实情况通报会,由被建

议单位详细介绍整改的工作措施和情况，实现"办理一案、治理一片"的效果。二是坚持检察建议工作常态化、监督成果长效化。香洲区检察院围绕最高人民检察院一至八号检察建议，分阶段、分行业、分领域落实。2022年6月，香洲区检察院针对安全生产领域制发社会治理类检察建议，结合全国"安全生产月"主题，以定期回访、联合培训、以案释法等方式筑牢安全生产防线，切实维护生命财产安全和社会公共安全，推动最高人民检察院"八号检察建议"落地落实。注重检察建议工作的知识成果转化，2022年3月，香洲区检察院组织编写2021年社会治理类检察建议典型案例，从中挑选具有示范引领意义的检察建议案例上报上级检察院，其中《香洲区人民检察院就戒毒人员贩毒、吸毒向某戒毒医院制发检察建议》获评为"2021～2022年度全省检察机关检察建议典型案例"。

二　检察建议工作面临的困境

2019年1月1日施行的《人民检察院组织法》第21条规定："抗诉、纠正意见、检察建议是人民检察院行使法律监督职权的方式。"在此之后，最高人民检察院依次出台《工作规定》及其理解与适用、《检察机关开展检察建议工作有关问题的解答》等文件，以明确的法律授权和工作指引规范检察建议工作。近几年来，检察建议工作在全国各地多点开花，方兴未艾，取得了有目共睹的成绩，但以数量抵质量、内容泛泛而谈、管理机制松散、后续监督乏力等共性问题又重新出现。究其原因，是检察建议的理论问题没有从根源上得到厘清和统一[1]，导致实践运用时轴心不稳、标准摇摆。检察建议参与社会治理现代化不应仅仅局限于社会治理类检察建议，对于检察建议工作的定位、权限、落实三方面还有必要进一步探索和辨析。

---

① 李小东：《检察建议的实证考察与法理省思》，上海交通大学硕士学位论文，2017。

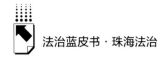

（一）以检察建议参与社会治理的定位不准

《工作规定》第 2 条规定："检察建议是人民检察院依法履行法律监督职责，参与社会治理……的重要方式。"[1] 首先应当解决的问题，就是检察机关以检察建议参与社会治理要秉持何种定位。

一种观点认为，检察"建议"不应具备强制性，检察机关只能以柔性劝导的方式推进落实[2]。理由如下：第一，从文理解释角度出发，检察建议的"建议"二字本身就有沟通、平等、非强制的含义；第二，从分类方式来看，《人民检察院组织法》将检察建议、抗诉、纠正意见三者并列，旨在将检察建议作为一种非强制、柔性方式对法律监督工作进行补充；第三，在法律授权上，2019 年新出台的《工作规定》明确救济渠道是限期要求书面回复、向上级报告或通报、提起公益诉讼等手段，并未赋予检察机关惩罚性权力；第四，检察建议的制发不完全是对违法行为或不作为的纠正，也可以是对改进工作、完善治理等方面的建议，因此不宜将检察建议一律视为居高临下的负面评价。

与之相反的是，检察机关往往倾向于赋予检察建议一定的强制力和惩罚性，使法律监督权得到有效行使[3]。这种观点与检察机关一贯的定位有关。一方面，检察机关作为履行国家公诉权的机关，在近几十年的刑事检察工作中已习惯处于强势地位。另一方面，赋予检察建议一定强制执行力，允许检察机关对执行不到位的单位采取惩罚性措施，可以提高被监督单位的重视程度，形成工作助推力[4]。除此之外，检察建议执行效果的观察期和反馈期一般较长，执行力度递减和后续监管乏力是必然存在的现实问题，检察机关对强制性和惩罚性的呼吁有其内在合理性。

---

① 《人民检察院检察建议工作规定》第 2 条。
② 万毅、李小东：《权力的边界：检察建议的实证分析》，《东方法学》2008 年第 1 期。
③ 赵培林、陶德春、孙高洁：《浅析检察建议在司法实践中的现状与规范》，《聊城大学学报》（社会科学版）2009 年第 2 期。
④ 李小东：《检察建议的实证考察与法理省思》，上海交通大学硕士学位论文，2017。

（二）以检察建议监督社会治理的权限不清

为响应新时代检察工作履职要求，检察机关要以更加积极奋进的姿态行使职权，将法律监督的触角向内向外不断延伸。然而，主动作为并不意味着大管特管、无限延伸。首先，检察建议是法律监督权的具体体现，法律监督权也是一种公权力①，在制发检察建议时应当事出有因、于法有据，如果随便抓住一个生活现象或热点议题就制发检察建议，显然违反公权力的行使原则。其次，社会治理本身就是行政机关的主要职责，行政机关内部也有相应的管理、监督和纠错机制，检察机关的随意监督有可能造成职权交叉重复，把问题复杂化，反而不利于社会治理问题的解决。最后，检察机关并非社会治理问题的亲历者，制发的检察建议最终也要由对应的被建议单位来执行落实，如果过分扩张权力，滥用监督职权，不仅不能击中民生痛点，推动解决问题，更有可能让被建议单位摸不着头脑，甚至产生消极逆反心理。

因此，检察机关要充分厘清自身权限，在法律授权范围内依法监督、依法建议。落到具体实践层面，主要涉及三个问题。

一是检察机关对于何等事项可以制发检察建议。《工作规定》专章规定了检察建议的适用范围，对四种检察建议类别都作出了具体规定。再审检察建议、纠正违法检察建议多用于诉讼活动，前者以个案为主，后者既用于个案也用于类案，其适用范围基本无争议。公益诉讼检察建议和社会治理检察建议则有一定讨论空间，即如何正确理解"在履行职责中发现的问题"这一限定条件。二是检察机关在制发检察建议时如何适用自行调查权。《人民检察院公益诉讼办案规则》第 27 条、第 28 条规定，人民检察院可以对公益诉讼案件线索进行调查。《工作规定》第 13 条规定，检察官应当对需要提出检察建议的相关事项进行调查核实。这一职权在实践中的适用仍需进一步探索，能否运用自行调查权去主动发现和挖掘检察建议制发线索还未明确。三是检察建议对被监督事项的长效监管可以延伸到何种程度。检察机关应如

---

① 杨书文：《检察建议基本问题研究》，《人民检察》2005 年第 9 期（上）。

273

何行使法律监督权，在敦促检察建议充分执行和有效落实的基础上，尽量避免对行政权的覆盖和侵犯。

（三）以检察建议改善社会治理的实效不强

制发检察建议旨在以检察能动履职推动社会治理的改善和优化，但在实践中，并非制发的每一份检察建议都产生预期效果。从有关文献资料和工作实践来看，检察建议工作中可能存在以下共性问题。

一是调查核实环节未得到有效落实。调查核实，是对社会治理问题进行深入调查和剖析，对检察建议制发的必要性和有效性进行审视的一个重要环节，是整个检察建议制发工作的定海针和落脚石。但调查核实环节在实践中受到的忽视也相当严重，部分单位制发检察建议的立案、拟稿、送审、制发全过程均在极短时间内完成，对调查核实的内容浅浅着墨，一笔带过，显然很难发挥实效。

二是重数量轻质量的作风仍然存在。部分检察机关和检察人员没有及时转变司法理念，重刑检轻民行、重办案轻监督的态势仍然未得到改善，以应付了事的心态来完成检察建议工作。要么以数量来抵质量，对同类、相似案件重复制发检察建议；要么忽视检察建议的针对性要求，在原因和对策上仅进行概括分析，使检察建议流于形式；要么脱离本地实际，照搬照抄外地经验，造成检察建议"水土不服"。

三是整改效果难以进行准确量化评估。检察建议的效果，在一定程度上很难计算和评估，在制定考评指标时也要多方面考虑[①]。如果过分倾向于纸面数据，可能会助推同类问题重复建议、以纸面回复作为监督结果的不良后果；如果对检察建议工作提出过高的考评标准，也可能导致各地互相抄袭经验，看似各有成效，实则毫无统筹；同时，一项社会治理问题要得到解决，必然要持续关注，长期深耕，以考评引导检察建议发展也要充分注意这一点，击穿问题远胜于四处挖坑。

---

① 李学林：《检察建议在司法实践中的困境与出路》，《中国检察官》2006年第6期。

三 社会治理现代化视野下检察建议发展的对策建议

随着我国社会进入空前的大转型时期，社会治理也迎来大变革时代，复杂的现实要求形成社会治理新格局，才能实现社会转型的"软着陆"[1]。为充分贯彻落实《意见》，发挥检察建议在创新社会治理、维护公平正义、预防和减少违法犯罪等方面的积极作用，对检察建议工作发展提出以下对策建议。

（一）抓准定位，做好社会治理一盘棋中的"先头兵"

要使检察建议的制发效能最大化，首先要自上而下统一检察机关的自我定位。只有充分把准自身定位，在刚性纠正和柔性渗透之间找到法律监督的平衡点，各级检察机关才能站稳脚跟，在"主心骨"的指引下有效开展检察建议工作。《中共中央关于坚持和完善中国特色社会主义制度 推进国家治理体系和治理能力现代化若干问题的决定》提出，"要完善党委领导、政府负责、民主协商、社会协同、公众参与、法治保障、科技支撑的社会治理体系"[2]。在七位一体的社会治理体系中，检察机关要充分把握"整体性法治"观念[3]，作为社会治理的参与者和保障者，将社会治理现代化整体向前推进；要秉持"能动履职"理念[4]，主动担当，积极作为，充分发挥检察制度优势，切实推进法律监督有效落实；要全面贯彻"双赢多赢共赢"理念，平等沟通、有效协作、高度配合，成为服务人民群众、优化社会治理的一股重要力量。第一，要争取党委支持，坚持党委领导的社会治理大格局，把检察建议融入政府管理和社会治理全面布局；第二，要推进检察一体化工作发

---

[1] 柴振国、赵新潮：《社会治理视角下的社会组织法制建设》，《河北法学》2015 年第 4 期。

[2] 《中共中央关于坚持和完善中国特色社会主义制度 推进国家治理体系和治理能力现代化若干问题的决定》。

[3] 龚廷泰：《"整体性法治"视域下市域社会治理的功能定位和实践机制》，《法学》2020 年第 11 期。

[4] 王敏远：《检察建议工作面临的新情况与新思路》，《人民检察》2018 年第 16 期。

展，将检察建议与刑事、民事、行政、公益诉讼、控告申诉检察工作深度融合，以"拧成一股绳"的检察内力打好社会治理"参与战"；第三，要充分发挥主动作为的"沙丁鱼"精神，调查研究、沟通协调、穿针引线、配合协作，激发社会治理新格局中的内生动力和无限活力。

（二）明确权限，当好社会治理法治建设的"守门人"

《工作规定》第 8 条至第 11 条规定了检察建议的适用范围：一是在办理刑事、民事、行政、立案监督、控告申诉等案件中发现；二是在履行职责中发现，主要是指在公益诉讼监督中发现的侵犯国家利益或社会公共利益的线索；三是当事人控告、申诉、举报或其他机关单位转交的线索应当也属于检察建议方式履职范围。对于检察机关自己主动寻找、调查非办案或非履职过程中的监督线索，本文认为，法律监督权的行使应当事出有因，无限扩张的法律监督权会对社会治理原有的格局产生干扰和破坏。建议参考"两法衔接"平台做法，在市域社会治理层面搭建法治政府沟通协调平台，打破沟通壁垒，为其他政府部门或公共部门提供法律帮助和建议，挖掘社会治理层面的法律监督线索。这是对检察建议权的适度扩张，也能为社会治理法治化贡献司法力量。

（三）狠抓落实，用好社会治理完善优化的"助推器"

要推进检察建议有效落实，首先，要立足检察职能，强化责任担当。检察建议作为新时期检察机关法律监督方式的新"利器"，要充分做到刚性、做出实效，就必须以更强的能动履职决心，更高的沟通协调能力，更多的长期监督精力，来实现检察建议工作长效发展。其次，要以高标准规范检察建议的制发过程。在制发前，要进行全面充分的调查研究，与被建议对象进行充分沟通交流，了解被建议事项存在的困难和解决的可能性，为检察建议制发打好基础。在制发时，要充分注意文书的规范性和针对性，确保检察建议对原因的分析能够鞭辟入里，释法说理能够深入浅出，对策建议具备较强的可操作性，为检察建议落实提供条件。在制发后，要坚持持续跟踪，定期评估，社会治理问题能够得到有效解决。最后，要以完善的激励机制激发工作动力。检察建议工作可以纳入考核评估机制，但不能过分苛求量化评估，可以以检察建议制发的数量为基础，在向上级机关备案时，由上级机关定期对检察建议的制发水平、落实效果、社会影响进行综合评价，在考评期给出评分。检察建议工作也要充分注重宣传，积极培育检察建议制发典型案例，与其他政府部门配合开展法治宣传工作，最大程度激发检察建议的效能。

附　录　2022年珠海法治大事记

1月10日　九届市政府第118次常务会议审议修订《珠海市行政机关行政应诉工作规则》《关于开展法治宣传教育的第八个五年规划（2021~2025年）》。

1月27日　珠海市斗门区社区矫正管理局正式揭牌成立。

1月28日　珠海市人民政府通过《印发珠海市行政机关行政应诉工作规则》（珠府〔2022〕9号），构建市行政机关出庭应诉新秩序新常态。

1月29日　印发《珠海市医疗保障局　国家税务总局珠海市税务局关于转发进一步做好灵活就业人员参加职工基本医疗保险有关工作的通知》（珠医保〔2022〕7号），明确非本市户籍的灵活就业人员可按规定参加珠海市统账结合职工医保，进一步完善珠海市灵活就业人员参保政策。

1月　珠海市金湾区携手贵州省赤水市，发出全区首张"跨省通办"营业执照。

2月15日　中共珠海市委常委会召开市委全面依法治市委员会第七次会议，传达学习中央依法治国办反馈意见，听取全市法治政府建设工作汇报，研究部署整改落实工作。

2月15日　司法部、民政部印发《关于2021年度"全国民主法治示范村（社区）"复核工作情况的通报》，金湾区三灶镇海澄村和鱼月村保留"全国民主法治示范村（社区）"称号。

2月17日　中共珠海市委全面依法治市委员会守法普法协调小组办公室向全市各普法责任单位印发《2022年珠海市普法依法治理工作要点》。

2月22日　中共珠海市委、珠海市人民政府印发《中共珠海市委、珠海市人民政府转发〈市委宣传部、市司法局关于开展法治宣传教育的第八个五年规划（2021~2025 年）〉的通知》，对全市"八五"普法作出全面部署。

2月22日 珠海市高新区港澳青年创新创业基地法律服务站正式挂牌运行。该法律服务站位于港澳科技成果转化基地，是区综治局、镇司法所联合区科技产业局、区双创中心，依托港澳青年"1元创业空间"，为港澳青年和港澳元素企业搭建的法律服务平台。目前该基地累计入驻港澳企业43家，引进港澳人才100余名。

2月23日 横琴粤澳深度合作区劳动人事争议仲裁委员会第一仲裁庭公开审理一起涉澳门劳动纠纷案件。澳门籍劳动仲裁员曾新智、黄景禧作为合议庭成员参与案件审理工作。这是横琴粤澳深度合作区劳动人事争议仲裁委员会成立以来，首次协同澳门籍劳动仲裁员审理涉澳门劳动纠纷案件。

2月 横琴粤澳深度合作区人民法院获得最高人民法院授权，成为全国首批试点基层法院，通过司法协助平台实现与澳门终审法院直接对接办理相互委托送达和调取证据，进一步提升涉澳案件办理质效。

2月 珠海市金湾区人民检察院参与办理的杨某邦等 38 件涉自然资源领域行政非诉执行监督系列案，获评最高人民检察院优秀案件并予以通报表扬。

3月1日 珠海市科技创新局创新性联合市公安局在市工商大厦办公区建立"外国人来华工作一窗受理服务专区"，实现外国人来华工作许可、工作类居留许可"一窗受理"。

3月3日 珠海市金湾区人民检察院与珠海海警局金湾、高栏港工作站侦查监督与协作配合办公室揭牌成立，进一步提升检察监督与海警执法工作法治化水平。

3月8日 珠海市人民检察院与拱北海关缉私局共同设立的"侦查监督与协作配合办公室"正式挂牌运行。

3月8日 珠海市妇联持续擦亮"学·知行"妇女儿童维权微课堂普法品牌，采用"双师同堂、同课同构"授课模式，邀请珠海律师和澳门律师同堂授课，创拍珠澳法律知识系列视频 12 期，通过视频广泛传播妇女权益与维权理念，打造澳门及内地婚姻家庭法律知识精品课程。

3 月 10 日　珠海市金湾区委全面依法治区委员会第四次会议召开，区委书记、区委全面依法治区委员会主任梁耀斌主持会议并讲话。

3 月 10 日　在首个"女法官国际日"，珠海市女法官协会与珠海市妇女联合会在珠海市中级人民法院联合召开妇女儿童权益保障座谈会，现场与澳门女法官代表视频连线，共同探讨加强妇女儿童权益司法保障。

3 月 14 日　珠海市中级人民法院发布"2021 年度珠海法院最具法治教育意义的十个刑事案件"。

3 月 15 日　珠海市公安局翠香派出所获评全国第二批"枫桥式公安派出所"。

3 月 16 日　珠海市人大常委会举行 2022 年度立法工作计划新闻发布会，建立横琴粤澳深度合作区法规"立法直通车"制度，即涉合作区建设改革急需的立法项目，不受立法计划数量的限制。2022 年珠海共有 36 件立法项目，其中 3 项涉及合作区的法规，分别是《横琴粤澳深度合作区法规制定条例》《港澳医务人员在横琴粤澳深度合作区执业规定》《横琴粤澳深度合作区反走私条例》。

3 月 16 日　珠海市公安局依托珠海见义勇为微信公众号，进行为期 5 天的普法宣传活动，发放实物、微信红包等奖品五类共 935 件。

3 月 18 日　珠海市公安局在珠海公安微信公众号发布《珠海市公安局关于依法严厉打击妨害疫情防控违法犯罪行为的通告》，切实维护疫情防控期间社会治安秩序和医疗卫生秩序。

3 月 22 日　珠海市司法局获评"全国司法行政机关 2021 年国家统一法律职业资格考试工作表现突出单位"，桂春玲和张国明获评"全国司法行政机关 2021 年国家统一法律职业资格考试工作表现突出个人"。

3 月 22 日　珠海市人民检察院印发《关于确定珠海市检察机关检察调研人才库成员的通知》，51 名检察人员被评选为全市检察调研人才。

3 月 26 日　珠海修订《珠海市基本医疗保险医疗费用支付管理办法》，

强调了医保支付原则为"以收定支、收支平衡、略有结余",剔除了"超支补偿"的做法,遏制医疗机构"冲总量获补偿"的势头。

3月28日 珠海市中级人民法院"孕妇上夜班打瞌睡被公司开除案"冲上微博热搜,位居榜二。话题在网络引起热议,话题总阅读次数达2.7亿,讨论次数达1.4万,150余家媒体关联该话题。

3月31日 珠海市香洲区委全面依法治区委员会第五次会议召开。

3月31日 《珠海经济特区民营企业权益保护规定》经珠海市第十届人民代表大会常务委员会第三次会议审议通过,于2022年5月1日正式施行。该条例进一步破解了珠海市民营企业权益保护工作的痛点、难点、堵点问题,有利于构建民营企业健康发展的营商环境。

3月31日 珠海市第十届人民代表大会常务委员会第三次会议通过《珠海市人民代表大会常务委员会关于废止〈珠海市企业工资支付条例〉的决定》,珠海市劳动者权益保护将按照国家相关法律、行政法规以及广东省的地方性法规执行。

3月31日 珠海市第十届人民代表大会常务委员会第三次会议通过《珠海市人民代表大会常务委员会关于开展第八个五年法治宣传教育的决议》,促进市政府全面启动"八五"普法工作,深化多层次多领域依法治理,推动新时代珠海全民守法普法工作转型升级,为珠海建设新时代中国特色社会主义现代化国际化经济特区营造良好的法治环境。

3月 珠海市金湾区在全市率先启动"巡审联动"工作机制,开启了巡察与经济责任审计资源共享、信息互通、优势互补、效应叠加的巡审同步联动新模式。

3月 珠海市金湾区人力资源和社会保障局与金湾区人民法院联动,率先在全市开展诉调衔接一体化、劳动纠纷"一站式"多元联动处置机制。

3月 最高人民法院发文授予全国法院47名同志"全国审判业务专家"称号,珠海市中级人民法院唐文法官获此殊荣。

4月2日 珠海市公安局斗门分局新青派出所综治队员张伟余荣获广东省精神文明建设委员会办公室颁发的2021年度第四季度"广东好人"。

4月2日　珠海市香洲区人民政府办公室率先印发《珠海市香洲区镇街规范性文件制定和监督管理办法》（珠香府办函〔2022〕49号），推动镇街管理制度化规范化，深入推进镇街依法行政。

4月8日　珠海市香洲区市场监督管理局通过国家药监局遴选，被确定为第二批国家药监局法治宣传教育基地培育单位，是广东省唯一入选的市县级单位。

4月8日　市委全面依法治市委员会第八次会议召开。会议深入学习贯彻习近平法治思想，认真贯彻落实中央全面依法治国工作会议精神，审议有关文件，研究部署当前和今后一个时期珠海全面依法治市工作。

4月11日　珠海市香洲区人民法院为履行完毕还款义务的民营企业发出全市首份"信用修复证明"。这是珠海法院探索推行信用修复机制、对被执行人实施正向激励的第一案，入选全省法院助力中小微企业发展典型案例。

4月12日　珠海市金湾区三灶镇异地务工青年综合服务中心举行了全国"青少年维权岗"授牌仪式，该中心获评全国"青少年维权岗"，成为全省共青团系统获此荣誉的三家单位之一。

4月13日至20日　珠海市司法局、市普法办在全市部署开展"全民国家安全教育周"普法活动。

4月15日　横琴粤澳深度合作区人民法院的司法成果——完善跨境纠纷多元化解机制，获评最高人民法院首届人民法院涉港澳司法合作优秀成果。

4月18日　中共珠海市委宣传部、市司法局、市民政局、市农业农村局联合印发《珠海市"法律明白人"培养工作实施方案（试行）》，为推动全市村（社区）"法律明白人"培育工程稳步实施、充实壮大村（社区）普法依法治理社会力量提供制度保障。

4月18日　珠海市委依法治市办在省内率先制定印发《珠海市2022年法治督察工作计划》。

4月18日　珠海税警联合查处全省首例通过虚开发票骗取存量留抵退

税案初战告捷，被国家税务总局作为典型案件予以宣传。此案从精准锁定线索到公安立案侦查仅7天时间，是珠海税警合成作战示范基地建设过程中的有益探索。

4月19日　受广东省人大常委会委托，珠海市人大常委会开展《环境保护法》《广东省环境保护条例》实施情况执法检查。

4月19日　拱北海关出台《2022年优化口岸营商环境　促进跨境贸易便利化工作措施》，围绕"创新监管模式""强化科技赋能""高效利企惠企"3个方面，制定了20项重点工作措施，充分发挥海关职能作用，持续助力地方口岸营商环境不断优化，促进外贸保稳提质。

4月21日　《珠海市生活垃圾分类工作方案（2022~2025年）》出台，把珠海打造成生活垃圾分类样板城市。

4月22日　广东省普法办发布了2021年度全省普法依法治理工作网上量化评估情况通报，珠海市以总得分97.5分在全省21个地级以上市中并列第二，获"优秀"等次。

4月22日　珠海市人民检察院举行公益诉讼特邀检察官助理聘任仪式，聘任来自全市各市级行政机关和相关社会组织、事业单位共30位业务骨干、行业专家为公益诉讼特邀检察官助理。

4月22日　珠海市金湾区人民法院和珠海市交通运输局签订《行政争议多元化解联动调处框架协议》，在全市率先实现"府院联动"实质性化解此类行政争议。

4月22日　珠海市斗门区人民检察院与斗门区民政局、斗门区乡村振兴局联签《关于检察机关国家司法救助助推乡村振兴工作办法》，进一步加大司法办案过程中对农村地区生活困难当事人的救助力度，继续发挥好救助工作"司法扶贫"的特色和优势，积极主动服务乡村振兴战略。

4月24日　《珠海市人力资源和社会保障局2022年依法行政工作要点》印发。

4月24日　珠海市中级人民法院对外发布了"劳动争议十大典型案例"，案例涉及怀孕女职工、港澳居民、新业态从业人员等特殊劳动主体案件、受疫情影响引发的劳动争议案件等不同类型，具有代表性和典型性。

4月25日 珠海市中级人民法院在珠海市知识产权保护中心设立知识产权巡回法庭，进一步加强知识产权司法保护，构建新时代知识产权保护新格局。

4月26日 珠海市香洲区人民检察院审查起诉的"计某某等侵犯著作权案"入选广东省人民检察院"2021年广东检察机关加强知识产权司法保护十大典型案例"。

4月27日 珠海市香洲区人民法院在珠海市香洲区狮山街道举行揭牌仪式，设立全市法院首个诉源治理工作站。工作站融合法院、镇街职能部门、人民调解委员会及"和事佬"团队等各类解纷力量，构建"矛盾纠纷四级联排化解机制"。

4月27日 全市首家公职律师涉税争议咨询调解中心在珠海市香洲区税务局第一税务分局设立，打造集税情收集、税法服务、纠纷调解、法律救济、权益保护、风险防控六大职能于一体的基层税收治理综合体。

4月28日 珠海市人大常委会举行市十届人大常委会立法顾问聘任仪式。

4月28日 由珠海市中级人民法院张春和担任审判长、珠海市人民检察院检察长李学磊出庭支持公诉的冯某、余某抢劫、故意杀人案，在珠海公开审理。法检"两长"开庭审理重大刑事案件，是珠海落实以审判为中心的刑事诉讼制度改革、实现庭审实质化的重要举措。

4月28日 珠海市人大常委会桂山镇基层立法联系点积极联合桂山镇司法所和桂山镇文化中心前往桂山小学组织开展"护苗普法暨赠书进校园"活动，大力营造海岛共同关心关爱未成年人健康成长的良好氛围，桂山镇基层立法联系点负责人及6名镇人大代表参加活动。

4月29日 《珠海经济特区工业用地控制线管理规定》经珠海市第十届人民代表大会常务委员会第四次会议审议通过，于2022年6月1日正式施行，该条例是全国首部关于工业用地控制线管理的地方性法规。

5月5日 横琴公证处入选司法部、外交部海外远程视频公证试点机构。

5月6日　省人民政府横琴粤澳深度合作区工作办公室社会事务局与珠海市民政局共同召开"推进横琴粤澳深度合作区社会组织高质量发展对接会暨社会组织联合会筹备会"，双方签署《横琴粤澳深度合作区社会组织高质量发展共建框架协议》，推进成立横琴粤澳深度合作区社会组织联合会，发挥其枢纽型作用，链接珠澳乃至大湾区社会组织的资源力量，更好地服务粤澳两地居民。

5月6日　珠海市交通运输局印发修订后的《珠海市交通运输企业主要负责人及安全生产管理人员安全考核管理规定》，进一步严格规范指引安全考核管理工作。

5月6日　珠海市斗门区人民检察院出台20条《关于充分发挥检察职能作用　服务和促进产业发展的若干措施》，全力服务保障"产业第一"发展战略。

5月6日　金湾公证处正式开通远程视频公证，成为全市首家开通此项公证服务的区级公证处。

5月8日　珠海市公安局拱北口岸分局荣获全国优秀公安局，唐家派出所和警令部指挥调度室荣获全国优秀公安基层单位，翠香派出所梁宇、斗门分局周荣波和治安警察支队余小龙荣获全国优秀人民警察，刑事警察支队张丽艳荣获全国公安机关爱民模范。

5月10日　全省率先出台《珠海市深化工程建设项目审批分类改革实施方案》《关于进一步推进工程建设项目审批提速增效的若干措施》，通过流程再造、精准施策，全市一般产业项目以及带方案出让产业项目全流程审批时限压缩至13个工作日以内，最快2个工作日开工，全省用时最短，市场主体的获得感和满意度明显提升。

5月10日　珠海市香洲区司法局发挥"一个统筹、四大职能"作用，印发《香洲区司法局服务"产业第一"的若干措施》，出台八项举措，全力做好服务产业发展的法治保障工作。

5月10日　中共珠海市委全面依法治市委员会守法普法协调小组办公

室印发《珠海市中小企业员工培训"百万行"三年普法行动暨服务"产业第一"普法行活动实施方案（2022~2024 年）》。

5 月 11 日　珠海市自然资源局联合珠海市住房和城乡建设局制定出台《珠海市历史建筑修缮维护管理办法》，这是珠海市首部历史建筑修缮维护管理的规范性文件，明确了历史建筑修缮维护类型、流程及职责分工，有效推动历史建筑的保护利用。

5 月 13 日　珠海市人民政府印发《珠海市妇女发展规划（2021~2030 年）》《珠海市儿童发展规划（2021~2030 年）》，深入贯彻落实男女平等基本国策，进一步优化珠海市妇女发展环境，保障妇女合法权益。

5 月 15 日　首届湾区青年影像国际赛颁奖典礼暨第二届湾区青年影像国际赛"同心抗疫"作品征集活动启动仪式在广州举办，珠海市公安局制作的庆祝建党 100 周年短视频作品《榕树头》获得大赛"最佳岭南故事奖"。

5 月 24 日　珠海市高新区推出原创普法歌曲——《心系民法典》，获司法部视频号、抖音号推介。

5 月 25 日　在各中小学校全面聘任公安干警担任法治副校长的基础上，珠海市人民检察院、珠海市教育局聘任市、区 105 名检察官兼任 155 所学校法治副校长，以专业力量提升校园法治建设水平。

5 月 26 日　珠海市金湾区人民检察院与金湾区司法局联合签署《刑事案件赔偿保证金提存工作机制》，在全市率先建立刑事案件赔偿保证金提存制度，着力破解刑事案件和解"瓶颈"，依法保障被害人、犯罪嫌疑人合法权益。

5 月 26 日　珠海市金湾区司法局、金湾区公证处与金湾区检察院签订《刑事案件赔偿保证金提存工作机制（试行）》，这是珠海市首个刑事案件赔偿保证金制度。

5 月 28 日　珠海市金湾区红旗镇三板村法治文化书屋正式启用，这是珠海市首个村级法治文化书屋。

5 月 29 日　珠海市香洲区司法局以"研法习制聚力发展"为宗旨，牵头开办"香洲法制研习社",以周末公益讲座为主要形式开展研究、讨论、学习,为服务"产业第一"提供精准法治保障。

5月30日　珠海市人民检察院召开未成年人检察工作专题新闻发布会,通报2021年珠海检察机关未成年人检察工作开展情况,并发布典型案(事)例。

5月30日　珠海市中级人民法院在企业破产、企业欠薪、问题楼盘、保供楼、低效用地、违法项目、行政诉讼败诉、金融安全八个重点领域组建专项团队,运用"府院联动直通车"机制与政府职能部门对接,精准化解矛盾,提升依法治理水平。

5月31日　珠海市妇联以"涉澳家庭家事调解服务需求调查研究"为出发点,形成并发布《珠海市涉澳家庭家事调解服务研究报告》,深度剖析当前珠澳家事调解面临的六大主要问题,提出优化珠澳家事调解合作的四大关键13个方面的建议,为珠澳家事调解服务深入合作提供理论支撑和实践指导。

6月1日至7月10日　2022年度珠海市国家工作人员学法考试举行。

6月1日　全国首个涉澳妇女儿童权益保护合议庭在珠海市中级人民法院揭牌成立,实现涉澳妇女儿童权益保护民事、刑事、行政案件"三审合一"。

6月1日　珠海市中级人民法院发布"珠海法院涉澳妇女儿童权益司法保护十大案例"。

6月1日　经广东省高级人民法院批准,珠海市中级人民法院正式设立环境资源审判庭,实行环境资源类民事、刑事、行政案件归口审理,通过统筹适用刑事制裁、民事赔偿、行政处罚等手段,全方位保护生态环境。

6月1日　珠海市香洲区开展"六个一"(一期线上"微课堂",一场趣味游园会,一堂线下法治课,一份儿童手抄报,一个主题开放日,一份实用指南贴)活动,普法庆"六一"。

6月2日　珠海市公安局森林分局知识产权犯罪侦查大队大队长黄丽娟荣获2021年度全国知识产权系统和公安机关知识产权保护工作成绩突出个人。

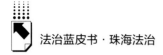

6月5日　珠海市中级人民法院发布"珠海法院环境资源司法保护十大典型案例"。

6月8日　珠海市司法局、市普法办、拱北海关普法办联合主办"珠海市服务'产业第一'三年普法行动启动仪式暨进出口企业'法治体检'专场活动",珠海市50余家进出口企业的法人代表等企业经营管理人员参加活动。

6月8日　中共珠海市委政法委第三次全体会议审议通过了《全市政法机关服务保障"产业第一"的实施意见》,出台20条举措,全力护航保障"产业第一"。

6月8日　珠海市不动产登记中心与珠海市中级人民法院共同印发《关于建立不动产抵押权与租赁权冲突处理联动机制的通知》,该联动机制对于从源头化解抵押不动产涉及租赁关系执行难、保障司法程序胜诉当事人权益兑现具有重要意义,是加强综合治理、从源头切实解决执行难问题的重要创新实践。

6月9日　珠海市中级人民法院与珠海市不动产登记中心在全国首创不动产抵押权与租赁权权利冲突处理联动机制,助力化解涉租赁抵押不动产处置难题,被依法治省办在全省推介。

6月10日　中共珠海市委政法委举办全市镇(街)政法委员暨基层政法干部学习贯彻党的十九届六中全会精神专题研讨班。

6月15日　珠海市统计局创造性地在统计领域开展集中约谈企业法人的做法,以柔性执法提高了工作效率,有效避免"以罚代管""一罚了之"的局限性,是对统计执法立案处罚和责令整改方式的有益补充,被《中国信息报》等主流媒体报道肯定。

6月17日　珠海市香洲区人民政府办公室印发《香洲区重大行政决策事项目录编制指引》(珠香府办函〔2022〕103号),进一步加强对重大行政决策事项目录的规范化管理,提高决策质量。

6月20日　拱北海关在海关系统率先制定印发《旅检渠道普法语言库》,积极推动文明理性执法。

6月21日　珠海市精神文明建设委员会印发《珠海市文明校园创建管理办法》。

6月21日　为深入贯彻落实市委"产业第一"决策部署，充分发挥审判职能作用，为珠海高质量建设新时代中国特色社会主义现代化国际化经济特区提供优质的司法服务和保障，珠海市中级人民法院印发《珠海法院关于为"产业第一"提供优质司法服务和保障的实施意见》。

6月22日　万山镇在万山居家养老服务站（万山岛）、东澳村居家养老服务站（东澳岛）同步开展"老年人防诈骗之守好'钱袋子'"专题培训讲座。该系列活动将持续到11月，每月一期，一共6期12场。

6月26日　珠海市禁毒委员会办公室、市禁毒基金会主办，珠海市强制隔离戒毒所协办"6·26"国际禁毒日纪念活动暨"禁毒+普法空中课堂"启动仪式隆重举行。珠海市政府主要领导出席并致辞。此次活动充分发挥了线上网络的优势，实现15个分会场在线直播，参与人数达数十万人，将无接触、跨时空的禁毒普法"云宣讲"送进千家万户。

6月26日　珠海市中级人民法院与珠海市禁毒委员会共同发布近三年"珠海法院最具警示意义的十个毒品犯罪案件"。

6月29日　珠海市委依法治市办深入贯彻习近平法治思想，聚焦民生领域社会关注和群众最关心、最现实的法治热点难点，推出2022年七件法治实事项目，推动法治建设更好服务大局，更好惠及广大人民群众。

6月　珠海市纪委、市委依法治市办开展法治督察与纪检监察的监督协作配合机制建设工作。

7月6日　珠海市中级人民法院与珠海市破产管理人协会共同签署《关于建立企业破产前端服务工作机制合作协议》，全国首个企业破产前端服务中心在珠海市中级人民法院成立，为人民法院在破产审判领域推进诉源治理工作、探索建立破产解决多元化机制提供了样本。

7月7日　珠海市与横琴粤澳深度合作区建立规范性文件"五大机制"，加强市政府及部门规范性文件制定过程中与合作区的信息共享、沟通协调，全力支持服务合作区管理需要。

7月11日 十届珠海市人民政府第11次常务会议审议通过，废止政府规章《珠海市行政执法责任制规定》《珠海市行政执法案卷评查办法》。

7月11日至7月15日 珠海市联合云浮市，组织开展"御海"珠海·云浮数字政府网络安全联合攻防演练活动，邀请安全企业和高校20支攻击队伍，面向两市共110个单位180个运行的政务信息系统开展实战攻击，共发现珠海市各类安全隐患199个、目标系统权限被控10个，涉及36个政府单位。通过演练，对标堵漏、力行整改、限时修复、闭环复核，全面压实网络安全主体责任。

7月14日 珠海市人民政府印发《珠海市控制性详细规划管理实施细则（试行）》，落实"产业第一"决策部署，创新控制性详细规划管理制度，推动控规流程再造，最大限度简化部分产业用地、公益性用地控规调整审批程序，为全市重点产业项目提供有力支撑。

7月19日 中共珠海市委全面依法治市委员会办公室印发《关于全面提高依法行政水平 降低行政案件败诉率的实施意见》，促进行政机关依法行政、推动行政争议实质性化解。2022年第二季度，珠海市行政机关负责人出庭应诉率达85%，远高历年水平和全省41%的平均水平。

7月19日 市司法局印发《关于开展违法执法和乱罚款问题专项整治工作实施方案》，在全市组织开展违法执法和乱罚款问题专项整治，重点整治选择性执法、趋利性执法，违反包容审慎监管原则、"一刀切"式执法，违法设定、实施的罚款等突出问题，为"产业第一"决策部署提供良好的法治化营商环境。

7月22日 中共珠海市委全面依法治市委员会立法协调小组召开工作会议。

7月26日 拱北海关与珠海市中级人民法院签署《拱北海关珠海市中级人民法院关于进一步加强行政争议联动化解机制的意见》，共同坚持和发展新时代"枫桥经验"，在执法和司法过程中实现定分止争、案结事了。

7月28日 《珠海经济特区无障碍城市建设条例》经珠海市十届人大常委会第六次会议表决通过，自2022年12月3日起施行。该条例对标国际先进水平，借鉴港澳地区先进经验，在总结全市无障碍建设工作实践经验的基础上，提出无障碍城市建设理念，是全国第二部以无障碍城市建设为主旨的法规。

7月30日 珠海市司法局"行政复议全方位综合改革的率先实践"，获评"第一批广东省法治政府建设示范项目"。

7月 经市委机构编制委员会批准，设立扫黑除恶斗争工作机构，推进扫黑除恶斗争常态化，不断巩固专项斗争成果。

8月1日 珠海市法律援助处在全省率先设立工业园区法律援助工作站，首站试点在南屏科技工业园，创新建立"法援+园区"服务机制，深化"法援惠民生"品牌，为园区提供便捷、优质、高效的法律援助服务。

8月4日 珠海市司法局"行政复议全方位综合改革的率先实践"被评为第一批"广东省法治政府建设示范项目"。

8月4日 国家知识产权局确定首批国家知识产权强市建设试点示范城市，珠海成为首批国家知识产权强市建设试点城市，试点示范时限自2022年7月至2025年6月。

8月4日 珠海市斗门区司法局组织区人大代表、政协委员、普法专家、普法单位代表、新闻媒体代表、律师代表、党员代表以及群众代表等组成的评议团，先后前往区交通运输局选点白蕉长途客运站、区工商业联合会选点坚士制锁有限公司、莲洲镇选点东滘村、区水务局选点白藤水闸等地开展2022年斗门区国家机关"谁执法谁普法"履职报告评议实地考察活动。

8月5日 拱北海关发布《拱北海关旅检渠道具有法治教育意义典型案例》。

8月5日 珠海市金湾区司法局联合金湾区工商联、三灶科技工业园管委会等部门，在金湾区挂牌成立全市首个产业园区人民调解委员会——"珠海国家高新区三灶科技工业园人民调解委员会"，为及时便利高效调处企业劳资纠纷提供平台和保障。

8月5日 珠海市公安局斗门分局新青派出所综治队员张伟余荣获中央文明办颁发的2022年度第二季度"广东好人"。

8月8日　国内第一家工程争议国际商事调解组织——横琴粤澳深度合作区粤港澳工程争议国际调解中心在横琴粤澳深度合作区澳门青年创业谷成立。该调解中心由粤港澳三地工程及国际调解领域的资深专业人士联合发起创办，为广东省人民政府横琴粤澳深度合作区工作办公室社会事务局准予登记设立的民办非企业，是国内第一家探讨运用国际调解的先进方法来调解粤港澳大湾区乃至国内工程争议的组织。

8月9日　珠海市涉外公共法律服务中心〔横琴珠港澳（涉外）公共法律服务中心〕核准登记为事业单位法人，主要从事涉外（涉港澳台）法律咨询、公证、调解、法律援助、律师服务等工作，探索珠澳共建共享服务创新平台，促进两地法律服务资源与人才深度融合等社会服务工作。此举在国内尚属首例。

8月9日　珠海市公安局斗门分局被授予全国公安机关执法示范单位称号。

8月10日　珠海市市场监督管理局被国家知识产权局、市场监管总局和北京2022年奥组委评为"北京2022年冬奥会和冬残奥会奥林匹克标志知识产权保护突出贡献集体"。

8月10日　拱北海关对外发布《拱北海关关于保税仓库和出口监管仓库布局规划的通告》（拱关通告〔2022〕3号），对在珠海、中山两市设立保税仓库和出口监管仓库进行了原则性规定。

8月10日　珠海市金湾区司法局与区工商联共建沟通联系机制做法入选全国工商联和司法部《工商联与司法行政机关沟通联系机制典型事例（2021~2022）》，广东省共有4个典型案例入围。

8月12日　横琴粤澳深度合作区管理委员会第三次会议在珠海举行。

8月12日　珠海市委宣传部、市民政局、市司法局、团市委联合主办"2022年珠海市公民法治素养提升行动社会项目培育活动决赛"。

8月15日　珠海市中级人民法院从全市法院近三年生效案件中选取商品房买卖纠纷十大典型案例向社会发布。十大案例总结提炼指引意义，以期发挥司法裁判的规则引领和价值导向作用，从源头上减少商品房买卖合同纠纷，维护珠海地区社会和谐稳定、保障人民安居乐业。

8月15日　《珠海市水利建设市场信用管理办法》施行，量化水利建设市场主体的信用行为为具体分值，有助于健全水利建设市场信用体系，提升市场主体的诚信意识，助力深化"放管服"改革，切实维护水利建设市场秩序。

8月16日　第二届中国法治微电影展颁奖活动在直播平台央视频、爱奇艺、新浪新闻举行线上直播，由珠海市斗门区委政法委和斗门区司法局联合出品的法治微电影《绝对救赎》经过三轮评选，在全国1681部作品中脱颖而出，荣获第二届中国法治微电影展优秀组织奖。

8月17日　全市首批村（社区）"法律明白人"授徽颁证仪式暨首场专题培训在斗门区举行。

8月18日　珠海市人大常委会召开实施《珠海经济特区无障碍城市建设条例》座谈会，这是市人大常委会首次召开法规实施座谈会。

8月18日　广东省政府新闻办举行广东自贸试验区改革创新阶段性成果新闻发布会，发布2021年度广东自贸试验区最佳制度创新案例，横琴的"数字+规则"实现涉税业务自动化审批、全流程集成式跨境税费闭环服务新体系、"工银琴澳通"跨境金融服务三个案例入选，体现了横琴运用新技术破解改革创新难题，实现政务服务既高质高效又监管到位，以及在扩大对港澳服务业开放、促进粤港澳要素自由流动等方面的创新举措。

8月18日　珠海市司法局会同珠海市应急管理局开展废止政府规章工作，《珠海市突发事件总体应急预案》已于十届市政府第13次常务会议审议通过。

8月18日　广东省生态环境厅以线上线下相结合的方式，在珠海市金湾区召开"送法规、送技术"服务企业制药行业专题宣讲会，20余家制药企业代表现场参会，全省各地市政府部门、企事业单位约1000名代表"云端"相聚。

8月24日　由珠海市人民检察院主办，广东省横琴粤澳深度合作区人民检察院承办的"检察机关服务保障横琴粤澳深度合作区建设理论与实践"

研讨会在横琴合作区检察院召开。来自澳门特别行政区检察院、省院、市院、省委横琴工委、专家学者以及其他相关单位代表参加了研讨会。

8 月 24 日 中共珠海市委全面依法治市委员会守法普法协调小组办公室印发了《2022 年度珠海市"八五"普法讲师团名单》《珠海市"八五"普法讲师星级评定管理实施办法（试行）》，探索普法讲师团规范化、制度化管理模式。

8 月 25 日 经 2022 年 8 月 18 日十届珠海市人民政府第 13 次常务会议审议通过的《珠海市人民政府关于废止〈珠海市突发事件总体应急预案〉的决定》公布，自公布之日起施行。

8 月 26 日 珠海斗门、江门新会两地检察机关联合签署《关于建立虎跳门、崖门水道生态环境和资源保护检察公益诉讼协作机制的意见》，共同维护虎跳门、崖门水道稳定、防洪安全和生态环境。

8 月 29 日 珠海市人大常委会召开执法检查学习动员会，拉开了检查《预防未成年人犯罪法》贯彻实施情况的序幕。此次执法检查创新监督方式，充分体现了人民性、规范性、创新性、有效性四个特点，实现了有效监督，取得了预期效果，打造了市人大常委会执法检查工作范本。

8 月 29 日 珠海市公安局翠香派出所民警任柏明获评全省"最美基层民警"。

8 月 31 日 珠海市涉案企业合规第三方监督评估机制管理委员会成立大会暨第一次联席会议在珠海市人民检察院召开。

8 月 31 日 中共珠海市香洲区委全面依法治区委员会第六次会议召开，会议听取了香洲区前山街道党工委、香洲区人力资源和社会保障局、香洲区城市管理和综合执法局主要负责同志履行推进法治建设第一责任人职责情况报告；书面审议了《珠海市香洲区 2022 年全面依法治区工作要点》及其分工方案，《珠海市香洲区 2021 年全面依法治区工作总结》及区委全面依法治区委员会执法、司法、守法普法协调小组 2021 年工作总结。

8 月 31 日 珠海市妇联在香洲区拱北街道茂盛社区、港昌社区分别成立了珠港澳（涉外）家事调解社区服务站，以创建"一站式精准调解服务平台"为目标,将家事调解服务窗口前置,打造社区家事调解服务流程规范化、活动形式多样化、服务队伍专业化、服务内容精准化综合平台。

8月 经珠海市委机构编制委员会批准,设立珠海市育德学校,承担严重不良行为未成年人矫治教育任务。

8月 珠海市香洲区人民检察院组织召开珠海市香洲区企业合规第三方机制管委会成员单位第一次联席会议,推动企业合规走深走实,依法维护各类市场主体合法权益。

8月 珠海市委依法治市办、市司法局对全市3个行政区开展"镇街综合行政执法工作落实情况专项督察"。

9月2日 司法部、人力资源社会保障部联合举行全国司法行政系统先进模范表彰大会,珠海市司法局被司法部、人力资源社会保障部评为"全国司法行政系统先进集体"。

9月2日 珠海市6个单位荣获广东省公安厅、省文明办、省教育厅、省司法厅及省交通运输厅联合评选的全省"交通安全文明示范单位"荣誉称号。

9月5日 全市法院"1+N"全域集约送达中心在珠海市香洲区人民法院正式挂牌,开启了珠海法院集约送达新模式。珠海市香洲区人民法院作为主中心,负责全市民商事案件的电子及邮寄送达,让人民群众切实享受到数字化红利。

9月6日 广东省司法厅印发《关于确认2022年广东省"民主法治示范村(社区)"创建单位的通报》,珠海市金湾区南水荷包村等4个村、香洲区翠香街道山场社区等5个社区被确认为"广东省民主法治示范村(社区)"创建单位。

9月8日 珠海市金湾区法学会正式聘请8名专家为金湾区首席法律咨询专家,这是珠海市法学会在全市开展首席法律咨询专家制度首个试点。

9月8日 珠海市香洲区人民检察院探索实施"醉驾不起诉案件引入交通志愿服务考察机制",对血液酒精含量相对较低的醉驾案件犯罪嫌疑人,引导其参加交通志愿服务,酌情依法作出不起诉决定。

9月9日 珠海市香洲区人民检察院举行首届检察听证员聘任仪式暨初任培训会，共聘任 53 名来自人大代表、政协委员、人民监督员、行政机关代表、企事业单位代表、高等院校教授、基层单位代表等担任检察听证员，借助"外脑"提升办案质效。

9月14日 华发集团成功获颁 ISO37301 合规管理体系认证证书，成为全国首家成功通过《企业合规管理办法》和 ISO37301 合规管理体系标准双标评审的大型综合性国有企业集团。

9月15日 广东省委下发《中共广东省委关于表彰广东省依法治省工作先进单位和先进个人的决定》，表彰近三年涌现的先进典型，珠海市香洲区委政法委、珠海市金湾区法院 2 个单位获"广东省依法治省工作先进单位"称号，市委依法治市办秘书科郝湘军、市公安局王爱宇、斗门区蒙先伟和高新区杨文龙 4 名同志获"广东省依法治省工作先进个人"称号。

9月20日 珠海市金湾区人民法院三灶人民法庭、三灶镇妇联成立金湾区三灶镇家庭教育指导中心，并现场签订《三灶镇妇女联合会、三灶人民法庭关于联合开展家庭教育指导的工作机制（试行）》。这是珠海市首家由法院与妇联联合成立的家庭教育指导中心。

9月21日 中国（珠海）知识产权保护中心成功通过国家知识产权局验收，通过该中心预审的发明、实用新型、外观设计专利申请授权周期将大幅压缩60%以上。

9月22日 珠海市司法局召开全市司法行政工作经验交流会暨工作推进会。

9月23日 拱北海关所属香洲海关"枫桥经验"工作室揭牌成立，探索新时代"枫桥经验"在属地型海关的应用。

9月26日 珠海中院举办首次珠海行政法治圆桌会议，会议以"规范行政程序"为主题进行研讨。珠海中院发布了《珠海市中级人民法院行政程序司法审查白皮书》及"珠海中院十大行政程序司法审查典型案例"。

9月26日 珠海市行政争议协调化解中心揭牌仪式在珠海市中级人民法院举行。该中心由珠海市司法局和珠海市中级人民法院共建成立，是发挥府院联动机制、助力法治政府和法治珠海建设的重要举措。

9月29日　珠海市人大常委会组织拟提请市十届人大常委会第七次会议任命的国家机关工作人员进行任前法治学习辅导。

9月29日　《珠海市人民代表大会常务委员会关于厘清机动车违规停放执法边界　加强机动车停放管理的决定》经珠海市第十届人民代表大会常务委员会第七次会议审议通过，于2022年10月1日正式施行。该条例厘清了相关单位的管理职责，有利于进一步治理机动车乱停乱放现象。

9月29日　珠海市第十届人民代表大会常务委员会第七次会议审议通过《珠海经济特区市场主体登记管理条例》，同时废止《珠海经济特区商事登记条例》。该条例全面提升市场准入便利度，进一步激发市场主体活力，为持续深化市场主体登记制度改革提供法治支撑。

9月29日　珠海市第十届人民代表大会常务委员会第七次会议审议通过《珠海经济特区规范政府投资建设工程发包与承包行为若干规定》，该条例是全国第一部专门规范政府投资建设工程发包与承包行为的地方性法规，有利于制止违法发包、转包、违法分包及挂靠行为，促进建筑市场健康发展。

9月29日　珠海市第十届人民代表大会常务委员会第七次会议通过《珠海市人民代表大会常务委员会关于修改〈珠海经济特区养犬管理条例〉〈珠海经济特区电力设施保护规定〉的决定》，于2022年10月11日正式施行。

9月30日　最高人民检察院下发《关于印发第一批涉港澳区际刑事司法协助典型案例的通知》，公布4件涉港澳区际刑事司法协助典型案例，珠海市香洲区人民检察院办理的"杨某贩卖毒品案"入选。

9月30日　珠海市农业农村局做客市政府门户网站"民生在线"访谈，以"抓牢粮食生产工作，扛稳粮食安全重任"为主题跟网民进行在线交流，着力察民情、解民困、聚民智，积极回应社会关切。

9月30日　珠海市不动产登记中心推出的"港澳居民身份证件关联备案服务"和"以图查房"服务两项创新举措被广东省发展改革委文件予以

肯定。

9 月 横琴国际仲裁中心正式成立，在珠海国际仲裁院（珠海仲裁委员会）加挂牌子，为横琴粤澳深度合作区的商事主体提供更加优质的多元化争议解决服务。

9 月 拱北海关编写的普法创先创新案例《拱北海关实施普法责任清单"三化"管理》被司法部确定为全国法治宣传教育典型案例。

10 月 9 日 珠海市委审计委员会办公室、市审计局修订并在全市范围印发《珠海市审计机关贯彻落实"三个区分开来" 建立容错免责减责机制的实施方案》。

10 月 11 日 珠海市人民政府举行第八届法律顾问聘任仪式。市政府此次共聘请 13 位专家学者、律师为法律顾问，聘期 3 年。本届法律顾问既有来自珠海本地的学者和律师，也有来自香港、澳门、广州的法律专家，充分体现了服务粤港澳大湾区、横琴粤澳深度合作区建设的需求和特色。

10 月 11 日 珠海市妇联、珠海市香洲区人民法院建立"一站式"人身安全保护令申请机制，将该项服务落地珠海妇女维权与信息服务站，推动人身安全保护令申请受理前移，进一步强化人身安全保护令在反家庭暴力工作中的作用，提升为受害人提供保护服务的时效性与便利性。

10 月 13 日 珠海市公安局警令部指挥调度室荣获广东省委平安办和省人社厅联合颁发的 2020~2021 年度"平安广东建设先进集体"。

10 月 18 日 珠海市数字政府信息技术应用创新适配测试中心成功入选第一批广东省数字政府信息技术应用创新适配测试中心，珠海市与中山市一并成为仅有的两家以地级市冠名的数字政府信息技术应用创新适配测试中心。

10 月 20 日 2022 年度珠海市国家机关"谁执法谁普法"履职报告评议暨落实普法责任制联席会议在珠海市妇女儿童活动中心举行。

10 月 21 日 珠海市委政法委举行特邀执法监督员聘任仪式。首批选聘了 30 名特邀执法监督员，包括市人大代表、政协委员、政法干警、律师和专家学者。

10月24日 港珠澳大桥珠海公路口岸迎来通关运作4周年。2018年10月至2022年9月，经港珠澳大桥珠海公路口岸进出口总值达4897.3亿元。

10月25日 珠海市人大常委会召开新闻发布会，解读《珠海经济特区规范政府投资建设工程发包与承包行为若干规定》。该规定是全国首部专门规范政府投资建设工程发包与承包行为的地方性法规，自2022年12月1日起施行，将进一步保障建设工程质量和安全。

10月25日 《横琴粤澳深度合作区促进金融产业发展扶持办法》正式印发，该办法涵盖了金融企业从落户到经营等全方位的扶持措施，于2022年11月7日起正式实施。

10月25日 十届珠海市人民政府第18次常务会议审议通过《珠海市人民政府关于修改〈珠海市社会工作促进办法〉的决定》，于10月31日公布。

10月25日 珠海市市场监督管理局发布消息，珠海食品安全形象大使"安安"的微信表情包已经上线。

10月27日 珠海市中级人民法院公开审理珠海市某合作公司诉珠海市市场监督管理局、珠海市人民政府行政处罚及行政复议决定一案。这是珠海首次由副市长作为市政府负责人出庭应诉的行政诉讼案件。

10月31日 司法部、民政部印发《关于拟命名第九批"全国民主法治示范村（社区）"名单的公示》，珠海市香洲区翠香街道兴业社区、金湾区红旗镇三板村被列入第九批"全国民主法治示范村（社区）"名单。

10月 珠海市金湾区人民检察院杨平检察官的办案事迹《不让"屋漏偏逢连夜雨"的悲剧上演》获评全省基层院十大"优秀办案故事"。

10月 市委依法治市办对全市法治政府建设及责任落实工作开展法治督察，督察发现的问题及建议书面反馈各单位，并报市委督查室、市政府督查室。

10月 广东省人民检察院举办基层检察院"一院两品"融合品牌发布会，集中发布了12个融合品牌，珠海市香洲区人民检察院"匠心筑梦展芳华 初心铸魂强检察"融合品牌成功入选。

11月1日 珠海市香洲区人民检察院获评广东省新时代"五好"基层检察院。

11月4日 拱北海关所属大桥海关依托大桥优势，完成首单"珠海—澳门"航空打板测试业务实货验放，实现进出口货物"港澳机场—大桥—国内腹地"双向流通。

11月8日 珠海市中级人民法院发布"珠海法院人身安全保护令十大案例"。通过公正高效权威的司法裁判和宣传教育，让反对暴力、践行文明、崇尚法治成为自觉行动和良好风尚。

11月8日 第十四届中国国际航空航天博览会在珠海航展中心顺利开幕。

11月9日 珠海经济特区港口事务局制订的《港口危险化学品储运管道打开作业安全规范》在全国团体标准信息平台上正式公开发布。该规范属"国民经济类G594危险品仓储"标准，为全国首个关于港口危险化学品储运管道打开作业标准规范。

11月10日 珠海市公安局组织2021年度珠海见义勇为人员代表60人观摩第十四届中国航展，充分传递了珠海市委市政府对见义勇为人员的关心和关爱。

11月15日 珠海市法治文化主题公园开工建设。

11月18日 珠海市印发《珠海市古树名木保护管理办法》，进一步加强珠海市古树名木保护工作。

11月21日 中共珠海市委宣传部、市人大常委会办公室、市司法局、市普法办联合印发《2022年珠海市"宪法宣传周"系列活动方案》，纪念现行宪法公布施行40周年。

11月21日 经拱北海关核准，伟创力电脑（珠海）有限公司和伟创力制造（珠海）有限公司成为珠海市首家参与企业集团加工贸易监管模式改革的加工贸易企业。

11月23日起 针对部分旅客在拱北口岸通关场所内实行"抱团式"集中通关行为，珠海出入境边防检查总站拱北边检站与多部门联合开展集中打击治理扰乱口岸限定区域管理秩序专项行动，有效净化口岸通关环境，执法活动实现政治效果、社会效果、法律效果的有机统一。

11 月 23 日　珠海市人民政府办公室印发《珠海市基本医疗保险门诊共济保障实施细则》（珠府办〔2022〕19 号），自 2022 年 12 月 1 日起实施。通过改革提高门诊待遇水平，减轻参保患者医疗费用负担。

11 月 28 日　广东省普法办印发《2021~2022 年全省国家机关"谁执法谁普法"创新创先工作项目名单的通知》，珠海市组织推荐的普法项目 6 个获奖，珠海市司法局荣获优秀组织单位奖，获奖数量位居全省各地级市前列。

11 月 28 日　珠海市人民政府印发修订后的《珠海市网络预约出租汽车经营服务管理暂行规定》，自 2023 年 1 月 1 日起实施。

11 月 29 日　经过自荐、推荐、培育、书面评审、征集意见、联合评审、社会公示等环节，市委依法治市办在省内首次发布"2022 年珠海市法治政府建设十大创新实践案例""珠海市 2022 年法治政府建设创新实践案例库"。

11 月 30 日　《珠海经济特区居家养老服务促进条例》经珠海市十届人大常委会九次会议审议通过，于 2023 年 2 月 1 日正式施行。该条例是全省第一部以规范居家养老服务为主旨的地方性法规。

11 月 30 日　《珠海经济特区安全生产条例（修订）》经珠海市十届人大常委会第九次会议表决通过，自 2023 年 1 月 1 日起施行。

11 月 30 日　珠海市人民检察院发布"2021 年度全市检察机关社会治理类检察建议十大典型案例"。

12 月 5 日　中共珠海市委全面依法治市委员会办公室主任暨协调小组联络员会议召开。会议审议了《〈法治珠海建设规划（2021~2025 年）〉重要举措分工方案》《〈珠海市法治社会建设实施意见（2021~2025 年）〉重要举措分工方案》《〈珠海市法治政府建设实施方案〉重要举措分工方案》，听取了市委全面依法治市委员会立法、执法、司法、守法普法协调小组牵头的 2022 年七件法治实事项目进展情况，通报了 2021 年度法治广东建设考评情况及珠海市存在的主要问题。会议原则通过以上文稿，要求市委依法治市办根据会议意见抓紧修改完善，按程序印发实施。

12月6日 珠海市淇澳—担杆岛省级自然保护区被命名为首批广东省自然资源·林业法治宣传教育基地。

12月8日 在《统计法》颁布纪念日，珠海市统计局制作的《贾总说真之"统计监督"篇》统计法治动漫微视频，点亮珠海地标日月贝，在微信朋友圈全市18~60周岁群体中推送43万余人次。这是珠海连续第四年获评国家统计局优秀法治宣传作品，是广东省统计系统唯一获奖作品。

12月9日 司法部视频号推送珠海市司法局、市普法办拍摄推荐的《守·护——我与宪法的故事》。

12月10日 珠海市高新区将法治宣传与乡村旅游相结合，在会同古村设计了特色法治游学路线——享法一条街。同时，对原有的会同古村代言形象"同少"进行了二次设计，诞生具有本土特色的法治宣传代言形象——廌（zhì）仔。

12月14日 在第四届广东省法治文化节"法治新时代"广东省2022年法治动漫微视频评选中，由珠海市司法局推荐，斗门区司法局、乾务镇人民政府联合出品的原创普法动漫微视频《三国版民法典》荣获金奖。

12月14日 珠海市河长制办公室印发实施《珠海市洗砂监管执法机制（试行）》，有助于严厉打击珠海市出海水道与河道水域非法洗砂行为。

12月14日 中共珠海市香洲区委全面依法治区委员会第七次会议召开，会议审议并通过了《珠海市香洲区人民政府2022年法治政府建设年度报告》。

12月16日 珠海市中级人民法院举办"智融司法慧聚横琴——首届珠海法院跨境司法理论与实践研讨会"。首次采用澳门法官与内地法官、澳门学者与内地学者共同研讨的形式，齐聚横琴面对面"会诊"跨境审判难点热点问题，共促内地与澳门民商事规则有效衔接。

12月20日 珠海市育德学校作为珠海市专门学校正式揭牌，主要任务为面向12~18岁有严重不良行为未成年人开展义务教育与矫治教育。

12月21日　由广东省委依法治省办、省普法办、省司法厅、省直属机关工会、省委横琴工委、省政府横琴办主办，横琴粤澳深度合作区法务事务局、南方电网广东电网有限责任公司协办，珠海市普法办、珠海市司法局承办的第四届广东省法治文化节"法治护航湾区行"省、市直机关干部法治演讲比赛总决赛在横琴粤澳深度合作区横琴湾国际会议中心举行。珠海市艺术高级中学韩笑、市妇幼保健院严津晶两人获得全省金奖。

12月27日　在广东省普法办、省司法厅主办的第四届法治文化节"寻迹·法治故事"语言类法治文化作品评选活动中，珠海市四个展示类作品分别获优秀奖。

12月27日　珠海市人民政府印发《珠海市人民政府关于燃气锅炉执行大气污染物特别排放限值的通告》，自2023年1月28日起施行。

Abstract

In 2022, Zhuhai was faced with the strategic opportunity of "Four Districts Overlapping", and spared no effort to start the high-quality construction of a modernized and internationalized special economic zone under socialism with Chinese characteristics in the new era. Under the guidance of Xi Jinping's thought of socialism with Chinese characteristics in the new era, Zhuhai focused on the major decisions of "industry first" and "people's livelihood prior", empowered the high-quality development of the city in terms of industrial protection, online government, intelligent supervision, financial innovation, and livelihood protection, promoted the orderly connection between the public service system of a Guangdong-Macao In-depth Cooperation Zone in Hengqin and Macao, protected the ecological environment and natural resources with high-quality judicial services, protected the public interest in the economic field, created a civil and commercial trial brand, improved the judicial cooperation efficiency, helped the connection of cross-border civil and commercial rules and mechanism in the fields of cross-border multi-discipline resolution, high-quality legal service supply and large mediation work pattern and made efforts to build a community-governance unity with characteristics of Greater Bay Area in the fields of social governance system, public service construction at the grassroots level and comprehensive prevention and resolution of conflicts and disputes.

Annual Report on Rule of Law in Zhuhai No. 5 (2023) comprehensively summarizes the general overview of the legal practice in Zhuhai in 2022. Zhuhai will further focus on the in-depth cooperation between Zhuhai and Macao, strengthen the supply of regulations and systems to achieve high-quality development, build a modern industrial system, strengthen high-level scientific and technological innovation, build a financial opening system linking Hong Kong and Macao, promote the convenient flow of talents, capital, information, technology and other factors in the Greater Bay Area for Hong Kong and Macao in the construction of digital rule of law government, optimization of the business environment and diversified public legal services, and provide high-quality judicial services to protect a higher level of openness to the outside world, with a more complete social governance system, rich and diverse publicity and education of rule of law, deepen cooperation in the field of people's livelihood, accelerate the realization of integrated development with Macao, in following and perfecting "one country, two systems" to show a new role and make new contributions.

Keywords: Rule of Law in Zhuhai; Industry First; Zhuhai-Macao Integration; A Guangdong-Macao In-depth Cooperation Zone in Hengqin

Contents

I General Report

B . 1 Development of Rule of Law in Zhuhai in 2022 and Its

Prospect in 2023   *Research Group of Rule of Law in Zhuhai* / 001

Abstract: In 2022, under the guidance of Xi Jinping's thought of socialism with Chinese characteristics in the new era, Zhuhai focused on the major decision of "industry first" and "people's livelihood prior", empowered the high-quality development of the city from the aspects of industrial guarantee, online government, intelligent supervision, financial innovation and people's livelihood protection, and promoted the public service of a Guangdong-Macao In-depth Cooperation Zone in Hengqin. It also provides high-quality judicial services to protect the ecological environment and natural resources, safeguard public interests in the economic field, build a brand of civil and commercial trials involving Macao, enhance the efficiency of judicial collaboration, promote the connection of cross-border civil and commercial rules and mechanisms between Guangdong and Macao in the fields of cross-border multi-disciplinary dispute resolution, supply of quality legal services, and the general mediation work pattern, as well as in the fields of social governance system, construction of public services at the grassroots level. In the future, Zhuhai will further focus on the in-depth cooperation between Zhuhai and Macao, the construction of government under digital rule of law, optimization of business environment, diversified public legal services, etc. , to ensure a higher level of opening up with high-quality judicial services.

Keywords: The Rule of Law in Zhuhai; Industry First; Zhuhai-Macao Integration; Government under Digital Rule of Law

Ⅱ   Exploration in Legislative Sphere

B . 2   Study on the Mechanism of Local Outreach Offices of
Zhuhai's Government Legislation Related to Enterprises

Research Group of Zhuhai Municipal Bureau of Justice / 038

Abstract: In 2016, Zhuhai was the first city in China to establish the system of local outreach offices for government legislation. In recent years, Zhuhai has adhered to the principle of "industry first, city leapfrogging, transportation speeding-up and people's livelihood prior", continuously improved the mechanism of local outreach offices for government legislation, improved the quality and efficiency of the legislative work by opening up channels for public opinion, promoted the rules connection, guaranteed the public participation, and carried out the high-quality practice of scientific, democratic and legal legislation. In the future, Zhuhai will further strengthen its mission of the special economic zone, improve the standardized construction and collaborative operation of the local outreach offices mechanism construction, fully perform the function of "fast-service" window for the public opinion, and build a multi-directional and multi-level system for collecting opinions and suggestions on legislation.

Keywords: Legislation Related to Enterprises; Government Legislation; Local Outreach Offices; Scientific Legislation; Democratic Legislation

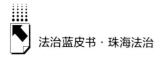
B.3　Thinking and Practice on Barrier-Free City Construction

in Zhuhai: Taking *Regulations on Barrier-Free City Construction*

in Zhuhai Special Economic Zone as an Example

Research Group of Zhuhai Disabled Persons' Federation ∕ 051

Abstract: *Regulations on Barrier-Free City Construction in Zhuhai Special Economic Zone*, adopted in 2022, based on the actual situation of Zhuhai, incorporates its local characteristics, highlights the concept of "barrier-free", makes comprehensive arrangements for the construction of the barrier-free city, and actively improves the cooperative development of barrier-free cities in Guangdong-Hong Kong-Macao Greater Bay Area. However, due to the objective realities, Zhuhai may face some challenges in the barrier-free city construction, such as insufficient financial budget, difficulties in implementing the joint conference system, difficulties in promoting the construction project and lagging behind in the mindset of all the sectors of society. Therefore, Zhuhai should further increase its financial support for barrier-free city construction, and at the same time formulate a special plan for the barrier-free city construction and a barrier-free renovation plan for the construction project as soon as possible, and form a barrier-free city construction pattern of co-construction, co-governance and sharing through the ongoing education campaign.

Keywords: Barrier-Free; City Construction; Zhuhai Special Economic Zone

Ⅲ　Law-Based Government Administration

B.4　Exploration of the Path to Enhance the Quality and

Effectiveness of Police Law Enforcement in the New Era

Research Group of Jinwan Branch, Zhuhai Public Security Bureau ∕ 063

Abstract: As the socialism with Chinese characteristics enters a new era and the country is governed by the rule of law to build a rich, strong, democratic, civilized and harmonious socialist modern state, it is necessary to follow the administration according to the law. Based on the new requirements of the new era, Jinwan Branch, Zhuhai Public Security Bureau combined with the new situation and new characteristics of Zhuhai, built a firm political foundation and value basis for law enforcement based on Xi Jinping's thought of rule of law, constantly strengthened the standardization of law enforcement and continuously improved the quality and effectiveness of police law enforcement through the law popularization of law enforcement officers. In the future, it will further adhere to the orientation of the people, enhance the credibility of the police law enforcement, improve the quality of law enforcement officers and contribute to the realization of "safe Zhuhai" and promote the construction of "rule of law in China".

Keywords: Police Law Enforcement; Quality and Efficiency of Law Enforcement; Law Popularization

B.5 Research Report on Strengthening Judicial Review of
Administrative Procedures

Research Group of Administrative Trial Division
of Zhuhai Intermediate People's Court / 072

Abstract: Administrative trails play an important role in promoting the construction of the government ruled by law and protecting the legitimate rights and interests of administrative counterparts. Legitimacy review is the most important and unique basic principle of administrative trial, and the review of administrative procedure legality is an important aspect of legality review. The review standard of the administrative procedure legality and the choice of adjudication for different degrees of procedural violations are the Keypoints and difficulties in judicial practice. Since the implementation of the new *Administrative Procedure Law*, there has been a high proportion of cases lost by administrative authorities due to administrative procedural violations. The analysis of administrative procedural violations, clarification of the types of administrative procedural violations, main manifestations and corresponding judicial adjudication standards and adjudication approaches are conducive to promoting the standardization and precision of the judicial review of administrative procedures, further promoting administrative authorities to enhance the importance of administrative procedures and promoting strict, standard, fair and civilized law enforcement.

Keywords: Administrative Procedural Violations; Adjudicative Approaches; Judicial Review; Administrative Litigation

B . 6　Practical Exploration of Innovative Initiatives to Strengthen Fund Supervision

Research Group of Zhuhai Medical Security Bureau / 084

Abstract: The proper management and use of medical insurance funds is not only directly related to the vital interests and health safety of the public, but also related to the sound operation and sustainable development of the medical insurance system. Zhuhai continues to optimize its health insurance financing policy, builds a multi-level treatment guarantee system covering all the people, urban and rural areas and equal treatment, reforms the health insurance payment ways, gives play to the strategic purchasing role of health insurance funds, and makes wonderful achievements in the supervision of health insurance funds. In the future, it will continue to improve the top-level design of fund supervision, comprehensive supervision and management of residents' health insurance funds to better meet the new requirements of health insurance supervision under the new situation.

Keywords: Medical Insurance Fund; Comprehensive Supervision; Fund Security; Medical Insurance Treatment

B.7 Practice and Prospect of Rule of Law Government

Construction in Pingsha Town

Research Group of Judicial Bureau of Jinwan District, Zhuhai City / 101

Abstract: The comprehensive rule of law is the essential requirement and important guarantee of socialism with Chinese characteristics, and the construction of the government ruled by law is the Key task and main project to promote the comprehensive rule of law. Pingsha Town, Jinwan District, Zhuhai City, thoroughly implements the important deployment of the central government, the province, the city and the district on the construction of the government ruled by law, takes Xi Jinping's thought of socialism with Chinese characteristics in the new era as its guidance, adheres to the leadership of the Party, establishes the mindset of rule of law, standardizes administrative law enforcement, promotes the construction of democracy and rule of law at the grassroots level, strengthens the precise popularization of law, builds a great mediation work pattern, and further promotes the construction of the government ruled by law, to provide the legal guarantee to promote the modernization of the governance system and the governance capacity of the government.

Keywords: Government Ruled by Law; Administration by Law; Rule of Law at Grassroots Level; Conflict Resolution

Ⅳ Judical Construction

B.8 Research Report on Promotion of Environmental Resources

Trial Reform in Zhuhai Court

Research Group of Zhuhai Intermediate People's Court / 110

Abstract: Since the 18th National Congress of the CPC, the Central Committee of the CPC, with Comrade Xi Jinping as its core, has attached great importance to the construction of the ecological civilization, which is inseparable from the guarantee of rule of law. In recent years, the local courts have had much judicial practice experience through exploration, but various types of cases on environmental resources increased year by year, represented by the public interest litigation of environment, and the people's courts are faced with some problems, such as that the level of trial specialization needs to be improved, it is hard to identify the damage of the environmental resources and it is difficult to make the environmental litigation enforcement. From its real situation, Zhuhai Court has taken the initiative to learn from the experience of advanced courts in trials on environmental resources, given practical play to the judicial functions, promoted the implementation of establishing environmental resources trial institutions, mechanism innovation and function extension, and continuously deepened reform of trials on environmental resources.

Keywords: Ecological Civilization; Judicial Protection; Trials on Environmental Resources; Civil Public Interest Litigation on Environment

B.9 Practical Exploration of Bank-Related Financial and Commercial Trials in Xiangzhou Court

Research Group of the People's Court of Xiangzhou District, Zhuhai City / 124

Abstract: The People's Court of Xiangzhou District, Zhuhai City, insists on justice and innovation and follows the judicial practice. Taking the bank-related financial and commercial cases received in recent years as the sample, this paper comprehensively sorts out the characteristics of current bank-related financial trials, systematically digs deeper into the problems and their causes, strives to develop ideas for trial and enforcement work, builds the professional team for financial trials to "optimize the allocation of enforcement forces", relatively sets the trial mode for the financial cases, comprehensively promotes the intelligent trial of financial cases and the construction of "one-stop" diversified resolution mechanism of financial disputes, improves the judicial guarantee capacity of the financial judiciary, extends the judicial functions, actively guides banks to regulate their litigation practice, and gives full play to the important role of justice in resolving conflicts and disputes, preventing and resolving major financial risks and promoting collaborative governance.

Keywords: Financial Cases; Similar Trial Mode; Dispute Resolution; Collaborative Governance

B.10　Practice and Thinking of "a Waste-Free City" with the Assistance of Procuratorial Public Interest Litigation

Research Group of the People's Procuratorate
of Jinwan District, Zhuhai City / 141

Abstract: The construction of "a waste-free city" is an important initiative to thoroughly implement Xi Jinping's thought on ecological civilization, building a beautiful China and promoting the realization of high-quality economic and social development. The construction of a "waste-free city" requires the participation of many subjects, such as the government, enterprises and individuals. Many effective initiatives have been explored in the pilot practice, but there are still many practical problems revealed in strategic planning, top-level design and management system operation. The People's Procuratorate of Jinwan District, Zhuhai City, in its exploring public interest litigation to assist the construction of "a waste-free city", adheres to the collaborative work, deepens the "criminal + public interest litigation" integration, takes the initiative to ensure that the accountability is implemented effectively, systematically and comprehensively promotes the effectiveness of procuratorial supervision and explores the deepening of public interest protection through reform and innovation.

Keywords: "A Waste-Free City"; Solid Waste; Ecological Protection; Procuratorial Public Interest Litigation

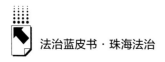

B . 11   Practice of Procuratorial Public Interest Litigation on
Personal Information Protection

Public Interest Litigation Research Group of Zhuhai

People's Procuratorate ∕ 154

Abstract: The development and application of the digital economy in the era
of big data has highlighted the value of personal information as a production factor,
and has also brought significant challenges to the administrative governance of
personal information protection. There are inherent limitations between private
interest litigation and civil right litigation on consumption, which cannot fully
support the personal information right remedy. The system of procuratorial public
interest litigation on personal information protection has its unique advantages in
social governance, and meets the dual needs of personal information protection
and utilization. Through the practice of personal information protection in Zhuhai,
the procuratorial authorities should follow the trend and application of the
procuratorial big data strategy to empower the legal supervision of personal
information protection and effectively protect the industrial development of the
regional digital economy.

Keywords: Big Data; Personal Information Protection; Procuratorial
Public Interest Litigation; Procuratorial Supervision

B . 12   Exploration of the Practice and Innovative Path of Supervision
of Direct Criminal Prosecution Cases of Procuratorial
Authorities in Doumen District

Research Group of the People's Procuratorate

of Doumen District, Zhuhai City ∕ 163

Abstract: In recent years, there were more and more direct criminal
prosecution cases, but there are still some problems, such as being tired in the

litigation because of too long period of the case, poor case quality due to neglecting investigation, and lack of judicial initiative because the law enforcement concept has not been updated. In order to strengthen the rigidity and resilience of the legal supervision work of the procuratorial authorities in the new era, the procuratorial authorities should make efforts to promote the supervision of the source governance, give full play to the functions of Investigation Supervision and Collaboration Office, and improve the supervision of direct criminal prosecution cases by procuratorial authorities in the new era from the aspects of standardizing and rationalizing the case duration updating the concept of law enforcement and case handling, improving the enforcement supervision, exploring innovative supervision mechanism and formulating supervision standards.

Keywords: Procuratorial Authorities; Direct Criminal Prosecution; Legal Supervision

B. 13 Study on the Improvement of Legal Supervision Quality and Efficiency of Procuratorial Authorities in a Guangdong-Macao In-depth Cooperation Zone in Hengqin

Research Group of the People's Procuratorate
of a Guangdong-Macao In-depth Cooperation
Zone in Hengqin, Guangdong Province / 178

Abstract: With the announcement of *General Plan for Building a Guangdong-Macao In-depth Cooperation Zone in Hengqin*, *the Management Committee of* a Guangdong-Macao In-depth Cooperation Zone in Hengqin was started and Hengqin entered a new era of in-depth cooperation between Guangdong and Macao. In the development and construction of Hengqin Cooperation Zone, the People's Procuratorate of a Guangdong-Macao In-depth Cooperation Zone in Hengqin, Guangdong Province starts from "four procuratorial" functions, clarifies the concept of judicial case handling by the procuratorial authorities in the Cooperation Zone under the new situation, innovates in law enforcement, strengthens collaboration and cooperation, explores the mutual recognition of criminal evidence and accreditation mechanisms between Macao and Hengqin, boldly applies the civil and commercial laws of Macao in the supervision of civil trials, and carries out the administrative litigation supervision in Keyareas. Meanwhile, it works jointly with Macao Procuratorate to promote the procuratorial public interest litigation, further enhances the quality and effectiveness of legal supervision by the procuratorate and contributes to the development and construction of a Guangdong-Macao In-depth Cooperation Zone in Hengqin.

Keywords: A Guangdong-Macao In-depth Cooperation Zone in Hengqin; Legal Supervision; Procuratorial Supervision

V Cross-Border Rule of Law

B.14 Practice and Exploration of Gongbei Customs to Promote High-Quality Implementation of *Regional Comprehensive Economic Partnership* in Zhuhai

Research Group of Gongbei Customs / 188

Abstract: Based on the local reality of Zhuhai, Gongbei Customs gives full play to its functional advantages in serving foreign trade and economic cooperation from five aspects, including technology application, rules research, practical research, knowledge popularization and problem solving, in response to the problems of slow efficiency of policy popularization, low level of utilization of rules and poor access to benefits related to Japan and starting from "joint work of central and local authorities", proposes the solution and plan for a "three-party coordination" among customs, local government of Zhuhai and import and export enterprises, and comprehensively promotes the local implementation of *Regional Comprehensive Economic Partnership* (RCEP) measures in Zhuhai.

Keywords: RCEP; High-Quality Implementation; Rules of Origin; Import & Export Benefits

B.15   Study on the Connection of Immigration Clearance Rules

in a Guangdong-Macao In-depth Cooperation Zone in

Hengqin   *Research Group of Zhuhai General Exit &*

Entry Frontier Inspection Station / 201

Abstract: *General Plan for Building a Guangdong-Macao In-depth Cooperation Zone in Hengqin* was reviewed by the Standing Committee of the Central Political Bureau in April, 2021. *The 14th Five-Year Plan for the Development of Migration Management* summarizes and promotes "two inspections in one place", "cooperative inspection and clearance once and for all", innovates the border inspection and clearance management system to and from Hong Kong and Macao under the framework of "one country, two systems", and actively supports the requirements of constructing a Guangdong-Macao In-depth Cooperation Zone in Hengqin. Based on *General Plan* Combined with *Building a Guangdong-Macao In-depth Cooperation Zone in Hengqin*, *and the requirements of constructing and developing* a Guangdong-Macao In-depth Cooperation Zone in Hengqin at the high level of immigration facilitation at the ports, this paper introduces the preliminary work on the connection of immigration clearance rules at Hengqin Port and discusses the connection of immigration clearance rules and duty reform measures between the two places under the current immigration management laws and regulations and duty pattern.

Keywords: A Guangdong-Macao In-depth Cooperation Zone; Immigration Clearance; Rules Connection

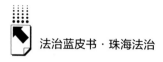

法治蓝皮书·珠海法治

B . 16   Study on Zhuhai （Hengqin） and Macao Mediation Rules
Connection under the Background of Construction of a
Guangdong-Macao In-depth Cooperation Zone in
Hengqin

Research Group of Zhuhai Municipal Bureau of Justice / 211

Abstract：Promoting the connection of mediation rules between Zhuhai
（Hengqin） and Macao is of great significance in improving the regional dispute
resolution mechanism, optimizing the business environment in a Guangdong-
Macao In-depth Cooperation Zone and promoting the integrated development of
Zhuhai （Hengqin） and Macao. However, there are differences between Zhuhai
（Hengqin） and Macao in terms of legal system of mediation, mediation system
and development level, and it is still difficult to carry out the mediation rules
connection. In order to solve these problems, this research group proposes to
speed up establishing a joint mediation legislation between Zhuhai （Hengqin） and
Macao, setting up the mediation organization, creating the online mediation
platform, improving the mutual recognition mechanism of mediation, building a
mechanism for cross-border enforcement of mediation agreements, strengthening
interaction and exchange between mediation associations and building a credit
system for commercial mediation, in order to systematically promote the orderly
connection of mediation rules between Zhuhai （Hengqin） and Macao.

Keywords：Hengqin; Macao; Mediator; Mediation Agreement; Rules
Connection

B . 17   Research Report on Family Mediation Services in Zhuhai
for Families Related to Macao

Research Group of Zhuhai Women's Federation / 226

Abstract：With the construction of the Guangdong-Hong Kong-Macao

Greater Bay Area and a Guangdong-Macao In-depth Cooperation Zone in Hengqin, there are more and more Macao residents and families entering the Bay Area to start their own businesses or to live in the area. The resolution of family disputes is an important step in solving the worries of Macao residents living in Zhuhai. Zhuhai-Macao Women's Federation is oriented towards the needs of families in the Bay Area and the capabilities of Zhuhai-Macao Women's Federation, focusing on the needs of families related to Macao, giving full play to the complementary and mutually beneficial advantages of the women's federations in the Bay Area, following the work pattern of "small perspective" of mediation in the field of marriage and family to build a "big mediation", contributing to the research achievements of Zhuhai-Macao family dispute mediation, and striving to create a Zhuhai family mediation mode with Zhuhai-Macao characteristics, contemporary features and regional characteristics.

Keywords: Zhuhai-Macao Cooperation; Marriage and Family; Family Mediation Service; Municipal Social Governance

VI Social Governance

B.18 Practice and Exploration of Law Popularization for Migrant
Workers in Zhuhai Engineering Construction
—*A Case Study of Law Popularization for Migrant Workers*
in Engineering Construction Projects of Zhuhai Traffic Group
Liu Shu, Li Bei / 238

Abstract: Promoting the law popularization among migrant workers is an important part of promoting the the law popularization for all the people, fully implementing the "Eighth Five-Year Plan" of Zhuhai City and improving citizens' literacy in the rule of law, which is related to realizing the goal of ruling the country and the city according to the law. This paper takes an example of law popularization among migrant workers of engineering construction projects of

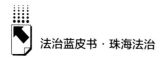

Zhuhai Traffic Group to investigate and analyze the current situation of migrant workers in terms of the concept of the rule of law, legal literacy and demand for law popularization, based on the problems existing in the practice of law popularization for migrant workers, explore new measures and new ideas to carry out the law popularization work for migrant workers in the field of engineering and construction, strengthen the main responsibility of law popularization, establish the joint mechanism of law popularization, precisely position the content and focus of law popularization, develop the forms of law popularization and ensure that the law popularization work is more effective.

Keywords: Engineering Construction; Migrant Workers; Law Popularization; Legal Literacy

B.19 Practice and Exploration of the Participation of the People's Court in the Construction of Source Governance of "Lawsuit-Free Villages" in Doumen District

Research Group of the People's Court of
Doumen District, Zhuhai City / 252

Abstract: As the dispatched institution of the people's court at the grassroots level, the people's tribunal is an important platform to serve the comprehensive promotion of the rural revitalization of "social governance at the grassroots level" and meet the high-quality life needs of the people, and an important part and path of properly solving the disputes of the people at the grassroots level in orderly social governance at the grassroots level. The People's Court of Doumen District, Zhuhai City plays the role of case judge, "dispute resolver" and governance adviser, actively explores the participation of the people's court in new social governance mode and makes great achievements. But the participation of the people's court in the source of governance is also faced with the problems such as "the lack of leading force" and low integration force. In order to give full play to the benefits of governance, three aspects of the participation of the people's court in the governance source of front-end guarantee, middle-end optimization and final-end standardization must be involved to integrate the legal elements of the new era with "Fengqiao Experience", to promote the construction of the litigation-free village and provide a practical model for promoting the modernization of the social governance system and governance capacity at the grassroots level.

Keywords: The People's Court; Source Governance; "Fengqiao Experience"; "Litigation-Free Village"

B. 20   The Path of Quality Development of Procuratorial
Suggestions from the Perspective of Social Governance
Modernization
—*From the Perspective of Procuratorial Suggestions of*
Xiangzhou District People's Procuratorate
Research Group of the People's Procuratorate of
Xiangzhou District, Zhuhai City / 265

Abstract: Since its creation in 1954, the procuratorial suggestions have gradually developed into a legal supervision tool as important as counter-suit and opinions to correct violation. For the typical cases and similar problem cases, the procuratorial authorities have consciously integrated into the social governance system and issued procuratorial suggestions in order to promote prevention at source from the positioning of procuratorial authorities and the current situation of economic and social development in the new era and based on the the work of the procuratorates at the grassroots level in issuing procuratorial suggestions, this paper analyzes the problems of positioning, authority and implementation of procuratorial suggestions, and puts forward feasible proposals on the direction of the efforts of procuratorial suggestion work in innovating social governance,

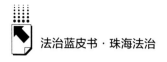
safeguarding fairness and practicing justice for people.

Keywords: Procuratorial Suggestion; Social Governance; Legal Supervision; Prevention at Source

Digital: Chronicle of Events of Rule of Law in Zhuhai in 2022 / 278

皮书

智库成果出版与传播平台

❖ 皮书定义 ❖

皮书是对中国与世界发展状况和热点问题进行年度监测，以专业的角度、专家的视野和实证研究方法，针对某一领域或区域现状与发展态势展开分析和预测，具备前沿性、原创性、实证性、连续性、时效性等特点的公开出版物，由一系列权威研究报告组成。

❖ 皮书作者 ❖

皮书系列报告作者以国内外一流研究机构、知名高校等重点智库的研究人员为主，多为相关领域一流专家学者，他们的观点代表了当下学界对中国与世界的现实和未来最高水平的解读与分析。截至 2022 年底，皮书研创机构逾千家，报告作者累计超过 10 万人。

❖ 皮书荣誉 ❖

皮书作为中国社会科学院基础理论研究与应用对策研究融合发展的代表性成果，不仅是哲学社会科学工作者服务中国特色社会主义现代化建设的重要成果，更是助力中国特色新型智库建设、构建中国特色哲学社会科学"三大体系"的重要平台。皮书系列先后被列入"十二五""十三五""十四五"时期国家重点出版物出版专项规划项目；2013~2023 年，重点皮书列入中国社会科学院国家哲学社会科学创新工程项目。

权威报告·连续出版·独家资源

皮书数据库
ANNUAL REPORT(YEARBOOK)
DATABASE

分析解读当下中国发展变迁的高端智库平台

所获荣誉

- 2020年，入选全国新闻出版深度融合发展创新案例
- 2019年，入选国家新闻出版署数字出版精品遴选推荐计划
- 2016年，入选"十三五"国家重点电子出版物出版规划骨干工程
- 2013年，荣获"中国出版政府奖·网络出版物奖"提名奖
- 连续多年荣获中国数字出版博览会"数字出版·优秀品牌"奖

 皮书数据库

 "社科数托邦"
微信公众号

成为用户

登录网址www.pishu.com.cn访问皮书数据库网站或下载皮书数据库APP，通过手机号码验证或邮箱验证即可成为皮书数据库用户。

用户福利

- 已注册用户购书后可免费获赠100元皮书数据库充值卡。刮开充值卡涂层获取充值密码，登录并进入"会员中心"—"在线充值"—"充值卡充值"，充值成功即可购买和查看数据库内容。
- 用户福利最终解释权归社会科学文献出版社所有。

社会科学文献出版社 皮书系列
SOCIAL SCIENCES ACADEMIC PRESS (CHINA)

卡号：156788832995
密码：

数据库服务热线：400-008-6695
数据库服务QQ：2475522410
数据库服务邮箱：database@ssap.cn
图书销售热线：010-59367070/7028
图书服务QQ：1265056568
图书服务邮箱：duzhe@ssap.cn

S 基本子库
UB DATABASE

中国社会发展数据库（下设 12 个专题子库）

　　紧扣人口、政治、外交、法律、教育、医疗卫生、资源环境等 12 个社会发展领域的前沿和热点，全面整合专业著作、智库报告、学术资讯、调研数据等类型资源，帮助用户追踪中国社会发展动态、研究社会发展战略与政策、了解社会热点问题、分析社会发展趋势。

中国经济发展数据库（下设 12 专题子库）

　　内容涵盖宏观经济、产业经济、工业经济、农业经济、财政金融、房地产经济、城市经济、商业贸易等 12 个重点经济领域，为把握经济运行态势、洞察经济发展规律、研判经济发展趋势、进行经济调控决策提供参考和依据。

中国行业发展数据库（下设 17 个专题子库）

　　以中国国民经济行业分类为依据，覆盖金融业、旅游业、交通运输业、能源矿产业、制造业等 100 多个行业，跟踪分析国民经济相关行业市场运行状况和政策导向，汇集行业发展前沿资讯，为投资、从业及各种经济决策提供理论支撑和实践指导。

中国区域发展数据库（下设 4 个专题子库）

　　对中国特定区域内的经济、社会、文化等领域现状与发展情况进行深度分析和预测，涉及省级行政区、城市群、城市、农村等不同维度，研究层级至县及县以下行政区，为学者研究地方经济社会宏观态势、经验模式、发展案例提供支撑，为地方政府决策提供参考。

中国文化传媒数据库（下设 18 个专题子库）

　　内容覆盖文化产业、新闻传播、电影娱乐、文学艺术、群众文化、图书情报等 18 个重点研究领域，聚焦文化传媒领域发展前沿、热点话题、行业实践，服务用户的教学科研、文化投资、企业规划等需要。

世界经济与国际关系数据库（下设 6 个专题子库）

　　整合世界经济、国际政治、世界文化与科技、全球性问题、国际组织与国际法、区域研究 6 大领域研究成果，对世界经济形势、国际形势进行连续性深度分析，对年度热点问题进行专题解读，为研判全球发展趋势提供事实和数据支持。

法律声明